普通话语音基础
与播音发声实训

（第二版）

主　编　王　炜
副主编　窦　浩　段玉超

科学出版社
北　京

内 容 简 介

《普通话语音基础与播音发声实训》(第二版)全面系统地讲解了普通话语音和播音发声的基础理论,并配备了大量实际练习。书中详细阐述了声母、韵母、声调及语流音变的作用与协调关系,同时强调了呼吸控制、口腔控制和共鸣控制在发声中的重要性,并通过丰富的综合练习来加强读者的专业能力。新版对理论框架体系进行了更为深入的完善与拓展,尤其是对喉部控制、声音弹性的特征及训练路径等板块内容进行了优化,同时更新了时效性篇目,增加了插图,使内容更加直观易懂。

本书可作为播音与主持艺术、影视表演、广播电视编导专业学生及艺考生的教材使用,也可作为电台和电视台播音员、主持人等从业人员,普通话训练爱好者的参考用书。

图书在版编目(CIP)数据

普通话语音基础与播音发声实训 / 王炜主编. 2 版. -- 北京:科学出版社,2024. 8. -- ISBN 978-7-03-079178-8

I . H116

中国国家版本馆 CIP 数据核字第 2024M3Q181 号

责任编辑:卢 淼 / 责任校对:贾伟娟
责任印制:吴兆东 / 封面设计:润一文化

科学出版社 出版

北京东黄城根北街 16 号
邮政编码:100717
http://www.sciencep.com

北京华宇信诺印刷有限公司印刷
科学出版社发行 各地新华书店经销

*

2015 年 6 月第 一 版 开本:720×1000 1/16
2024 年 8 月第 二 版 印张:15
2025 年 6 月第十三次印刷 字数:310 000
定价:59.00 元

(如有印装质量问题,我社负责调换)

本书编委会

总顾问　王岩平
主　编　王　炜
副主编　窦　浩　段玉超
参　编　关　航　赵斯斯　罗哲羽
　　　　李梓歆　席天悦　冷青青
　　　　苏　博　冷建秋　王梦云
制　图　郭新悦　马婧雯

序　　言

　　播音与主持艺术专业的核心培养方向是塑造具备广播电视新闻传播、语言文学、播音学及艺术美学等多学科知识和技能的复合型人才。这些专业人才将能够胜任广播电台、电视台等媒体机构以及各类单位的广播电视播音与节目主持工作。随着中国经济文化的蓬勃发展，播音与主持艺术日益受到公众喜爱，相应地，对拥有该专业技能的人才的需求也日益增加。

　　王炜老师，作为西南石油大学艺术学院党支部书记、四川省高等教育学会播音与主持艺术专委会副理事长、四川人民广播电台节目评审专家、国家级普通话水平测试员以及硕士研究生导师，其主编的《普通话语音基础与播音发声实训》（第二版）展现出了极高的专业水准。该书内容充实、知识精准、体例独特、语言鲜活、结构紧凑、逻辑分明，其深入浅出的叙述方式使该书成为初学者步入播音领域的指南，从业者的进阶良师，以及赏析者提升修养的宝贵素材。

　　自 2002 年独立从教以来，王炜老师长期致力于中国播音与主持学科的教学、研究与运用。他深受中国播音学学科体系创立者、中国传媒大学播音与主持艺术学院首任院长张颂教授的影响，持续追随并学习其学科体系。王炜老师多次亲赴北京，向张颂教授、吴弘毅教授和傅大颂教授等业界泰斗请教，以此不断深化对播音与主持艺术的理解。在长期的教育实践中，他探索并形成了一套独特的、科学的讲授方法，这些方法不仅适用于普通话的推广运用，也为高校艺术教育学提供了宝贵的经验。这些方法被广泛认可并借鉴，为播音与主持艺术领域培养了大批优秀学子。

　　在全球化和信息化的新时代浪潮下，随着网络化、多媒体技术的飞速发展，播音与主持艺术教育面临着适应社会变迁、迎接新时代挑战的重要任务。如何培育具备创新意识、能够胜任中国特色社会主义事业建设、具备高度竞争力和专业素养的未来人才，已成为高校艺术教育教学研究的焦点。为此，王炜老师积极倡导播音与主持艺术专业的学生应"做党的喉舌，发时代强音"，并强调"有稿能播，无稿能说，提笔能写"的"三能"要求。这种教育理念旨在使学生能够紧跟时代步伐，同步于社会发展。正是在这一理念的指导下，这部书籍应运而生。

　　王炜老师，尽管专攻中国语言文学，却对播音与主持艺术教育教学事业怀有深厚的热爱。他在长达 20 年的艺术教育教学生涯中，始终以敬业和扎实的态度，不仅深耕于心理学、艺术美学、艺术发声学、朗读学等领域，还积极拓宽视野，涉足与播音与主持艺术专业紧密相关的交叉学科。对于王炜老师而言，一段佳话恰当地描绘了他的教育生涯："以清水洗涤心灵，对细节锱铢必较，纠正众多偏差，助力祖国构建宏伟蓝图；以心血浇灌学子，如桃李不言自成蹊径，付出无数辛勤汗水，培育出华夏的栋梁之才。"

  播音与主持艺术入门的书籍多种多样，见仁见智，各有千秋。我喜欢这本书是因为它通俗易懂、深入浅出，教师好用，学生好学，爱好者好懂。在此，我真挚地祝贺这本书的出版，也由衷地希望这本书受到热爱播音与主持艺术领域专业人士的广泛认可，同时也期望它能在广大汉语普通话使用者中赢得热烈欢迎！

王岩平
2024 年 8 月 15 日于成都

前　　言

  党的二十大报告明确指出，"加大国家通用语言文字推广力度"。为响应这一指导方针，教育部紧密结合国家战略，发文明确要求"服务国家通用语言文字高质量推广普及"。《普通话语音基础与播音发声实训》（第二版）这一教材，在内容上精心融合了普通话的规范标准与播音发声的艺术美感，致力于贯彻落实党的二十大精神，为国家通用语言文字的高质量推广与普及事业贡献自己的力量。

  《普通话语音基础与播音发声实训》（第二版）以现代汉语语音体系为基本纲领，对普通话语音和用气发声技巧进行探讨。同时，针对各个板块提供相对应的字、词、短语、片段、话题等训练素材，将汉语语音理论、用气发声方法、实践训练融为一体，在阐述普通话语音体系的同时，尽可能地兼顾教材的实用性。

  本书共分两大部分：第一部分为语音基础部分，深入剖析普通话语音理论体系，并提供了大量针对性的训练方法，旨在切实解决语音学习中的实际问题。第二部分为播音发声部分，在强调专业训练的同时，与第一部分相辅相成，共同描绘出普通话语音实际教学训练的全貌，力求全面而准确地反映普通话语音的教学与训练特点。

  本书特点鲜明，旨在满足学生的学习需求。首先，内容编排上由浅入深，循序渐进，便于学生逐步掌握。其次，针对各部分内容，本书对练习者在实际应用中可能遇到的问题进行了全面而细致的总结，旨在帮助学生预先规避并解决问题。对于每一个问题，书中均提供了切实可行的训练方法，尤其是编者精心设计的口诀性质的总结，既通俗易懂又便于记忆。此外，针对现有教材中图片清晰度不足的问题，本书专门更新了图片，并选用了更具时代特色的练习素材，更加贴近学生的实际需求，有助于提升学习效果。本书致力于将专业理论与训练实践相融合，同时具备广泛的适用性。它不仅可以作为高校艺术类语言专业的教学用书，还可作为提升语言修养和学习普通话的参考书籍。该书适用于广大教育工作者、大中专学生、语言类艺考学生、演艺人员、服务接待人员、汉语留学生以及社会各阶层人士，为他们提供了一个全面的语言学习和提升的平台。

  《普通话语音基础与播音发声实训》（第二版）在原有版本的基础上，对理论框架体系进行了更为深入的完善与拓展。同时，针对时效性较强的篇目进行了替换和优化，特别加强了播音发声部分的内容，尤其是喉部控制方面的详细解析。为了更直观地解决发音部位及发声方法在学习过程中的抽象性难题，本版还大幅增加了插图数量，旨在使教材内容更加生动、形象，便于读者理解和掌握。

本书由播音主持教育界的前辈王岩平教授任总顾问，西南石油大学王炜副教授担任主编，西南石油大学教师窦浩、四川西南航空职业学院段玉超担任副主编，青年教师王梦云、赵斯斯、苏博、罗哲羽、冷建秋等组成写作团队，郭新悦、马婧雯负责绘图，吕妮、李乐豪、柴迪、陈诗涛、许译丹收集更新资料，他们都为本书的最终定稿提供了可靠和坚实的保障，再次一并表示感谢。

　　由于编者经验和学识的局限性，本书难免存在不足之处，希望大家提出宝贵意见，使本书在实际运用中日趋完善，发挥更多的作用和价值。

编　者

2024 年 8 月 15 日

目 录

语音基础部分

第一章　普通话语音概论 ································· 3
　　一、现代汉民族的共同语言——普通话 ············· 3
　　二、汉语普通话的特点 ································· 4
　　三、学习普通话的必要性 ···························· 5
　　四、怎样学好普通话 ································· 5
　　五、语音概说 ··· 6

第二章　声母 ·· 10
　　一、声母发音条件 ································· 10
　　二、声母的分类与命名 ······························ 12
　　三、声母的发音与练习 ······························ 13

第三章　韵母 ·· 31
　　一、单元音韵母 ······································ 32
　　二、复元音韵母 ······································ 42
　　三、鼻韵母 ··· 54
　　四、韵母综合练习 ·································· 63

第四章　声调 ·· 69
　　一、声调及其作用 ·································· 69
　　二、调值和调类 ······································ 69
　　三、普通话声调的发音 ······························ 70
　　四、声调综合练习 ·································· 71

第五章　语流音变 ·································· 79
　　一、轻声 ··· 79
　　二、儿化 ··· 84
　　三、变调 ··· 89

四、语气词"啊"的变化……………………………………………92
　　五、词的轻重格式……………………………………………………94
第六章　语音基础综合练习……………………………………………98
　　一、经典绕口令………………………………………………………98
　　二、集体展示原创绕口令、贯口………………………………………101
　　三、散文部分…………………………………………………………103
　　四、播音主持类文体练习……………………………………………106

播音发声部分

第七章　播音发声概论…………………………………………………113
　　一、发声基本原理简述………………………………………………113
　　二、播音发声的基本要求……………………………………………115
第八章　播音员气息控制训练…………………………………………118
　　一、呼吸器官与发声的基本常识……………………………………118
　　二、气息控制训练……………………………………………………121
　　三、气息的综合运用练习……………………………………………125
第九章　播音员口腔控制训练…………………………………………128
　　一、口腔控制的总体要求……………………………………………128
　　二、唇舌口播训练操及字词练习……………………………………129
　　三、打开口腔、改善音色练习………………………………………131
　　四、吐字归音训练……………………………………………………134
第十章　播音员共鸣调节训练…………………………………………136
　　一、共鸣器官与共鸣的基本常识……………………………………136
　　二、播音发声对共鸣训练的基本要求………………………………137
　　三、共鸣的调动练习…………………………………………………138
第十一章　喉部控制训练………………………………………………142
　　一、喉部控制的总体要求……………………………………………142
　　二、嗓音变化训练……………………………………………………144
　　三、咽部力量训练……………………………………………………153
　　四、喉部控制综合练习………………………………………………157

第十二章　播音员声音弹性的训练 ·················· 161
　　一、声音弹性的基本内容和要求 ·················· 161
　　二、声音要素的对比训练 ························ 162
　　三、声音色彩基调的变化练习 ···················· 163

第十三章　综合练习部分 ···························· 171
　　一、语段、短文 ································ 171
　　二、现代诗 ···································· 185
　　三、台词、小说片段 ···························· 199

参考文献 ·· 200

附录　综合练习材料 ······························ 201

语音基础部分

第一章　普通话语音概论

任何艺术门类知识的学习，其基础和系统的训练都尤为重要。俗话说："差之毫厘，谬之千里。"当我们从接触艺术门类知识的那一刻起，就应该把正确的理念、方法、基本知识和技能，以及完整的体系融入训练之中。虽然是基础，从具体训练形式上来说可能是零散的，但不仅关系着初学者能否正确理解和认识该艺术门类的基本理论和基本特征，还影响着一个艺术工作者今后艺术创作的成败、艺术水平的提高和艺术寿命的长短。因此，只有理念清楚、基本功扎实、方法科学，才能在艺术创作的道路上阔步前进。播音与主持艺术作为以有声语言表达为载体的艺术表达和创作方式，同样具备上述特点和要求。

在日常学习和工作中，一些播音员和主持人，特别是初学者，对于基础训练往往存在着很多模糊的认识。他们虽然知道训练的重要性，却不知如何着手去练；有些人虽然每天都在坚持练习，但只知道"依葫芦画瓢"，却不清楚具体练的是什么、练的目的是什么、要解决的问题是什么，因而在训练过程中会出现很多随意性和盲目性，常常事倍功半；还有些练习者只是单纯地从技巧角度去练，而忽略了态度、情感、审美等因素，难免流于形式。由此可见，正确的训练方法，对于初学者或从业者来说是十分重要的，可以说是我们艺术生命的起源和灯塔。

一、现代汉民族的共同语言——普通话

《中华人民共和国国家通用语言文字法》规定普通话是国家通用语言。普通话是以北京语音为标准音，以北方话为基础方言，以典范的现代白话文著作为语法规范的现代汉民族共同语。它既是汉民族的共同语，也是我国各民族之间相互交流的共同语。在国际上，普通话又是代表中华人民共和国的"中国话"。

那么，为什么要采用北京话，而不采用别的方言作为现代汉语的标准语音呢？在民国初年提出国语之后，立刻就引起了专家、学者对什么是国语标准的探讨。有人说国语要以南京话为标准，章太炎先生建议以武汉话作为标准语音，既然每一种方言都有作为标准语音的资格，那么我们就要挑选最合适的。古往今来，民族共同语都以政治、文化中心的语言为标准。今天我们把北京话定为普通话的标准，这一决定不仅是历史的抉择，更是时代的必然。

普通话以北京语音为标准音，那么，为什么不说以北方话为标准音，而说以北京语音为标准音呢？北方话是地区方言，北京话是地点方言，地方方言内部又可分为若干个地点方言。北京话、天津话、济南话、太原话、西安话等，都属于

北方话的地点方言。地区方言没有标准音，地点方言才有标准音。这是因为在北方话中，各个地点方言的分歧还是相当大的，如果不规定一个地点方言为标准，就会令人无所适从。多年来，话剧、电影、广播和电视等媒介都采用了北京语音，这使得北京语音的标准地位在实际应用中得到了广泛认可，其权威地位早已深入人心。

普通话以北方话为基础方言，为什么不说以北京话为基础方言呢？这是因为，北京话是地点方言，北方话是地区方言，北方话比北京话的范畴要广得多，而且北方话是汉语八大方言中地域最大，使用人口最多的方言区。普通话词汇以北方方言为基础，但还是舍弃了北方方言中某些过于土俗的词语，例如"山西的婆姨"（老婆）；四川的"抄手"（馄饨）、"锅魁"（烧饼），北京话中"颠儿"（跑的意思）等，这些词语地方色彩太浓厚，只有在特定的地区应用，在普通话里有完全同义的词语可以代替，因此没有吸收到普通话词汇中来。

普通话以典范的现代白话文著作作为语法规范，所谓"典范的著作"，是指具有广泛代表性的著作。如：国家的法律条文、报刊社论和现代著名作家的作品等。另外，所谓"现代白话文著作"，是指既采用白话文形式，又具备现代语言特征的作品。这些著作与早期的白话文作品如《水浒传》和《红楼梦》等有所区别，因为随着时间的推移，语言也在不断发展，早期作品的一些语法用法与现代已不相符，因此不能作为现代白话文的语法规范。

从汉语普通话的概念中能够明显看出普通话的三要素为语音、词汇、语法。

二、汉语普通话的特点

各种民族语言在形成和发展的过程中，都能够产生一些独特的形式和规则。与联合国使用的其他工作语言相比，汉语普通话具有许多显著的特点。

（1）语音方面：音节界限分明、乐音成分多，加上声调的高低变化和语调的抑扬顿挫，因而普通话具有音乐性强的特点。

1）没有复辅音；

2）元音占优势；

3）清声母多，发音清脆；

4）声母和韵母的互相间隔，形成了分明的音节，使语言富有节律性；

5）声调的变化鲜明，具有高低抑扬的音乐色彩。

（2）词汇方面：汉语普通话词汇在发展过程中已经趋向双音节化，历史上很多音节已经被现代的双音节所代替，从而显现出极其可贵的音乐性，如"目—眼睛"、"石—石头"。有些多音节短语也被缩减为双音节词，如"中华人民共和国—中国"，"空气调节器—空调"。

所以，不论是从语音还是词汇来看，汉语普通话具有声音悦耳、音调柔和、节奏明朗、韵律协调、双音节词较多的特点。
（3）语法方面：汉语普通话具有如下特点。
1）词序和虚词是表达语法意义的主要手段；
2）语法结构的一致性；
3）词的多功能性；
4）词语组合受语义、语境的制约；
5）量词十分丰富。

三、学习普通话的必要性

普通话的学习和推广在实现顺畅交流、构建和谐社会、塑造国民形象、提高公民素质、维护国家统一和增强中华民族凝聚力等方面具有不可替代的作用，推广和普及普通话有利于消除语言隔阂，促进社会交往，对社会主义经济、政治、文化建设和社会发展具有重要意义；同时，语言文字能力是文化素质教育的基本内容，推广和普及普通话有利于贯彻教育面向现代化、面向世界、面向未来的战略方针，有利于弘扬祖国优秀传统文化和爱国主义精神，提高全民族的科学文化素质。

随着各类新媒体的蓬勃发展，信息技术水平成为衡量国家科技水平的标志之一。语言文字规范化标准化是提高中文信息处理水平的先决条件；推广和普及普通话以及实施《汉语拼音方案》对于推动中文信息处理技术的进步和应用具有积极意义。

教育部、国家语言文字工作委员会、国家广播电视总局对从事教师等职业人士的普通话水平有明确的要求。同时，对于播音员、主持人、演员等职业的普通话水平提出了更高要求。普通话是我们进行再创作的重要的手段之一，对普通话尤其是在语音方面的要求十分严格，要求语音要十分标准，声音要优美圆润，声调要准确无误，在普通话的音变方面要求语感要自然流畅、亲切动人。

四、怎样学好普通话

首先，要提高认识，树立信心。普通话的训练属于口耳之学，艺术的美感都需要发声和表达才能完成。因此，要克服学习上的畏难情绪，纠正长期以来在生活中形成的语音方面不正确的习惯，这些习惯很难在一朝一夕得以克服，需要持之以恒地训练。这就要求我们在学习普通话时，一定要克服思想上的障碍，不能知难而退，应该鼓足勇气，反复进行训练和思考，大胆地去体会和实践。

其次，要认识自己在普通话语音学习上的难点，注意形成良好的学习方法。

学习普通话，语音、词汇、语法等三个方面都应该学习。但是拿方言与普通话相比较，差异最大的还是语音。因此，学习普通话的困难主要在语音方面，一是发音上的困难，即普通话中有方言里没有的音，不会发或者发不准；二是正音困难，即记不住或者分不清某些字词在普通话的读音，因而不能及时发现和纠正方言问题。要克服发音上的困难，就要学习一些普通话的语音知识并掌握好一套科学的行之有效的学习方法。例如，普通话里的 zh、ch、sh、r 几个翘舌音，许多方言区都没有，发准它们比较困难，可以通过普通话的语音知识，找准它们的发音部位和发音方法，从而学会它们的发音。又比如，很多方言区里前后鼻音不分，尤其是前鼻音 in 和后鼻音 ing 以及前鼻音 en 和后鼻音 eng 不分，这就需要通过普通话语音知识，弄清楚什么是单纯的前鼻音和后鼻音，找准它们的发音部位和发音方法，这样进行练习就正确科学多了。

最后，普通话语音是一门理论性很强的课程，同时也是一门只有在实践中才能学好的课程，训练的最终目的是要能分辨出什么是标准普通话，更要能说一口流利的标准普通话。改变多年养成的听说习惯，重新学习一种新的听说技能不是一件容易的事情，所以，除了系统性地学习理论知识外，还需要多听、多说、多实践，做一个有心人。

五、语音概说

（一）语音的性质

1. 语音的物理性质

语音是声音，声音是一种物理现象，物体振动产生音波，传播到人的耳朵里，就成为人们听到的声音。也就是说，声音是由音高、音强、音长、音色四个要素构成。

（1）音高：声音的高低，它决定于发音体振动的快慢，是和它的大小、粗细、厚薄、长短、松紧有关。语音的高低跟声带的长短、厚薄、松紧有着密切的关系。人的声带不会完全相同。通常成年男子声带长而厚，所以声音低沉，成年女子声带短而薄，所以声音就高。

（2）音强：声音的强弱，它决定于发音体振动幅度的大小。语音的强弱是由发音时气流冲击声带的力量强弱来决定的。

（3）音长：声音的长短，它决定于发音体振动时间持续的长短。振动时间持续久，声音就长；振动时间持续短，声音则短。

（4）音色：声音的个性特征，也可以说是声音的本质，所以又叫"音质"。语音中的音色变化，主要取决于发音器官的状况和发音方法的变化。

2. 语音的生理性质

声音是由人的发音器官发出，如图 1-1 所示。人在发音过程中，呼吸器官（肺、气管、胸廓、横膈膜、腹斜肌、丹田）是声音的动力，所以有"气动则声发"之说。喉头、声带是声的源头。胸腔、咽腔、口腔、鼻腔、头腔等器官，扩大共鸣，使声音响亮，决定音色变化。唇、舌、齿、颚、颊在语言的发音过程中决定音准，可以称之为吐字器官。因此，我们研究播音员、主持人、演员的用气发声、吐字归音等基本技能，都应该根据发音器官的生理作用加以研究。

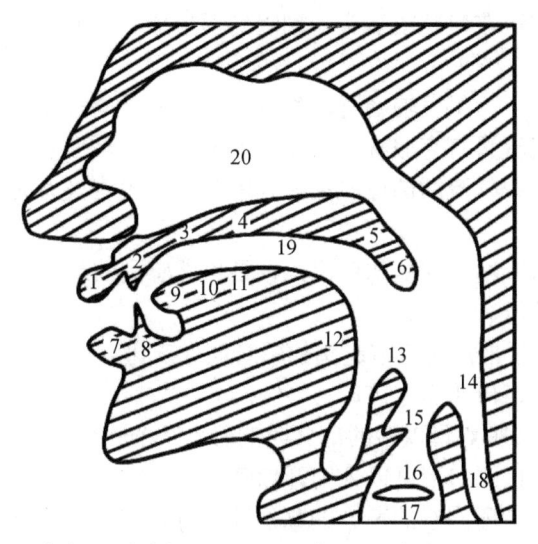

1 上唇　2 上齿　3 上齿龈　4 硬腭　5 软腭　6 小舌　7 下唇　8 下齿
9 舌尖　10 舌叶　11 舌面　12 舌根　13 咽头　14 咽壁　15 会厌
16 声带　17 气管　18 食道　19 口腔　20 鼻腔

图 1-1　发音器官部位示意图

（二）语音的基本概念

（1）音素：音素是最小的语音单位，普通话中有 32 个音素，其中元音音素 10 个，辅音音素 22 个。

（2）元音：元音又称母音，是在发音过程中由气流通过口腔而不受阻碍发出的音。

元音的特点如下：①气流通过声门振动声带后，在口腔内不受阻碍而发出的响亮的音；②发音时呼出的气流比较弱，无特别紧张的器官；③它是一个音节里的主要成分，也可以自成音节。

普通话语音共有 10 个元音、39 个韵母，韵母和元音这两个概念是不能相互替代的，凡元音都可成韵母，而韵母却并不只是元音，一个韵母的构成可以不止一个元音。元音的分类如下：

舌面元音包括：前元音（i、ü、ê）、央元音（a）、后元音（o、e、u）。

舌尖元音包括：舌尖前元音-i[前]（zi、ci、si 的韵母）、舌尖后元音-i[后]（zhi、chi、shi、ri 的韵母）。

卷舌音：er

这10个元音在构成音节时有选择性。舌尖前元音-i[前]只能和z、c、s拼合构成音节,舌尖后元音-i[后]只跟zh、ch、sh、r拼合构成音节。er能够自成音节,不直接跟辅音相拼。其他元音既能跟辅音相拼,也能自成音节。

（3）辅音：气流在口腔或咽头受到阻碍而形成的音叫作辅音,又叫子音。普通话中有辅音音素22个。

辅音的特点如下：①发辅音时,气流一定会在不同程度上受到咽头、口腔不同部位的阻碍,气流只有克服各种阻碍才能成音；②辅音发音时气流较强；③发辅音时,口腔中阻碍气流的部位肌肉特别紧张；④辅音发音时,大多数声带不颤动,声音不响亮。

（4）音节：语音结构的基本单位,也是自然感到的最小的语音片段。

（5）声母、韵母、声调。

声母：我们通常把汉语音节起头的辅音叫作声母,有辅音声母21个；把汉语音节中没有辅音的声母叫作零声母。

韵母：汉语音节中声母以后的部分叫韵母。39个韵母按照结构可分为单韵母、复韵母、鼻韵母；按照口形可以分为开口呼、齐齿呼、合口呼、撮口呼。

声调：汉语音节所固有的声音的高低和升降,我们能从声调区别意义。声调分为四类：①阴平又叫高声调；②阳平又叫上升调；③上声又叫降升调；④去声又叫全降调。

思考题

1. 什么是普通话？
2. 为什么采用北京话,而不采用别的方言作为现代汉语的标准语音呢？
3. 为什么不能以北方话为标准音,而只能以北京语音为标准音呢？
4. 为什么不能以北京语音作为普通话的基础方言呢？
5. 怎样理解普通话以典范的现代白话文著作作为语法规范呢？
6. 普通话的构成要件是由哪三个要素组成？为什么必须由这三个要素组成？普通话三要素有着什么关系？
7. 普通话语音的特点是什么？
8. 为什么在口语表达中适合采用双音节词？
9. 普通话语法的特点是什么？
10. 为什么必须学好普通话？
11. 怎样坚持学好普通话？
12. 写（说）出每天6:30—7:00中央人民广播电视总台《新闻和报纸摘要》节目中你所熟悉的播音员有哪些？其中你最喜爱的播音员是谁？为什么？
13. 试从声母、韵母、声调、语流等方面找出自己存在的问题？

14. 什么是音素？一个音节能有几个音素？
15. 什么是元音？什么是辅音？元音和辅音的主要区别是什么？
16. 什么是音节？如何正确理解音节？
17. 什么是声母？其作用是什么？
18. 什么是韵母？其作用是什么？
19. 什么是声调？其作用是什么？
20. 声母、韵母与元音、辅音的区别是什么？有何关系？

第二章 声　　母

　　声母是字音准确、清晰的基础，是音节开头的部分，一般由辅音充当。普通话里共有 21 个辅音声母（鼻辅音 ng，不能做声母）。声母发音的时间虽短，但应"咬紧"且"弹开"，两者不得偏废，才能达到语音纯正且富有弹性，字音准确且清晰自然的效果。

　　声母的发音，时值很短，要求敏捷、短促、有力，而在口语表达中的所谓"咬紧字头"，实际上指的就是声母。因此，声母发音必须准确、清晰，不然就会产生有气无字、有声无字、气包字、声包字等情况，从而导致发出的字音杂音过重，甚至会产生字音含混不清的现象出现。

一、声母发音条件

　　普通话里有 21 个辅音声母。即 b、p、m、f、d、t、n、l、g、k、h、j、q、x、zh、ch、sh、r、z、c、s。不同的声母是由不同的发音部位和发音方法决定的。

　　（1）声母的发音部位：发音时，气流受到阻碍的位置叫作发音部位，即唇、齿、舌、硬腭、软腭，如图 2-1、图 2-2 所示。声母的发音本质是用某两个部位阻碍气流呼出口外的过程中形成的发音，发音的两个部位所形成阻碍的位置越准确，字音就越准确。反之，则不准。发音的两个部位所形成阻碍的承受力越强，字音的集中度、力度也就越强。反之，"唇舌无力"将导致字音松散、含混不清。

　　1）双唇阻：b、p、m；下唇向上运动与上唇接触，双唇闭合成阻。

　　2）唇齿阻：f；上唇稍抬，稍露上齿，下唇向上，唇缘线与上门齿靠拢接触成阻。

　　3）舌尖前阻：z、c、s；舌尖平伸，与上门齿背接触或接近成阻。

　　4）舌尖中阻：d、t、n、l；舌尖向前上方抬起，与上门齿龈接触、抵住成阻。

　　5）舌尖后阻：zh、ch、sh、r；舌尖与硬腭前端接触或接近成阻。

　　6）舌面阻：j、q、x；舌面抵住或接近硬腭成阻。

　　7）舌根阻：g、k、h；舌根抵住或接近软腭成阻。

　　（2）声母的发音方法：指发音时，喉头、口腔、鼻腔节制气流的方式和状况。一般可以从解除阻碍的方式、声带是否颤动、气流的强弱等三个方面来进行分析和掌握。

　　1）解除阻碍的方式不同：塞音、擦音、塞擦音、鼻音和边音。

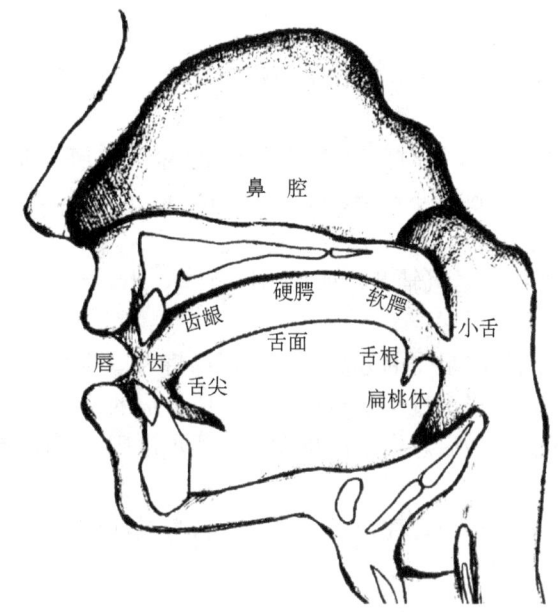

图 2-1 咬字器官位置示意图

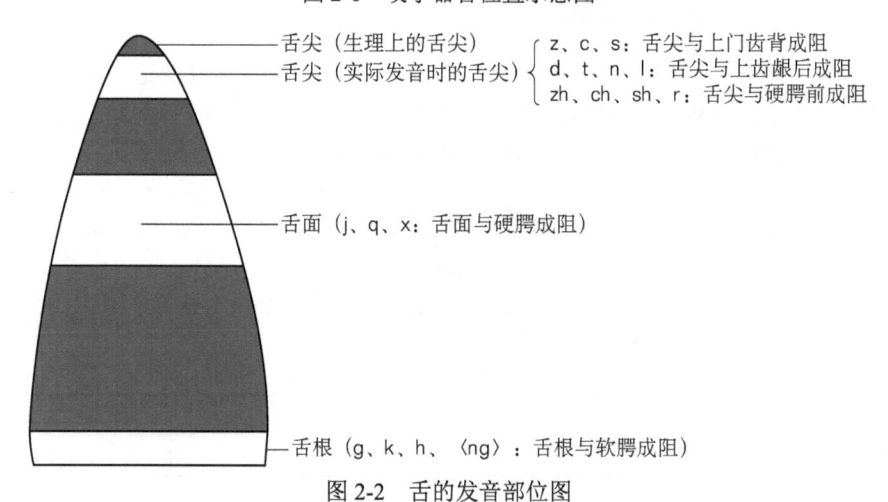

图 2-2 舌的发音部位图

塞音：发音时发音部位完全堵塞，气流冲破阻碍，爆破成声，这组音也叫爆破音。塞音声母有 b、p、d、t、g、k。

擦音：发音时发音部位接近，留下一道窄缝，气流从窄缝中挤出，摩擦成声。擦音声母有 f、h、x、s、sh、r。

塞擦音：是塞音与擦音方法的结合，发音时发音部位完全阻塞，气流先把阻塞的部位冲出一条窄缝，接着从窄缝中挤出，摩擦成声。塞擦音声母有 j、q、zh、ch、z、c。

鼻音：在发音时，软腭下降，打开鼻腔通路，气流从鼻腔通过。鼻音声母有

m、n，以及鼻辅音ng。

边音：发音时，舌尖向上，抵住上齿龈，声带振动，气流从舌的两边流出。边音声母有l。

2）声带是否颤动：发音时，声带不颤动为清辅音；声带颤动为浊辅音。

清音声母有17个：b、p、f、d、t、g、k、h、j、q、x、zh、ch、sh、z、c、s。

浊音声母有4个：m、n、l、r。

3）气流的强弱：不送气辅音，如b、d、g、j、zh、z；送气辅音，如p、t、k、q、ch、c。

根据发音时气流克服阻碍的方法，一般可以将声母的发音归纳为三个阶段：成阻、持阻、破阻。这三个过程是声母发音时所必需的。此外，在声母发音的过程中应保持吸气状态。最后总结出声母发音的四项原则：成阻准、持阻强、破阻快、吸气状态。

上述概念，不但应牢牢记住，而且要结合自身灵活运用，才能使字音不但准确而且清晰。

二、声母的分类与命名

基于上述分析，22个辅音中有21个（ng除外）可以作普通话声母，但气流在口腔中所受阻碍的部位不同、受阻的方式不同、气流的强弱不同和声带颤动不颤动等都会造成不同的声母。现归纳总结如下（表2-1）：

表2-1 辅音声母表

发音部位	发音方法						
	塞音		塞擦音		擦音	鼻音	边音
	不送气	送气	不送气	送气	清音	浊音	浊音
	清音		清音				
双唇阻	b	p				m	
唇齿阻					f		
舌尖前阻			z	c	s		
舌尖中阻	d	t				n	l
舌尖后阻			zh	ch	sh	r	
舌面阻			j	q	x		
舌根阻	g	k			h		

注：辅音声母命名方式：发音部位+不送气/送气+清/浊+发音方法

根据以上图表，可将声母的分类方式概括如下：

按照形成阻碍的方式不同分7类：双唇阻、唇齿阻、舌尖前阻、舌尖中阻、舌尖后阻、舌面阻、舌根阻。

按照解除阻碍的方式不同分 5 类：塞音、擦音、塞擦音、鼻音、边音。
按照声带是否颤动分两类：清音、浊音。
按照气流强弱分两类（仅存在于塞音与塞擦音中）：送气音、不送气音。
由此得出 21 个声母的准确的名称：

b：双唇阻不送气清塞音　　　　　j：舌面阻不送气清塞擦音
p：双唇阻送气清塞音　　　　　　q：舌面阻送气清塞擦音
m：双唇阻浊鼻音　　　　　　　　x：舌面阻清擦音
f：唇齿阻清擦音　　　　　　　　zh：舌尖后阻不送气清塞擦音
d：舌尖中阻不送气清塞音　　　　ch：舌尖后阻送气清塞擦音
t：舌尖中阻送气清塞音　　　　　sh：舌尖后阻清擦音
n：舌尖中阻浊鼻音　　　　　　　r：舌尖后阻浊擦音
l：舌尖中阻浊边音　　　　　　　z：舌尖前阻不送气清塞擦音
g：舌根阻不送气清塞音　　　　　c：舌尖前阻送气清塞擦音
k：舌根阻送气清塞音　　　　　　s：舌尖前阻清擦音
h：舌根阻清擦音

▲在掌握声母命名的过程中，应注意以下问题：
1）每一个声母的命名都体现出了其发音要领。
2）清音与浊音、送气与不送气是声母发音的必备条件。
3）送气与不送气是相对的，只有在塞音和塞擦音中才能得到充分的体现。
4）辅音 ng 的命名为"舌尖后阻浊鼻音"，在汉语普通话中 ng 不能充当声母，只能充当韵尾。

三、声母的发音与练习

要想使字音准确、清晰，就必须清晰地分辨声母的发音部位、声母的发音方法、声母发音的必备条件，并将其应用到发音实践过程中。声母的发音部位是基础、根本和关键。只有形成阻碍的部位准，字音才能准；解除阻碍的方式是字音清晰度的保证。只有声母的发音方法正确、默契，才能使字音清晰，发音过程流畅。二者相辅相成，确保字音既准确又清晰。在实际发音过程中还应注意塞音在除阻时发声，擦音在持阻时发声，塞擦音在持阻和除阻的混合阶段发声。

（一）双唇音

发音时，上唇和下唇接触构成阻碍之后发出的一种辅音，共有 b、p、m 三个音。发音过程如图 2-3 所示。

(1) 成阻　　(2) 持阻

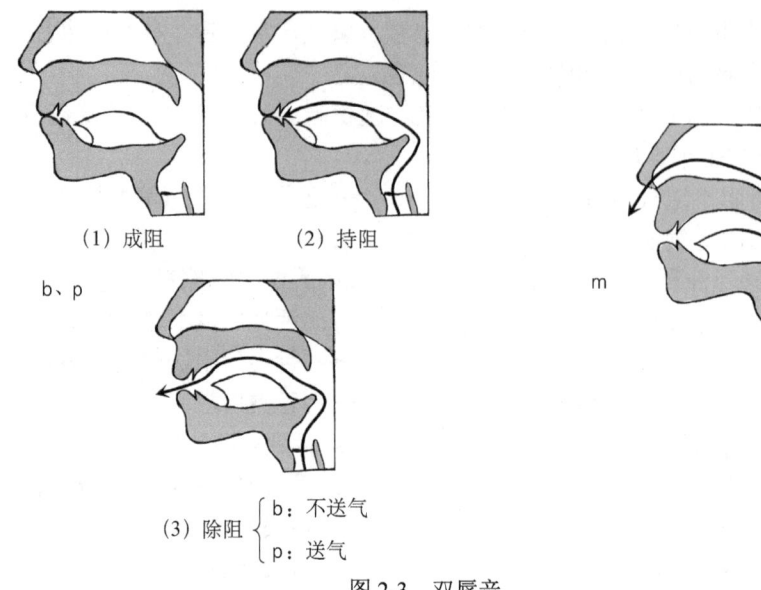

b、p

m

(3) 除阻 { b：不送气
　　　　　 p：送气

图 2-3　双唇音

b：双唇阻不送气清塞音。发音时，声带不颤动。成阻时，双唇闭拢，阻塞气流，软腭上升，堵塞鼻腔通路。除阻时，突然打开双唇，爆发成声、气流较少。

单音节：拔　编　播　布　臂　彬　帮　饼　憋　标　蹦　版　杯　抱

双音节：播报　颁布　辨别　标榜　标本　蚌埠
　　　　辩驳　冰雹　保镖　奔波　本部　臂膀

四音节：跋山涉水　百发百中　彬彬有礼　百折不挠
　　　　包罗万象　标新立异　悲欢离合　本末倒置
　　　　比比皆是　不谋而合　博采众长　暴风骤雨

p：双唇阻送气清塞音。发音的情况和 b 相同，只是在除阻时有一股较强的气流冲开双唇。

单音节：平　盘　胖　排　批　篇　铺　漂　盆　坡　评　拍　喷　剖

双音节：排炮　澎湃　拼盘　乒乓　批评　攀爬
　　　　偏旁　爬坡　平盆　匹配　偏僻　品牌

四音节：旁观者清　匹夫有责　抛砖引玉　披荆斩棘
　　　　跑马观花　披星戴月　萍水相逢　鹏程万里
　　　　平易近人　破釜沉舟　普天同庆　铺天盖地

m：双唇阻浊鼻音。发音时，声带颤动。成阻时，双唇闭拢，气流不能从口腔流出；除阻时，软腭下降，鼻腔通道打开，舌头自然平放，形成鼻音。当阻碍解除时，剩余的气流冲破双唇的阻碍，发出轻微的塞音。

单音节：妈　慢　门　明　米　麦　梦　谬　谋　美　民　莫　秒　幕

双音节：面貌　买卖　明媚　麻木　牧民　曼妙

　　　　　描摹　弥漫　茂密　渺茫　埋没　秘密
四音节：埋头苦干　满城风雨　民富国强　美不胜收
　　　　马到成功　弥天大谎　目瞪口呆　明辨是非
　　　　面目全非　莫名其妙　默默无闻　门当户对

▲在学习双唇阻发音的过程中，应注意以下问题：
　1）有的人在播报稿件时有咧嘴角的问题，这样影响了口腔开度，使力量不容易集中，双唇的爆发力必然减弱，使字音的清晰度下降，且声音扁而散。
　2）有的人在发双唇阻浊鼻音 m 时，双唇没有力量，导致鼻音色彩加重，使字音闷暗而无光彩。
　3）有的人在发双唇音时会出现抿嘴和裹唇的情形，影响音准，使语音不甚流畅，应注意正确的成阻位置在双唇的内缘，发音时力量向唇中部集中。
　4）有的人在发双唇阻送气清塞音 p 时，气流太强，以致产生杂音，使话筒传出"扑扑"的声音。应注意发音时保持吸气状态。
　5）有的人在发音时，没有理解送气与不送气的区别，将 b 和 p 相混。b 和 p 都是清音，且成阻部位、发音方法均相同，重要的区别在于 b 是不送气音，而 p 是送气音。如果没有掌握好送气与不送气的区别，则容易将"攀"读成"搬"，"坡"读成"播"，"喷"读成"奔"，更有甚者将"发炮"读成"发报"，"真胖"读成"真棒"等。

　　总之，想要发好三个双唇音，就必须注意：唇部要收紧，双唇接触要有力，而且力量集中的焦点在双唇的中部。发音时，更要注意气息的运用，控制小腹（丹田），集中气流冲击双唇，富于弹性。只有这样才能使字音准确、清晰、响亮、圆润。中国的传统戏曲中所说的"喷口"就是指带双唇音的音节。

双唇音绕口令练习
（1）八百标兵奔北坡，炮兵并排北边跑，炮兵怕把标兵碰，标兵怕碰炮兵炮。
（2）炮兵攻打八面坡，炮兵排排炮弹齐发射，步兵逼近八面坡，灭敌八千八百八十多。
（3）爸爸抱宝宝，跑到布铺买布做长袍，宝宝穿了长袍不会跑，跑了八步就拉破了布长袍，布长袍破了还要用布补，再跑到布铺买布做长袍。
（4）白庙外蹲一只白猫，白庙里有一顶白帽。白庙外的白猫看见了白帽，叼着白庙里的白帽跑出了白庙。
（5）从营房里出来三个排，直奔正北菜园来，一排浇菠菜，二排砍白菜，三排上山担木柴，剩下了他们种的一千八百八十八棵大白菜没有掰，一排浇完了菠菜，还得帮助三排把一千八百八十八棵大白菜掰下来，二排砍完了白菜还得把一排帮助三排掰下来的一千八百八十八棵大白菜背回家里来。

（6）打南坡走过来个老婆婆，两手托着两笸箩。左手托着的笸箩装的是菠萝，右手托着的笸箩装的是萝卜。你说说，是老婆婆左手托着的笸箩装的菠萝多？还是老婆婆右手托着的笸箩装的萝卜多？说得对送你一笸箩菠萝，说得不对既不给菠萝也不给萝卜。罚你替老婆婆把装菠萝的笸箩和装萝卜的笸箩送到大北坡。

（二）唇齿音

发音时，上齿和下唇内缘接近构成阻碍之后发出的一种辅音。只有一个f。发音过程如图2-4。

f：唇齿阻清擦音。发音时，声带不颤动。成阻时，下唇内缘接近上齿形成窄缝，软腭上升，堵塞鼻腔通道，舌位自然平放。除阻时，气流从窄缝中挤出，摩擦成声。

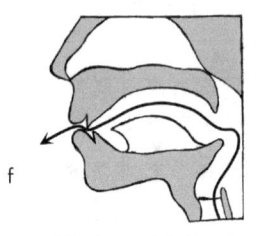

图2-4 唇齿音

单音节：福 法 非 防 粉 芳 凡 峰 夫 否 反 赴 伐 凤
双音节：吩咐 非凡 芬芳 丰富 反复 纷繁
　　　　犯法 防范 仿佛 奋发 风帆 方法
四音节：发扬光大 翻来覆去 反复无常 肺腑之言
　　　　防患未然 发号施令 飞扬跋扈 浮光掠影
　　　　分秒必争 风尘仆仆 风吹草动 丰衣足食

▲在学习唇齿音发音的过程中，应注意以下问题：

1）上齿与下唇形成阻碍时要自然接触，不能上齿咬住下唇发音。主要原因是：一是成阻部位的面积增大，力量分散；二是容易发成塞音。

2）上齿与下唇形成阻碍时，上齿要与下唇的内缘接近，留出一条窄缝。不要让上齿与下唇的中缘或者外缘接近，这样发出来的音会显得十分笨拙。

3）发擦音很容易产生杂音，所以动作不宜过分，发声的过程也不宜过长，要学会控制气流。发音时，要体会到吸气的感觉。勤加练习，必然会达到"字音清脆，口腔干净"的要求。

4）受到方言环境影响，有的人容易将f与h混淆，应注意把握f为上齿与下唇形成阻碍，而h是舌根与软腭形成阻碍。

唇齿音绕口令练习

（1）粉红墙上画凤凰，红凤凰，粉凤凰，红粉凤凰，黄凤凰。

（2）蜂花商场卖混纺，红混纺、黄混纺、粉混纺、粉红混纺、黄粉混纺、红粉混纺和黑混纺。

（3）化肥会挥发，黑化肥发灰，灰化肥发黑。黑化肥发灰会挥发，灰化肥挥发会发黑，黑化肥发灰挥发会飞花，灰化肥挥发发黑会花飞。

（4）风吹灰飞，灰飞花上花堆灰，风吹花灰灰飞去，灰在风里飞又飞。

（5）峰上有蜂，峰上蜂飞蜂蜇凤，风中有凤，风中凤飞凤斗蜂，不知到底是峰上蜂蜇凤，还是风中凤斗蜂。

（6）分水岭边分水桥，分水桥边分水岭。分水岭分水不分桥，分水桥分水不分岭。分水桥是分水桥，分水岭是分水岭。

（7）正月里，正月正，姐俩商量去逛灯。大姑娘名叫粉红女，二姑娘名叫女粉红。粉红女穿一件粉红袄，女粉红穿一件袄粉红。粉红女抱着一瓶粉红酒，女粉红抱着一瓶酒粉红。姐俩找到无人处，推杯换盏猜酒令。女粉红喝了粉红女的粉红酒，粉红女喝了女粉红的酒粉红。粉红女喝得酩酊醉，女粉红喝得醉酩酊。粉红女追着女粉红就打，女粉红见着粉红女就拧。女粉红撕了粉红女的粉红袄，粉红女撕了女粉红的袄粉红。姐俩打架停了手，自己买线自己缝。粉红女买了一条粉红线，女粉红买了一条线粉红。粉红女反缝粉红袄，女粉红反缝袄粉红。

（三）舌尖中音

发音时，舌尖抵住上齿龈，气流在这一部位受到阻碍之后发出的一种辅音。共有 d、t、n、l 四个音。发音过程如图 2-5。

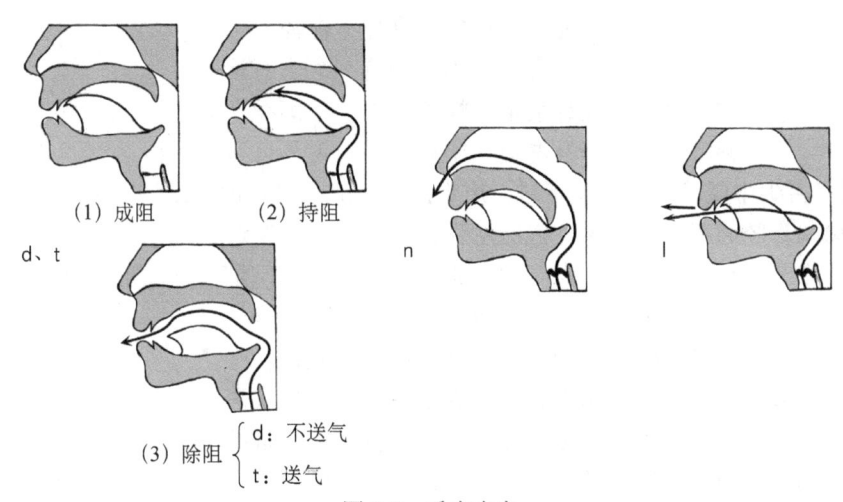

图 2-5 舌尖中音

d：舌尖中阻不送气清塞音。发音时，声带不颤动。成阻时，舌尖抵住上齿龈，气流不能从口腔中流出，软腭上升，堵塞鼻腔通路。除阻时，气流冲破舌尖与上齿龈的阻碍，爆发成声，气流较少。

单音节：懂 德 达 滴 度 党 顿 岛 跌 顶 代 缎 堆 陡
双音节：淡定 搭档 单独 调度 大胆 电灯
颠倒 等待 抵达 笃定 跌宕 督导

四音节：大刀阔斧　独一无二　点石成金　顶天立地
　　　　调虎离山　点点滴滴　多多益善　当仁不让
　　　　道听途说　德高望重　单刀直入　登高望远

t：舌尖中阻送气清塞音。发音的情况和 d 相同，只是在除阻时有一股较强的气流冲出口腔。

单音节：推　吞　淌　逃　铁　腾　谭　停　特　台　团　图　踢　透
双音节：天堂　探听　跳台　团体　通透　坦途
　　　　梯田　体贴　推托　探讨　坍塌　唐突
四音节：谈虎色变　铁证如山　通宵达旦　吞吞吐吐
　　　　同甘共苦　偷天换日　推波助澜　天高地厚
　　　　兔死狐悲　土崩瓦解　脱颖而出　突如其来

n：舌尖中阻浊鼻音。发音时，声带颤动。成阻时，舌尖抵住上齿龈，气流不能从口腔流出。除阻时，软腭下降，打开鼻腔通路，使带音的气流从鼻腔通过，发鼻音。

单音节：拿　闹　难　能　农　暖　宁　牛　内　您　酿　怒　泥　捏
双音节：牛奶　南宁　难弄　男女　牛腩　暖男
　　　　能耐　恼怒　泥泞　奶娘　拿捏　泥淖
四音节：南腔北调　能工巧匠　难分难解　念念有词
　　　　难能可贵　能说会道　恼羞成怒　牛郎织女
　　　　弄巧成拙　怒发冲冠　宁死不屈　逆耳良言

l：舌尖中阻浊边音。发音时，声带颤动。成阻时，舌尖抵住上齿龈，软腭上升，堵塞鼻腔通路。除阻时，气流从舌头两边流出，发边音。

单音节：林　来　里　老　脸　旅　类　蓝　乱　量　聊　轮　乐　路
双音节：理论　流利　玲珑　冷落　凌乱　浏览
　　　　领略　绿柳　力量　嘹亮　榴莲　联络
四音节：来者不拒　乐不思蜀　老当益壮　泪如泉涌
　　　　冷若冰霜　雷厉风行　里应外合　梨花带雨
　　　　两全其美　炉火纯青　落花流水　量力而行

鼻边音对比练习词组
农林　年轮　耐劳　哪里　脑力　奴隶　纳凉　奶酪　内涝　暖流　能力
凝练　逆流　年龄　岭南　辽宁　冷暖　留念　烂泥　连年　来年　落难
历年　遛鸟　闹铃　耐力　理念　老年　流年　陇南　两难　努力　能量
千年—牵连　恼怒—老路　允诺—陨落　难住—拦住
门内—门类　南部—蓝布　蜗牛—涡流　无奈—无赖

练习好舌尖中音是十分重要的。如果当气流冲破成阻的部位时，舌尖却表现得既无力度又无弹性，势必会造成字音的松散，缺乏力度，甚至失去字音的准确性。

所谓"唇舌无力"的"舌"是指舌尖与上齿龈保持阻碍的力量不够强。具体表现在舌尖（舌尖、舌尖前、舌尖中、舌尖后）抵住上齿龈形成阻碍之后，气流没有形成一定的压力。这样，冲击成阻部位时，气流比较弱，舌尖的肌肉又紧张不起来，因而除阻也就没有力度。由于声母是字音准确、清晰的基础，声母"立"不起来，整个音节也就"立"不起来，甚至会影响到整个语句的表达，给人一种懒散之感。

▲在学习舌尖中音发音的过程中，应注意以下问题：

1）发边音 l 时，舌尖率先从上齿龈运动到下齿背；发鼻音 n 时，应把握舌体的整体运动。

2）在发舌尖中阻浊鼻音 n 时，必须将舌尖与上齿龈全面接触，即成阻时舌尖一定抵满上齿龈。如果舌尖抵不满上齿龈，一部分气流就会跑到口腔之外，导致进入鼻腔的气流减少，鼻音的色彩就会被冲淡；反之，如果发舌尖中阻浊边音 l 时，舌尖抵满了上齿龈，舌面就会相应地平坦、无力，松弛的舌肌不能给气流造成一定的压力，不但浪费气息，而且还会产生杂音。

3）有些人学说普通话，常常将舌尖中阻浊鼻音 n 与舌尖中阻浊边音 l 相混。首先应该明确的是 n、l 的发音部位是相同的，不同的是发音方法。n 是鼻音，发音时气流从鼻腔流出；l 是边音，发音时气流从舌头的两边流出。如果感觉不到，可以将鼻子堵住。发音困难的就是 n，因为发 n 时软腭下降，气流从鼻腔流出。相反，发音不困难的就是 l 音。也可以这样体会，先将单纯的前鼻音发出，然后再突然爆发成舌尖中阻浊鼻音 n，发出的浊鼻音，声音状态比较柔和。

4）在练习舌尖中音的过程中，应尤其注意唇舌力量充足，不少人由于唇舌力量不足造成字头松散，导致持续阻碍的力量不够，使得 d、t 的发音失去"爆破音"的特征，n、l 的发音含混不清。

舌尖中音绕口令练习

（1）调到敌岛打特盗，特盗太习投短刀。挡推顶打短刀掉，踏盗得刀盗打倒。

（2）白石塔，白石搭，白石搭石塔，白塔白石搭，搭好白石塔，白塔白又大。

（3）牛郎年年恋刘娘，刘娘连连念牛郎，牛郎恋刘娘，刘娘念牛郎，郎恋娘来娘恋郎。

（4）老龙恼怒闹老农，老农恼怒闹老龙。农恼龙怒农更怒，龙恼农怒龙怕农。

（5）你能不能把公路旁柳树下的那头老奶牛，拉到牛南山牛奶站的挤奶房来，挤了牛奶拿到柳林村，送给岭南公社托儿所的刘奶奶。

（6）梁木匠，梁瓦匠，俩梁有事齐商量，梁木匠天亮晾衣裳，梁瓦匠天亮量高粱。梁木匠晾衣裳受了凉，梁瓦匠量高粱少了粮。

（7）路东住着刘小柳，路南住着牛小妞。刘小柳拿着大皮球，牛小妞抱着大石榴。刘小柳把大皮球送给牛小妞，牛小妞把大石榴送给刘小柳。

（8）吕兰娘给李南梁拿来了又甜又粘又凉的莲子栗子糯米凉年糕，又给吕兰娘拿来莲子栗子和糯米，让吕兰娘再给她做这又甜又粘又凉的莲子栗子糯米凉年糕。

（9）有个奶奶本姓刘，有个姥姥本姓牛，刘奶奶养了一条大黄牛，牛姥姥喂了一条小奶牛，不知是牛姥姥吃了刘奶奶的黄牛的肉，还是刘奶奶喝了牛姥姥的奶牛的奶。

（四）舌根音

发音时，舌根抵住或者接近软腭，气流在这一部位受到阻碍之后发出的一种辅音，共有g、k、h三个。发音过程如图2-6。

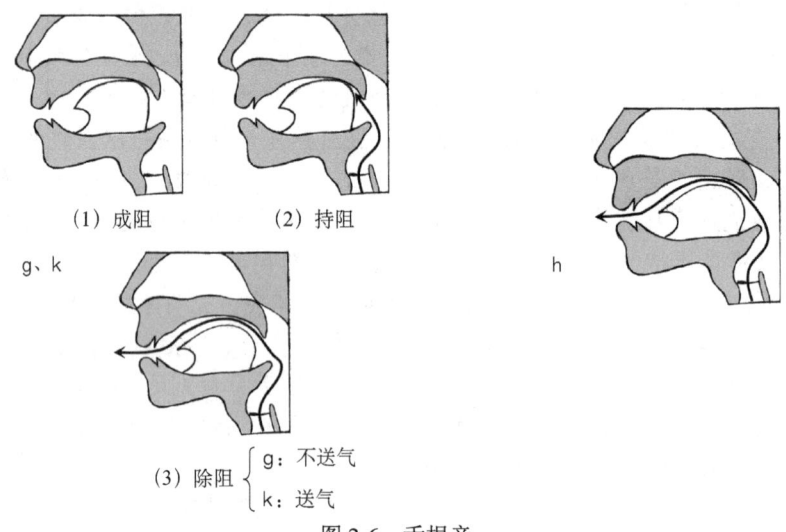

（1）成阻　（2）持阻
g、k

（3）除阻 { g：不送气　k：送气 }

h

图2-6　舌根音

g：舌根阻不送气清塞音。发音时，声带不颤动。成阻时，舌头后缩，舌根隆起抵住软腭，软腭后部上升，使口腔、鼻腔不通气。除阻时，气流冲破舌根的阻碍，爆发成声，气流较少。

单音节：高　谷　盖　国　给　贵　馆　逛　跟　功　阁　够　挂　耕
双音节：改革　巩固　高贵　光顾　故宫　梗概
　　　　公共　感观　规格　灌溉　国歌　骨骼
四音节：甘心情愿　感人肺腑　高歌猛进　古往今来
　　　　歌功颂德　纲举目张　赶尽杀绝　孤注一掷
　　　　各自为政　功德无量　光彩夺目　根深蒂固

k：舌根阻送气清塞音。发音时的情况与 g 相似。只是在除阻时有一股比较强的气流冲出口腔。

单音节：考　坑　课　口　空　困　阔　看　哭　渴　扣　宽　康　肯
双音节：开垦　宽阔　刻苦　可靠　苛刻　口渴
　　　　空旷　坎坷　困苦　慷慨　科考　空壳
四音节：开卷有益　康庄大道　刻骨铭心　开诚布公
　　　　空前绝后　口蜜腹剑　扣人心弦　口若悬河
　　　　苦尽甘来　宽大为怀　溃不成军　狂风暴雨

h：舌根阻清擦音。发音时，声带不颤动。成阻时，舌头后缩，舌根隆起，接近软腭，留有窄缝。除阻时，软腭上升，堵塞鼻腔通路，气流从缝隙中挤出，摩擦成声。

单音节：花　瀚　户　航　环　豪　惠　盒
　　　　虎　魂　核　恒　浩　货　寒　哄
双音节：欢呼　荷花　航海　绘画　缓和　辉煌
　　　　浑厚　黄昏　悔恨　含混　浩瀚　黄河
四音节：海枯石烂　海阔天空　海誓山盟　呼风唤雨
　　　　骇人听闻　含沙射影　好景不长　恍然若失
　　　　和蔼可亲　汗马功劳　豪情壮志　赫赫有名

▲在练习舌根音时，应注意以下问题：

1）舌根音是气流通过喉部进入口腔之后发出的音，发音成阻部位在舌根，在 21 个声母中是发音的位置最靠后的。有人为了追求声音的宽厚，把这 3 个（g、k、h）本来已经靠后的舌根音发得更加靠后，导致产生喉音。为了避免这类现象的发生，应该在发音部位准确的前提下，舌位有意识地前移。

2）g、k 两个声母在成阻时要有力地顶住软腭，要有往口腔外输送发音的感觉，这样才能使声音扎实、有力；特别应该注意的是声母 h，它在除阻时，舌根和软腭是没有接触的。如果不加强控制，不及时抬起软腭，就容易发出小舌头颤动的声音，不但会影响音准，同时还会产生杂音。舌根音的发音较之其他声母发音来说，产生杂音的机会更多一些，这就要求我们在发音的时候要控制好气息，使气流有力地冲击成阻部位，这样才能使发出的声音既响亮，又具有弹性。

3）值得提醒的是，有些人在说普通话时，存在舌根音 h 和唇齿音 f 分辨不清的问题。这就需要注意 f 和 h 在发音上的不同。它们的发音方法是相同的，都是清擦音。区别在成阻的部位上，唇齿音 f 是上齿和下唇形成的阻碍，而舌根音 h 的成阻部位是舌根与软腭。

4）在练习时，如发舌根音靠后，可以做g、k、h与韵母ai、ei、an的拼合练习。

舌根音绕口令练习

（1）哥挎瓜筐过宽沟，赶快过沟看怪狗，哥看怪狗瓜筐扣，瓜滚筐空哥怪狗。

（2）画上盛开一朵花，花朵开花花非花。花非花朵花，花是画上花。画上花开花，画花也是花。

（3）大哥多大锅，二哥多二锅，大哥拿多的大锅，换二哥的二锅，二哥不拿二锅，换大哥的大锅。

（4）坡上立着一只鹅，坡下就是一条河。宽宽的河，肥肥的鹅，鹅要过河，河要渡鹅，不知是鹅过河，还是河渡鹅。

（5）一班有个黄贺，二班有个王克，黄贺、王克二人搞创作，黄贺搞木刻，王克写诗歌，黄贺帮助王克写诗歌，王克帮助黄贺搞木刻，由于二人搞协作，黄贺完成了木刻，王克写好了诗歌。

（6）有个老头本姓顾，人们叫他顾老五，顾老五上街买布带打醋，回来碰见鹰叼兔，兔子绊倒了顾老五，碰掉了他的布，打翻了他的醋，这事儿活活气坏了顾老五。

（五）舌面音

发音时，舌面抵住或者接近硬腭，气流在这一部位受到阻碍而发出的音。共有j、q、x三个。发音过程如图2-7。

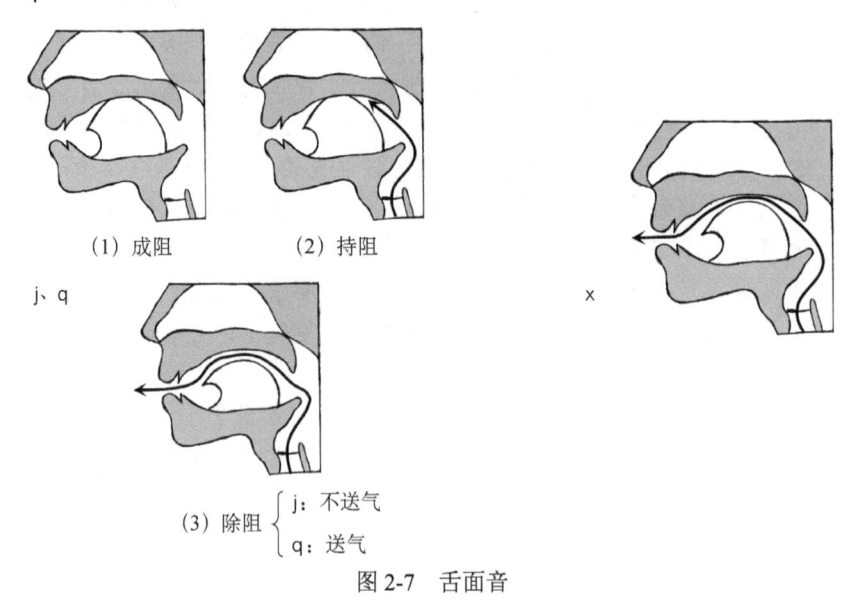

（1）成阻　（2）持阻

j、q

x

（3）除阻 { j：不送气
         q：送气 }

图2-7　舌面音

j：舌面阻不送气清塞擦音。发音时，声带不颤动。成阻时，舌面抵住硬腭。除阻时，软腭上升，堵塞鼻腔通路，较弱的气流把舌面的阻碍冲开一道窄缝，并从中挤出，摩擦成声。

单音节：江　机　家　街　景　胶　居　捐　决　金　炯　君　见
双音节：加紧　境界　交际　简洁　竞技　剪辑
　　　　经济　积极　艰巨　倔强　借鉴　讲解
四音节：津津乐道　积少成多　集思广益　聚沙成塔
　　　　假公济私　价廉物美　驾轻就熟　井井有条
　　　　剑拔弩张　皆大欢喜　锦绣山河　激流勇进

q：舌面阻送气清塞擦音。发音的情况和j相似，只是在除阻时气流增强，在摩擦阶段用强气流发出。

单音节：恰　亲　欺　桥　枪　琼　去　全　缺　情　球　浅　群　且
双音节：亲切　恰巧　请求　齐全　牵强　前期
　　　　情趣　秋千　气球　轻巧　欠缺　倾情
四音节：取之不尽　奇珍异宝　旗鼓相当　浅尝辄止
　　　　千载难逢　气吞山河　全神贯注　秋高气爽
　　　　群策群力　求同存异　恰如其分　潜心笃志

x：舌面阻清擦音。发音时，声带不颤动。成阻时，舌面接近硬腭，成阻的部位呈现出一道缝隙，软腭上升，堵塞鼻腔通道。除阻时，气流从缝隙中挤出，摩擦成声。

单音节：先　西　香　新　笑　轩　秀　夏
　　　　雪　休　校　宣　许　熊　醒　想
双音节：现象　信息　新鲜　欣喜　详细　宣泄
　　　　孝心　香薰　先贤　喜讯　学习　形象
四音节：细水长流　闲情逸致　先声夺人　嘘寒问暖
　　　　弦外之音　现身说法　相敬如宾　喜闻乐见
　　　　心急如焚　旭日东升　息息相关　瑕不掩瑜

▲在练习舌面音时，应注意以下问题：

1）舌面音是语音中最常见、也最容易出现问题的一组音。我们都知道，声母j、q、x跟i、ü或者是以i、ü起头的韵母相拼叫作团音。在普通话里，声母z、c、s不能和i、ü或者是以i、ü起头的韵母相拼，所以普通话里是没有尖音的。

2）目前之所以会出现尖音的泛滥和蔓延，是因为没有掌握住舌面音的成阻部位和舌面发音时的集中用力点。发舌面音时，成阻的部位应该是舌面与硬腭，而舌尖则是自然放松地悬垂在下齿背之后的。集中用力点应该在舌面的成阻部位，而不应该在舌尖，更不允许有舌尖碰到齿背或者是舌面前部碰到上齿背、上齿龈等不良现象出现。

3）尖音的出现不但会影响音准，同时还会出现刺耳的杂音。男生尖音太多，其声音会显得女气；女生尖音太多，则声音既不庄重，又不朴实。因此，应该尽力避免尖音，努力克服尖音。

4）在练习舌面音时，尤其应注意口腔与呼吸状态，需要时刻保持吸气状态和打开口腔，从而有效地控制好气流，在很大程度上避免杂音出现。

舌面音绕口令练习

（1）七加一，七减一，加完减完等于几；七加一七减一，加完减完还是七。

（2）小齐吹气球，小于玩皮球。小齐要拿气球换小于的皮球，小于不拿皮球换小齐的气球。

（3）文化宫里真有趣，有曲艺，有体育，有杂技，有象棋；文艺室里有谜语；音乐室里练乐器：芭蕾舞剧，革命曲艺，河南豫剧，山东吕剧，话剧剧团，多不胜举，观众济济，座无虚席，表演认真，不遗余力，精彩感人，深受教育。

（4）田建贤前天从前线回到家乡田家店，只见家乡变化万千，繁荣景象出现在眼前，连绵不断的青山，一望无边的棉田，新房建成一片，高压电线通向天边。

（5）七巷一个漆匠，西巷一个锡匠，漆匠偷了西巷锡匠的锡，西巷锡匠拿了七巷漆匠的漆，七巷漆匠气西巷锡匠偷了漆，西巷锡匠讥七巷漆匠拿了锡。请问锡匠和漆匠，谁拿谁的锡？谁拿谁的漆？

（六）舌尖后音

发音时，舌尖与硬腭前端接触或者接近构成阻碍之后发出的一种辅音。共有 zh、ch、sh、r 四个。发音过程如图 2-8。

zh：舌尖后阻不送气清塞擦音。发音时，声带不颤动。成阻时，舌尖翘起，顶住硬腭前端，口腔不通气。软腭上升，堵塞鼻腔通路。除阻时，舌尖缓慢地离开硬腭前端，气流则从出现的一道窄缝中挤出，摩擦成声，气流不明显。

单音节：周　展　章　追　支　整　涨　转　宅　众　准　哲　抓　中
双音节：庄重　主张　支柱　指针　装置　执着
　　　　战争　辗转　郑重　制止　追逐　褶皱
四音节：掌上明珠　招兵买马　振振有词　珍禽异兽
　　　　争先恐后　珠圆玉润　郑重其事　炙手可热
　　　　志同道合　咫尺天涯　至高无上　众望所归

ch：舌尖后阻送气清塞擦音。发音的情况和 zh 相同，只是在除阻的时候，有一股明显的气流从口腔中流出。

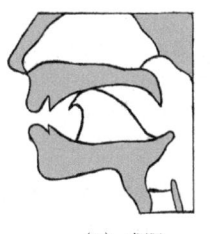

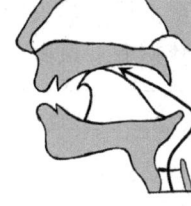

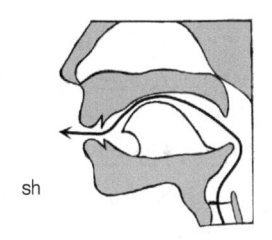

zh、ch

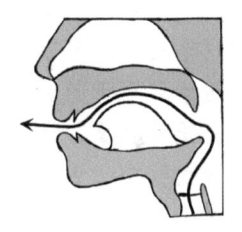

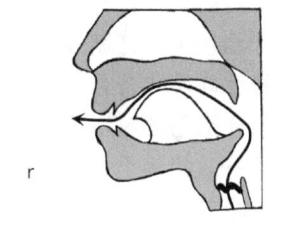

(1) 成阻　(2) 持阻

sh

(3) 除阻 { zh：不送气　ch：送气 }

r

图 2-8　舌尖后音

单音节：查　诚　潮　抽　宠　楚　晨　纯　初　创　柴　戳　迟　拆
双音节：穿插　长城　惆怅　出场　惩处　传承　橱窗
　　　　驰骋　抽查　拆除　城池　查重　抽搐　超车
四音节：察言观色　触类旁通　长篇大论　畅所欲言
　　　　触景生情　沉默寡言　承上启下　持之以恒
　　　　长篇大论　赤胆忠心　叱咤风云　初出茅庐

sh：舌尖后阻清擦音。发音时，声带不颤动。成阻时，舌尖翘起与硬腭前端形成并且保持一条窄缝。软腭上升，堵塞鼻腔通路。除阻时，气流从舌尖和硬腭前端形成的窄缝中挤出，摩擦成声。

单音节：山　水　诗　上　顺　晒　省　书　生　申　舍　收　帅　栓
双音节：山水　双手　闪烁　神圣　实施　诗书
　　　　沙石　少数　赏识　上山　受伤　审视
四音节：深入人心　神采奕奕　殊途同归　事半功倍
　　　　诗情画意　瞬息万变　实事求是　深思熟虑
　　　　守株待兔　束手无策　势如破竹　生生世世

r：舌尖后阻浊擦音。发音的情况和 sh 相近。只是摩擦比 sh 弱，同时声带颤动，气流带音。

单音节：日　如　瑞　忍　软　扰　润　热　若　柔　荣　然　仍　蕊
双音节：仍然　柔韧　容忍　荣辱　然而　仁人
　　　　如若　软弱　忍让　荏苒　柔软　融入
四音节：入情入理　若无其事　锐不可当　惹人注目

如愿以偿　燃眉之急　仁至义尽　热火朝天
入木三分　冉冉升起　如梦初醒　荣辱与共

▲在练习舌尖后音时，应注意以下问题：

1）许多地区的方言中没有舌尖后音。因此，在练习 zh、ch、sh、r 这一组声母时，发音的部位就很难掌握好、掌握准、掌握到位。一种情况是将这组声母发得比较靠后，把翘舌音（即舌尖后音）发成了卷舌音（即 er：舌尖中不圆唇卷舌元音），这就需要认真练习。舌尖翘起这个动作，可以对着镜子练习，使其翘舌的动作前伸，接近于伸平。目的是将舌尖移至硬腭前端。经过反复练习，就会达到翘起准确的目的了。另一种情况，恰恰相反，发音的位置偏前，舌位较平，接近于平舌音的位置。在实际的练习过程中，舌尖应尽量往后移，顶住硬腭前端，再发舌尖后音，慢慢就能矫正过来。另外，发音部位偏前与口腔的开度也有直接的关系。口腔中部不开，空间自然窄小，声音必然变偏、位置也就当然靠前了。

2）应注意保持自然唇形。有个别人在发舌尖后音时会撅起双唇，这是十分错误的。双唇撅起后，无形之中又给口腔共鸣增加了一个泛音共鸣点，有的会使声音变得闷暗，有的则会在发舌尖后音的同时出现一种好似吹口哨一样的杂音。发舌尖后音时双唇撅起，既影响脸部美观，又破坏字音的准确。

3）有个别人在发声母 sh 时，成阻的力量过大，成阻的时间过长，使舌头两边翻卷，出现空隙，气流从舌面两边缘摩擦通过，出现"边擦音"。正确的发音应该是舌头的两侧要放平收住，让气流从舌头中部自然流出。

4）有个别人在发舌尖后音时，不是用舌尖翘起顶住硬腭前端这个位置发音，而是用翘起的舌面顶住硬腭前端发出舌尖后音。这是一种十分笨拙的方法，会极大地影响字音的准确和语流的通畅，应予以纠正。

5）有不少人在一开始练习时，错将上齿龈当作硬腭前端，用舌尖与上齿龈形成阻碍发音从而产生杂音，造成舌尖后音的发音缺陷，应在练习时找准硬腭前端的位置。

6）很多人在发舌尖后音时成阻的部位是正确的，但发音方法却出现了问题，导致在口腔中摩擦杂音过重的现象发生。这是没有正确理解和掌握擦音以及塞擦音的发音规律造成的。

舌尖后音绕口令练习

（1）知道就是知道，不知道就是不知道。不要知道说不知道，也不要不知道装知道。

（2）史老师讲时事，常学时事长知识。学习时事看报纸，报纸登的是时事，常看报纸要多思，心里装着天下事。

（3）夏日无日日亦热，冬日有日日亦寒，春日日出天渐暖，晒衣晒被晒褥单，秋日天高复云淡，遥看红日迫西山。

（4）有个好孩子，拿张图画纸，来到石院子，学画石狮子。一天来画一次石狮子，十天来画十次石狮子。次次画石狮子，天天画石狮子，死狮子画成了活狮子。

（5）人生在世，不能自私自利，随心所欲，踌躇满志，无所事事。人生在世，不能朝三暮四，随波逐流，醉生梦死，生如行尸。人生在世，做事要认真，专心致志，重任在身，在所不辞。人生在世，做人要正直，实事求是，生死关头，舍生忘死。

（6）山前有四十四棵死涩柿子树，山后有四十四只石狮子。山前的四十四棵死涩柿子树，涩死了山后的四十四只石狮子。山后的四十四只石狮子，咬死了山前的四十四棵死涩柿子树。不知是山前的四十四棵死涩柿子树，涩死了山后的四十四只石狮子，还是山后的四十四只石狮子，咬死了山前的四十四棵死涩柿子树。

（七）舌尖前音

发音时，舌尖抵住或者接近上齿龈前端，气流在这一部位受到阻碍之后发出的辅音。共有 z、c、s 三个。发音过程如图 2-9。

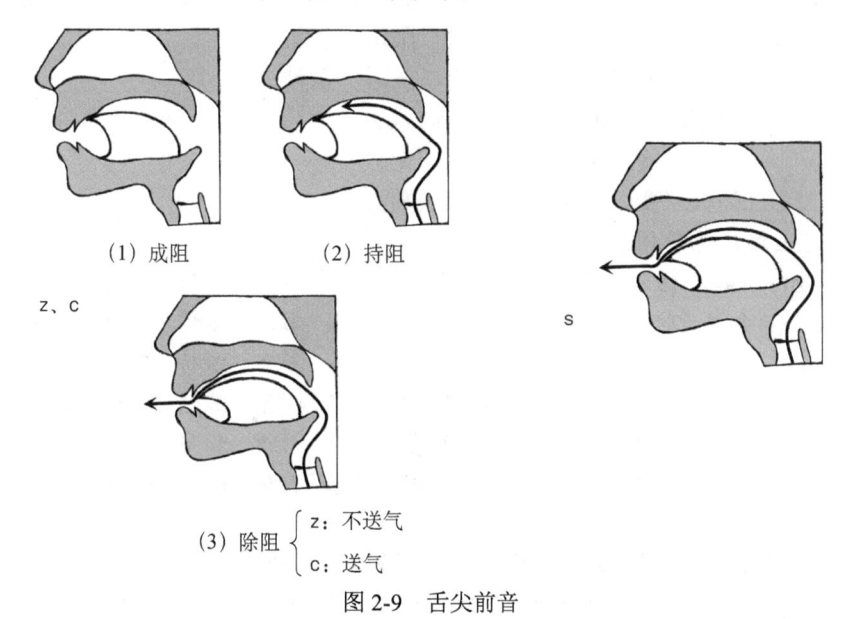

(1) 成阻　(2) 持阻

z、c

(3) 除阻 { z：不送气　c：送气 }

s

图 2-9　舌尖前音

z：舌尖前阻不送气清塞擦音。发音时，声带不颤动。成阻时，舌尖抵住上齿龈，口腔不通气，软腭上升，堵塞鼻腔通路。除阻时，舌尖离开上齿龈，使舌尖与上齿龈成阻，并逐渐放松，留出一道窄缝，气流从窄缝中挤出，摩擦成声。

单音节：总　赞　则　座　灾　杂　走　族　造　增　做　遵　醉　早

双音节：自责　栽赃　自尊　祖宗　粽子　总则

　　　　造作　再造　最早　自足　走姿　在坐

四音节：自得其乐　再接再厉　责无旁贷　孜孜不倦
　　　　座无虚席　坐吃山空　左右为难　足不出户
　　　　罪魁祸首　走马观花　字里行间　钻木取火

c：舌尖前阻送气清塞擦音。发音的情况和 z 相同。只是在除阻时有明显的气流从口腔中流出。

单音节：曾　翠　才　赐　醋　彩　寸　凑　擦　存　餐　操　侧　错
双音节：层次　草丛　仓促　措辞　璀璨　猜测　此次
　　　　参差　从此　匆匆　粗糙　苍翠　残存　催促
四音节：才华横溢　层峦叠嶂　草木皆兵　寸草春晖
　　　　搓手顿足　措手不及　沧海桑田　藏龙卧虎
　　　　从容不迫　词不达意　才学兼备　层峦叠嶂

s：舌尖前阻清擦音。发音时，声带不颤动。成阻时，舌尖和上齿龈接近，有空隙，软腭上升，堵塞鼻腔通路。除阻时，气流从舌尖与上齿龈之间留出的一条缝隙中挤出而成声。

单音节：三　桑　松　思　苏　所　赛　森　扫　孙　宋　岁　搜　僧
双音节：思索　洒扫　琐碎　松散　酸涩　诉说
　　　　色素　笋丝　搜索　诉讼　三思　散沙
四音节：司空见惯　四面楚歌　四通八达
　　　　耸人听闻　俗不可耐　所向无敌
　　　　随机应变　三生三世　损人利己

平翘舌对比练习词组
z—zh：自制　组织　增长　最终　杂志　尊重　阻止　总值　资助　作战　资质
zh—z：知足　职责　追踪　著作　种族　准则　驻足　振作　竹子　赈灾　沼泽
c—ch：操场　磁场　促成　辞呈　存储　采茶　餐车　操持　擦车　刺穿　财产
ch—c：尺寸　纯粹　出彩　初次　冲刺　差错　川菜　陈醋　储藏　船舱　揣测
s—sh：随时　损失　厮守　丧失　私塾　赛事　诉说　私事　所属　松鼠　素食
sh—s：深思　上司　时速　收缩　寿司　深邃　世俗　疏散　输送　疏松　申诉

▲舌尖前音在实际运用之中，也属于容易出现问题的一组音：

1）有的人在发舌尖前音时，舌尖没有与上齿龈成阻，而是将舌尖伸到两齿（上下齿）的中间去了。这样发出来的音就必然带有齿间音的色彩，这就是所谓的"大舌头"。为了避免将舌尖伸到上下齿中间或者碰到牙齿，在实际运用中，成阻的部位应该是舌尖轻抵上齿龈。而在除阻时，舌尖实际已经离开了上齿龈，悬垂在上齿龈的后面了。

2）有的人在发舌尖前音时，成阻的时候舌尖与上齿龈接触太紧，气流冲破阻碍时比较困难，发出"丝丝"的杂音。这就要求在实际运用中，口腔中部要打开，舌尖肌肉要放松，两齿之间要留有一定的距离，这样可以避免声音偏前。

3）有的人在发舌尖前音时，先将舌尖（生理上的舌尖）顶住下门齿根，再将舌尖（实际发音时的舌尖）抵住上门齿根发音。这种办法不但使口腔的前开度闭塞，同时还增加了舌尖的运动动程，迫使字音的转换速度受到影响，极大地影响了口头语言表达的流畅和自如。

舌尖前音绕口令练习

（1）三山撑四水，四水绕三山，三山四水春常在，四水三山四时春。

（2）三月三，阿三撑伞上深山，上山又下山，下山又上山，出了满身汗，湿透了丝衬衫，上山下山上山跑了三里三。

（3）镇江路、镇江醋，镇江名醋出此处，买错出处买错醋，错买名醋味儿不足。

（4）山前有个崔粗腿，山后有个崔腿粗，二人山前来比腿。不知是崔腿粗比崔粗腿的腿粗，还是崔粗腿比崔腿粗的腿粗。

（5）三哥三嫂子，上山摘枣子，一摘摘了三斗三升酸枣子。三哥三嫂子，请借我三斗三升酸枣子，明年我也上山摘枣子，也摘三斗三升酸枣子，再还给三哥三嫂子，三斗三升酸枣子。

（6）刚往窗上糊字纸，你就隔着窗户撕字纸。一次撕下横字纸，一次撕下竖字纸，横竖两次撕了四十四张湿字纸。窗上没有纸，风吹满屋子。是字纸你就撕字纸，不是字纸你就不要胡乱地撕一地纸。

（7）四十四个字和词，组成了一首子词丝的绕口词，桃子李子梨子栗子桔子柿子槟子榛子，栽满院子村子和寨子。刀子斧子锯子凿子锤子刨子尺子，做出桌子椅子凳子柜子和箱子。名词动词数词代词副词助词连词，造成语词诗词和唱词。蚕丝生丝熟丝缫丝染丝晒丝纺丝织丝，自制粗丝细丝人造丝。

综上所述，不难看出，除零声母外，声母都是由辅音充当的。辅音是气流通过声门后到达口腔受到了不同部位和不同方式阻碍发出来的。气流受到阻碍的部位叫发音部位。解决阻碍的方法叫发音方法。同时还根据气流的强弱，声带振动与否来区分不同的声母。可以说，要想发准普通话语音中的声母，就必须掌握这些发音要领。

按照声母的发音规律，我们可以将声母的发音原则归纳如下：

成阻：准（保证字音准确、清晰的基础。）

持阻：强（保证字音集中、有力的关键。）

除阻：快（声母是辅音。辅音是塞音、擦音、塞擦音、鼻音和边音。只有破阻时短且快，集中而又有力，才可能迅速地转化成韵母，打开口腔中部，发出明亮、圆润的字音。）

状态：吸气（表现为打开口腔中部，呈半打哈欠或呈喝水的状态，从而引发口腔中部的共鸣。）

由此得出，声母发音的四个原则：成阻准、持阻强、除阻快、吸气状态。

在掌握了这些要领的基础上，运用发声方面的技巧，将会使声母的发音更加清晰、集中、有力。声母是语音准确和清晰的基础，除了上述要点需牢记和掌握之外，还应着重进行送气音和不送气音、平舌音和翘舌音、翘舌音和舌面音、平舌音和舌面音、声母 f 和声母 h、声母 n 和声母 l 的对比分辨练习以及区别词义练习。

思考题

1. 什么叫声母的发音部位？如何理解声母发音部位的重要性？
2. 按发音部位的不同，可将普通话声母分成几类？其发音特点是什么？
3. 如何正确理解声母发音成阻、持阻、破阻的三个过程？为什么必须要有这三个过程？
4. 为什么在声母发音时必须保持吸气状态？
5. 按声母发音方法的不同，将普通话声母分成几类，其各类的发音特点是什么？
6. 什么叫声母的发音方法？如何理解声母发音方法的重要性？
7. 什么叫塞音、擦音、塞擦音、鼻音和边音？它们各有哪些？各具有什么特点？
8. 什么叫清辅音？什么叫浊辅音？分别有哪些？
9. 什么叫送气辅音？什么叫不送气辅音？分别有哪些？
10. 怎样理解 b 声母为双唇阻不送气清塞音？怎样理解 p 声母为双唇阻送气清塞音？
11. 怎样理解 n 声母为舌尖中阻浊鼻音？怎样理解 l 声母为舌尖中阻浊边音？
12. 怎样理解 j 声母为舌面阻不送气清塞擦音？怎样理解 x 声母为舌面阻清擦音？
13. 怎样掌握 zh、ch、sh 和声母 z、c、s 的正确发音？
14. 何为发音时的"唇舌无力"？怎样克服"唇舌无力"的毛病？
15. 何为"喷口"音？怎样才能发好"喷口"音？
16. 怎样理解"声母是语音准确和清晰的基础"这句话？
17. 为什么在学说普通话的过程中，口腔会出现杂音？举例说明。
18. 声母发音的四个原则是什么？为什么？
19. 声母命名的根据是什么？有无可遵循的规律？
20. 你在声母发音的过程中存在哪些问题？如何解决？

第三章 韵 母

韵母是字音响亮、圆润的基础，是指一个音节声母后面的部分，共有39个（表3-1）。韵母的主要成分是元音，有的韵母由一个元音组成，有的由两个或三个元音组成，还有的由一个或两个元音加上一个鼻辅音组成。要特别注意掌握韵母的归音方法，普通话发音时要做到"咬紧字头、托开字腰、收紧字尾"，这样才能使字音响亮、集中、清晰、圆润且有力度。韵母发音时，韵腹必须托开、立起，韵尾必须归音到位、收紧。

表 3-1 汉语普通话韵母分类表

结构		口形			
		开口呼	齐齿呼	合口呼	撮口呼
单韵母		-i[前]、-i[后]	i	u	ü
		a	ia	ua	
		o		uo	
		e			
		ê	ie		üe
		er			
复韵母		ai		uai	
		ei		uei	
		ao	iao		
		ou	iou		
鼻韵母	前鼻音韵母	an	ian	uan	üan
		en		uen	
			in		
					ün
	后鼻音韵母	ang	iang	uang	
		eng		ueng	
			ing		
				ong	iong

注：图中灰底部分为复韵母

普通话韵母按结构特点可以分为：单韵母、复韵母和鼻韵母。
（1）单韵母：由一个元音构成的韵母，共有 10 个。
（2）复韵母：由两个或三个元音构成的韵母，共有 13 个。

（3）鼻韵母：由一个或两个元音再加上一个鼻辅音构成的韵母，共有 16 个。
普通话韵母按开头元音发音的口形可分为：开口呼、齐齿呼、合口呼和撮口呼。
（1）开口呼：凡没有韵头而韵腹又不是 i、u、ü 的韵母叫开口呼，共有 15 个。
（2）齐齿呼：凡韵头或韵腹是 i 的韵母叫齐齿呼，共有 9 个。
（3）合口呼：凡韵头或韵腹是 u 的韵母叫合口呼，共有 10 个。
（4）撮口呼：凡韵头或韵腹是 ü 的韵母叫作撮口呼，共有 5 个。

从单个韵母本身的结构上分析，可将韵母分为三个部分：韵头、韵腹和韵尾。
韵头：是韵腹前面的元音，又叫介音，由 i、u、ü 充当。表示舌位动程的起点。
韵腹：是韵母的主要部分。一个韵母可以没有韵头、韵尾，但不能没有韵腹。韵腹必须由发音响亮的元音充当。
韵尾：是韵腹后面的音素，由 i、u、n、ng 充当。表示舌位动程的最后方向。

一、单元音韵母

（一）单元音韵母的定义

单元音韵母是由单元音构成的韵母。普通话里有 10 个单元音韵母。其中，舌面元音：a、o、e、i、u、ü、ê；特殊元音（舌尖元音）：-i［前］、-i［后］；卷舌元音：er。如图 3-1 所示。

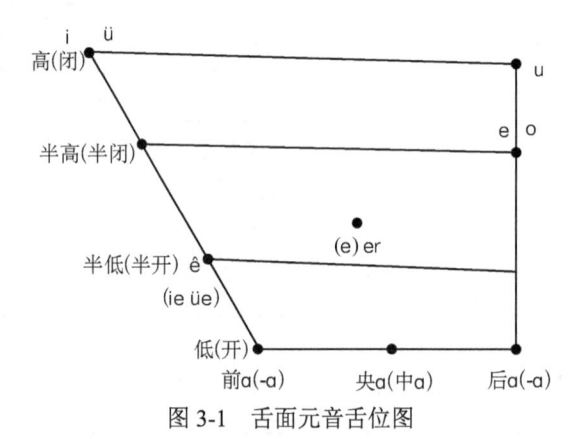

图 3-1　舌面元音舌位图

单元音韵母发音的不同，主要是由不同的口形、舌位和口腔开度的变化造成的。舌头的升降伸缩，唇形的平展圆敛及口腔的开度都可以造成不同形式的共鸣腔体，因而形成了各种不同音色的元音。而单元音的发音特点是在发音的时候，舌位、唇形及口腔的开度始终不变。

（二）单元音韵母的发音条件

单元音韵母的发音过程主要与口腔开度、舌位和唇形有关。舌位可以抬高，也可以降低，可以伸前，也可以缩后，开口度也可大可小，唇形更是可圆、可不圆。可以根据舌位的高低（开口度大小）、舌位的前后（声音的前后）和圆唇不圆唇等三个方面对元音的发音进行具体研究。

(1) 口腔开度

在发音的时候，口腔开合的程度叫开口度。开口度也可大可小，开口度较小的元音有 i、u、ü；口腔半开的元音有 o、e；开口度相对较大的有元音 ê；开口度最大的是元音 a。

(2) 舌位

舌位是指发音时舌面隆起部分的最高点。根据发音时的舌头位置的高低前后可以区分出单元音韵母发音的宽窄前后。

发音时，舌面和硬腭距离小（舌位高）叫窄元音。如：i、u、ü。

发音时，舌面和硬腭距离大（舌位低）叫宽元音。如：a、o、e、ê。

发音时，舌面隆起的最高点在硬腭前部，叫前元音。如：i、ê、ü。

发音时，舌面隆起的最高点在硬腭后部，叫后元音。如：o、u。

发音时，舌面最低点在口腔的中央部分，叫央元音。如：a。

舌位的变化，与口腔开合的程度有着紧密不可分的关系。口腔开、舌位低；口腔闭、舌位高。因此，i、ü 舌位为前、高；u 舌位为后、高；o、e 舌位为后、半高；ê 舌位为前、半低；a 舌位为央、低。

(3) 唇形

唇形可以分为圆唇和不圆唇两种。单元音韵母中 o、u、ü 是圆唇元音，a、e、ê、i、er 为不圆唇元音。

发音时，舌位、唇形、口腔的开度按发音原则的要求维持状态不变，舌位没有动程。发音时还应特别注意舌位、唇形、口腔开度的配合关系。

（三）单元音韵母的发音练习

在发单元音韵母的过程中，应遵循"圆唇扁发、扁唇圆发；宽音窄发、窄音宽发；前音靠后、后音靠前；打开口腔、状态吸气"的发音基本原则。

a：舌面央低不圆唇元音（宽元音、扁唇音）

口腔开度最大，舌位最低、自然放平，双唇呈自然状态。如图 3-2 所示。

单音节：啊 杂 擦 爸 拿 码
　　　　咖 蜡 尬 乏 怕 扎

双音节：发达　大坝　腊八　发蜡
　　　　打码　哈达　喇嘛　拉萨

四音节：差强人意　发奋图强　大有作为
　　　　跋山涉水　马不停蹄　八面玲珑
　　　　飒爽英姿　大势所趋　察言观色

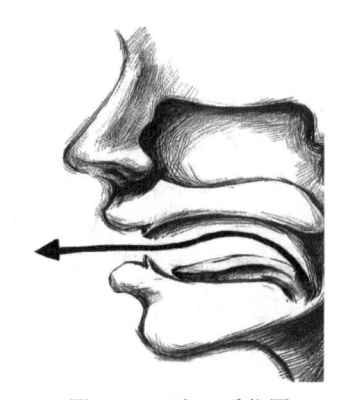

图 3-2　元音 a 舌位图

绕口令练习

（1）张大妈、夏大妈，你看咱社的好庄稼，高的是玉米，矮的是芝麻，开黄紫花的是棉花，圆溜溜的是西瓜，谷穗长的像镰把，勾着想把地压塌，张大妈，夏大妈，边看边乐不住地夸。

（2）初八、十八、二十八，八个小孩拔萝卜，你也拔，我也拔，看谁拔得多，看谁拔得大，你拔得不多个儿不小，我拔的不少个不大，一个萝卜一个坑，算算多少用车拉，一个加两，两加三，七十二个加十八，拿个算盘打一打，一百差两九十八。

（3）一个胖娃娃，捉了三个大花活蛤蟆，三个胖娃娃，捉了一个大花活蛤蟆，捉了一个大花活蛤蟆的三个胖娃娃，真不如捉了三个大花活蛤蟆的一个胖娃娃。

o：舌面后半高圆唇元音（后元音、宽元音、圆唇音）

口腔半开，舌面后部稍抬，双唇略圆。如图3-3所示。

单音节：泼　播　摸　佛　破
　　　　博　摩　婆　迫　墨

双音节：泼墨　磨破　默默　婆婆
　　　　薄弱　薄膜　萝卜　佛陀

四音节：默默无闻　迫不及待　磨砖成镜
　　　　迫在眉睫　博古通今　破釜沉舟
　　　　博学多才　莫名其妙　破涕为笑

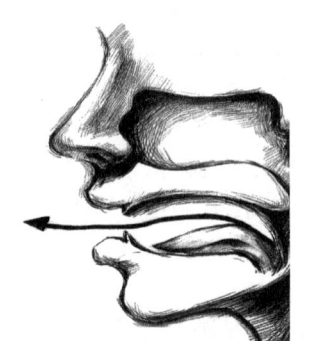

图3-3　元音o、e舌位图

绕口令练习

（1）张伯伯、李伯伯，饽饽铺里买饽饽，张伯伯买了个饽饽大，李伯伯买了个大饽饽，拿回家里给婆婆，婆婆又去比饽饽，也不知是张伯伯买的饽饽大，还是李伯伯买的大饽饽。

（2）颗颗豆子进石磨，磨出豆浆送哥哥，哥哥说我的生产虽然小，可是小小的生产贡献多。

（3）兴修水利好处多，绿水笑着上山坡，山青稻香水磨响，日子越过越好过。

（4）婆婆和嬷嬷，来到山坡坡，婆婆默默采蘑菇，嬷嬷默默拔萝卜。婆婆采了蘑菇换饽饽，嬷嬷卖了萝卜换馍馍。

e：舌面后半高不圆唇元音（后元音、宽元音、扁唇音）

口腔半开，舌面后部稍抬，双唇向两边展开。如图3-3所示。

单音节：泽　策　勒　贺　鸽
　　　　瑟　忑　鹅　德　课

双音节：可乐　折合　特色　割舍
　　　　色泽　合格　苛刻　隔阂

四音节：责无旁贷　舍己为人　得心应手
　　　　歌舞升平　可歌可泣　刻骨铭心
　　　　何去何从　隔岸观火　舍生忘死

绕口令练习

（1）坡上立着一只鹅，坡下就是一条河，宽宽的河，肥肥的鹅，鹅要过河，河要渡鹅，不知是鹅过河，还是河渡鹅。

（2）村东有条清水河，河岸是个小山坡，社员坡上挖红薯，闹闹嚷嚷笑呵呵。忽听河里一声响，河水溅起一丈多，吓得我忙大声喊："谁不小心掉下河？"大家一听笑呵呵，有个姑娘告诉我："不是有人掉下河，是个红薯滚下坡。"

（3）天上一群大白鸽，河里一群大白鹅。白鸽尖尖红嘴壳，白鹅曲项向天歌。白鸽剪开云朵朵，白鹅拨开浪波波。鸽乐呵呵，鹅活泼泼，白鹅白鸽碧波蓝天真快乐。

i：舌面前高不圆唇元音（前元音、窄元音、扁唇音）

口腔开度较窄，舌面前部抬高，双唇向两边展开。如图3-4所示。

单音节：衣　戏　笔　器　稀
　　　　泥　低　批　梯　基
双音节：笔记　地理　霹雳　袭击
　　　　离奇　立即　秘密　比例
四音节：立竿见影　地大物博　一技之长
　　　　避难就易　急功近利　毕恭毕敬
　　　　低声下气　鸡犬不宁　急中生智

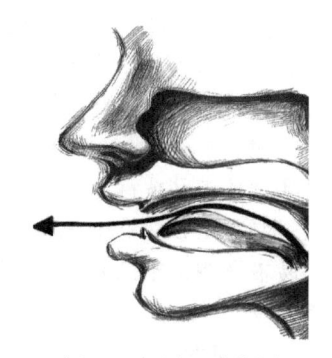

图3-4　元音 i 舌位图

绕口令练习

（1）一二三，三二一，一二三四五六七，七六五四三二一，七个姑娘来聚齐。七只花篮手中提，一齐来到果园里，摘的是槟子、橙子、橘子、柿子、李子、栗子、梨。

（2）人心齐，泰山移，男女老少齐出力，要与老天比高低。挖了干渠几十里，保浇了万亩良田地。

（3）七队的齐老七和戚小七，清晨起来抢簸箕，抢起簸箕簸荸荠，簸完荸荠把墙砌。砌完墙又一口气地修机器，他们心红手巧为集体。

（4）夜里天冷北风急，班长下岗月儿西，手拿针线灯下坐，为我熬夜缝军衣，线儿缝在军衣上，情意缝在我心里。

（5）太阳太阳我问你，敢不敢来比一比？我们出工老半天，你还睡觉迟迟起；我们摸黑才回来，你早收工进地里，太阳太阳我问你，敢不敢来比一比？

u：舌面后高圆唇元音（后元音、窄元音、圆唇音）

后口腔打开，舌面后部抬高，双唇聚拢圆唇。如图 3-5 所示。

单音节：促　出　肚　服　姑
　　　　路　宿　主　突　祖
双音节：突出　互助　图书　出路
　　　　读书　出租　孤独　补助
四音节：不共戴天　路不拾遗　无地自容
　　　　突飞猛进　图谋不轨　孤军奋战
　　　　出奇制胜　触景生情　呼风唤雨

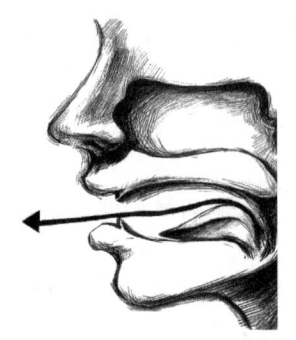

图 3-5　元音 u 舌位图

绕口令练习

（1）出南门，进皮铺，买下块鹿皮补皮裤，是鹿皮，补皮裤；不是鹿皮不必补皮裤。

（2）有个小孩叫小杜，上街打醋又买布。买了布，打了醋，回头看见鹰抓兔。放下布，搁下醋，上前去追鹰和兔，飞了鹰，跑了兔，洒了醋，湿了布。

（3）动物园，看动物，有禽兽，有水族，野兽部最突出，熊猫、老虎、大袋鼠、狮子、野猪、长颈鹿，水禽数不胜数，大开眼界心情舒。

（4）在会堂上一面鼓，鼓上一只皮老虎，皮老虎抓破了鼓，就拿破布往上补，只见过破布补破裤，哪见过破布补皮鼓。

（5）胡家村有十五户，十五户组织了互助组，互助组长是胡老虎，老虎领导互助不含糊，十五户户来互助，粮食增产一成五，户户变成余粮户，组织互助要迈大步。

ü：舌面前高圆唇元音（前元音、窄元音、圆唇音）

口腔开度较窄，舌面前部抬高，双唇撮起圆唇。如图 3-6 所示。

单音节：迂　曲　律　羽　旭
　　　　女　巨　取　缕　屈
双音节：旅居　蛐蛐　语句　区域
　　　　豫剧　序曲　须臾　曲剧
四音节：举目无亲　绿水青山　屡教不改
　　　　据理力争　屈指可数　取长补短
　　　　鹬蚌相争　虚度光阴　旭日东升

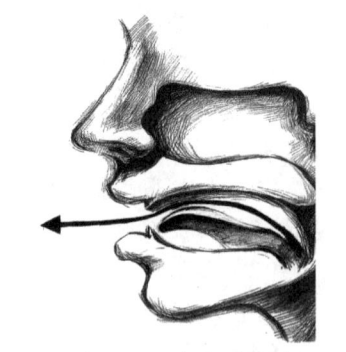

图 3-6　元音 ü 舌位图

绕口令练习

（1）老齐欲想去卖鱼，巧遇老吕去牵驴，老齐要用老吕的驴去驮鱼，老吕说老齐要用我的驴去驮鱼就得给我鱼。要不给我鱼，就别用我老吕的驴去驮鱼，二人争来又争去，都误了去赶集。

（2）这天天下雨，体育运动委员会穿绿雨衣的女小吕，去找计划生育委员会不穿绿雨衣的女老李。体育运动委员会穿绿雨衣的女小吕，没找着计划生育委员会不穿绿雨衣的女老李；计划生育委员会不穿绿雨衣的女老李，也没见着体育运动委员会穿绿雨衣的女小吕。

（3）老徐和老许，二人看曲剧，曲剧观众多，剧场无虚席，曲剧确有趣，娱乐受教育，曲剧群众喜，群众喜曲剧。

ê：舌面前半低不圆唇元音（前元音、宽元音、扁唇音）

口腔半开，舌面前部稍抬，双唇展开。如图3-7所示。

注意：元音ê只与i、ü结合并拼合成复韵母ie和üe，一般不能单独使用，不直接与声母相拼合。

双音节：月夜　爷爷　决裂　雀跃
　　　　解决　学姐　灭绝　贴切

四音节：学无止境　确确实实　绝顶聪明
　　　　雪花飞舞　缺一不可　月明风清

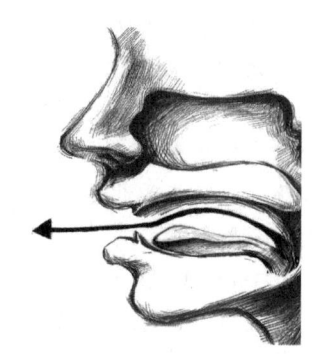

图3-7　元音ê舌位图

绕口令练习

（1）早打铁，晚打铁，打把镰刀送爷爷，爷爷说谢谢，留我歇一歇，我一歇也不歇，爷爷也别谢，我要连夜打铁支援农业。

（2）一阵粉笔的细末，一场无声的瑞雪，这雪滋润了生机勃发的田野，求知的心田上，嫩芽在暗暗拔节。瑞雪、丰年是人民的期望，期望这雪带来丰收的喜悦。

（3）谢老爹在街上扫雪，薛大爷在屋里打铁。薛大爷见谢老爹在街上扫雪，就急忙放下手里正在打着的铁，跑到街上帮助谢老爹来扫雪；谢老爹扫完了街上的雪，就急忙进屋里帮薛大爷打铁。二人一同扫雪，二人一同打铁。

er：卷舌央中不圆唇元音

口腔半开，舌头放平后卷起，双唇展开。如图3-8所示。

注意：er这个韵母只能自成音节，不能同任何声母相拼。

单音节：儿　耳　二　尔　而　洱

双音节：儿女　而且　儿戏　二胡
　　　　儿童　尔后　耳语　洱海

四音节：耳目一新　耳濡目染　耳听八方
　　　　耳闻目睹　尔虞我诈　儿女情长
　　　　而今而后　二八佳人　耳目众多

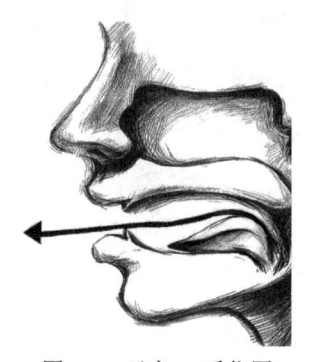

图3-8　元音er舌位图

绕口令练习

（1）进了门儿，倒杯水儿，喝了两口儿运运气儿，顺手儿拿起小唱本儿，唱了一曲儿又一曲儿。练完嗓子我练嘴皮儿，绕口令儿，练字音儿，还有单弦儿牌子曲儿，小快板儿，大鼓词儿，越说越唱越带劲儿。

（2）你别看就那么两间小门脸儿，你别看屋子不大点儿，你别看设备不起眼儿，代销员为人民服务的思想贴心坎儿。有火柴，有烟卷儿，有背心儿，有裤衩儿，有手电，蜡烛，盘子碗儿，有刀子勺子，小饭铲儿，这起个早儿，贪个晚儿，买什么都在家跟前儿。

（3）小哥俩儿，红脸蛋儿，手拉手儿，一块儿玩儿。小哥俩儿，一个班儿，一路上学唱着歌。学画画儿，不贪玩儿，画小猫儿，钻圆圈儿，画小狗儿，蹲庙台儿，画只小鸡儿吃小米儿，画条小鱼儿吐水泡儿。小哥俩儿，对脾气儿，上学念书不费劲儿，真是父母的好宝贝儿。

-i［前］：舌尖前高不圆唇元音（特殊元音）

注意：在普通话里-i［前］，只能与z、c、s相拼为zi、ci、si，不能自成音节。如图3-9所示。

单音节：紫　词　斯　梓

双音节：字词　此次　自私　四次

-i［后］：舌尖后高不圆唇元音（特殊元音）

注意：在普通话里-i［后］，只能和zh、ch、sh、r相拼为zhī、chī、shī、rī，不能自成音节。如图3-10所示。

单音节：值　齿　石　日

双音节：指示　时日　咫尺　日食

图3-9　舌尖前元音-i［前］舌位图　　　图3-10　舌尖后元音-i［后］舌位图

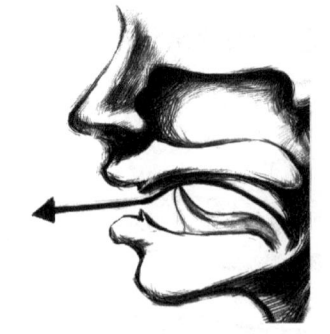

（四）实际练习过程中应注意的问题

（1）重视练习单元音韵母a音

普通话有400多个基本音节，其中元音a在超过160个音节中出现，占比超过40%。因此，单元音韵母a音是最重要的基础元音。a音响亮、圆润，才能在不影响其他元音音准的前提下进行转换练习，即以a音为基础音，带动其他5个单元音的练习，这个方法尤其重要。如果a音发不好：靠前，声音扁、闷、没力度；靠后，声音散、僵、不集中。只有发好a音，才能打开口腔中部，使声音响亮、圆润。

发好a音的要求是"口大开，舌位降，打开后咽腔"。发音时，应做到打开口腔，舌位自然放低放平，双唇自然，软腭上升，充分调动口腔的中部共鸣。气息的支点在丹田，声音的支点在后咽壁，使声音获得自然、响亮、圆润的效果。

练习时，应认真体会和感悟以下几个基本要求：

第一，抬头感：练习a音时，要想象用抬头的方法打开口腔，放松下巴，后颈部用力，舌位下降，打开后咽腔发声。

第二，对象感：练习a音时，要有目的性，为谁而发，目标有多远，受众有多少，效果是否达到。

第三，兴奋感：练习a音时，要保持从容兴奋的心理状态，亲切自然的美感追求，愉悦松弛的发声意境，始终保持着"我想发"的感觉，以达到"从容兴奋两肋开、不觉呼吸自然来"的练声要求。

第四，追求感：练习a音时，要在脑海中浮现出自己想要追求的一种完美的声音形象。人体的发声感觉往往进行着自动的调节，坚持不懈地练习，将会潜移默化地发生美好的变化。

（2）注意单韵母发音时三个可变因素均不变

元音音素发音的共同特点：a、o、e、i、u、ü是最响亮的音，其发音的共同特点是：嗓子用力、声带颤动。普通话里绝大多数音节都与这6个元音有关，一个元音发不好，就会影响能与它相拼合的一系列音节。因此，不但要发准每个元音，而且要发得圆润、明亮、清晰、集中。在发每个元音的时候，都应该注意口形的开闭、舌位的高低前后和唇形的圆展。一旦确认发音之后，上述的可变因素，则固定不变。

（3）避免出现元音的鼻音化

元音的鼻音化是一种错误的发声方法，它不但影响声音的清晰度和美感，同时也会使字音变得浑浊、含混、轻飘、缺乏力度。

（4）严格遵循元音练习的正确方法

声音的偏前、偏后主要表现在元音上。要摆正单个音素、舌位、口形、唇形的位置来进行练习。这样才能达到高音不挤不破，低音不压不散。在练习过程中，一定要结合自身的生理条件来进行行之有效、持之以恒的练习，才能收到理想的效果。

（5）重视对比练习

在进行练习时，还应注意单元音韵母o与e、i与ü，uo与o的对比，多进行分辨练习。

综上所述，学生需要掌握好"宽音窄发、窄音宽发；前音后发、后音前发；圆唇扁发、扁唇圆发；打开口腔、状态吸气"的四项原则，才能使其语音响亮、圆润。

（五）单元音韵母的音韵练习

1. a：发花辙

泊秦淮
杜 牧

烟笼寒水月笼沙，夜泊秦淮近酒家。
商女不知亡国恨，隔江犹唱后庭花。

不第后赋菊
黄 巢

待到秋来九月八，我花开后百花杀。
冲天香阵透长安，满城尽带黄金甲。

小 花
佚 名

小花，小花，你有伙伴吗？
小花挨着小草，羞羞答答……
羞羞答答……
小草，小草，
你有姐妹吗？
小草偎着小花，
吐出毛茸茸的嫩芽……
于是小草和小花在风雨中，
牵着小手从初春走到盛夏；
香飘大地，绿满天涯。

2. o、e：梭波辙

湘 中
韩 愈

猿愁鱼踊水翻波，自古流传是汨罗。
苹藻满盘无处奠，空闻渔父扣舷歌。

宫 词
顾 况

玉楼天半起笙歌，风送宫嫔笑语和。
月殿影开闻夜漏，水晶帘卷近秋河。

野　草
夏　衍

树，有时孤零零的一棵，直挺挺把脖臂伸缩；
花，有时单个个一朵，静默默把微香散播。
唯独草，总是拥拥挤挤，长到哪儿，哪儿就蓬蓬勃勃；
一片片，一丛丛，有着烧不尽的气魄。

3. i、ü：一七辙

桓灵时童谣
佚　名

举秀才，不知书，举孝廉，父别居。
寒素清白浊如泥，高第良将怯如鸡。

如 梦 令
秦　观

遥夜沉沉如水，风紧驿亭深闭，
梦破鼠窥灯，霜送晓寒侵被。
无寐、无寐，门外马嘶人起。

绿　叶

你和一朵朵花，形影不离，有你，鲜花才更加艳丽。
风来，你像屏蔽为花挡风，雨来，你如小伞给花遮雨。
你在烈日下进行光合作用，把营养源源不断地给花送去。
当人们交口称赞鲜花的美姿，你说，这就是我生活的意义。

4. u：姑苏辙

元　日
王安石

爆竹声中一岁除，春风送暖入屠苏。
千门万户曈曈日，总把新桃换旧符。

芙蓉楼送辛渐
王昌龄

寒雨连江夜入吴，平明送客楚山孤。
洛阳亲友如相问，一片冰心在玉壶。

树
佚　名

一棵树，一个小水库。

根须噙着泥土，饱含滴滴水珠。
树能吞云吐雾，化为彩霞雨露，
它能阻抗风沙，它能为空气消毒。
早晨，串着太阳的金线；
夜晚，织着月亮的银梭。
春天，装着丰收的果实；
秋天，载着幸福的长河。
树啊，你这样友好，
善良，谁能不把你保护。

5. ê：乜斜辙

江 雪
柳宗元

千山鸟飞绝，万径人踪灭。
孤舟蓑笠翁，独钓寒江雪。

忆秦娥·娄山关
毛泽东

西风烈，长空雁叫霜晨月。
霜晨月，马蹄声碎，喇叭声咽。
雄关漫道真如铁，而今迈步从头越。
从头越，苍山如海，残阳如血。

叶 子
查 干

一手捧着落叶，一手捧着绿叶，
我探索着人生，刚出土的树苗儿，是蓬勃的生命。
虽然只像一根小草，也想到了自己未来的使命。
它将是一把撑开的伞，给旅游的人们遮阳挡雨，这是生命的情趣！
春风一飘，叶子兴奋的萌发，
把绿色带给浑浊的世界，把氧气吐给心灵与鲜花。
鸟和蜂蝶都来拥抱它，而它无所表示，只是在风雨中，低声飒飒……
它亦颇有垄断时光的野心，也遵守大自然铁的法则，
它聪明绝顶，懂得物质不灭！

二、复元音韵母

普通话复元音韵母（简称复韵母）是由复合元音构成的。也可以说，复韵母指的是发音时舌位、唇形、口腔的开合度都有变化的元音。

(一) 复元音韵母的分类

复元音韵母是由三个部分组成：韵头、韵腹、韵尾。在所有的复元音韵母中，可以没有韵头和韵尾，但韵腹是必不可少的。复元音韵母中各个成分在口腔的开合度、声音的响度等方面是不同的。其中口腔开度较大，声音较为响高的一个元音，是构成韵母的中心成分，被称为韵腹。

前响复元音韵母：ai，ei，ao，ou
后响复元音韵母：ia，ie，ua，uo，üe
中响复元音韵母：iao，iou，uai，uei

(二) 复元音韵母的发音特点

复元音韵母的发音，是从一个元音的发音状态快速向另一个元音的发音状态过渡，主要有以下特点。

首先，过渡主要体现为三个可变因素的变化。复元音韵母的发音是由一个元音的发音位置向另一个元音的发音位置快速移动的过程。移动的过程主要体现在三个可变因素上，即由前一个元音唇形的圆展、舌位的高低前后、口腔开度的大小，逐渐向后面一个或两个元音的共鸣腔体变化的过程。

其次，三个可变因素的过渡是自然的。其舌位的高低前后、口腔的开度、唇形的圆展等都是逐渐变动的，而这些变动是滑动的过程，不是突变的、跳跃式的，中间应该有过渡音。同时，气流不中断，中间没有明显的界限，发出的音要形成一个完整的整体。

综上，复元音韵母并不是一个或两个、三个元音的简单相加，而是一种有机的结合。当它们结合成复韵母之后，实际上已经具有了一种特殊的音色，同原来的单元音韵母的音色完全不同了。

(三) 复元音韵母的发音条件

前响复韵母：口腔由开到闭，舌位由低到高，声音由较响亮到较含混。
a-i-ai　　爱戴、白菜、海带、开采
e-i-ei　　配备、蓓蕾、黑煤、肥美
a-o-ao　　高潮、号召、搞好、稻草
o-u-ou　　豆油、收购、抖擞、喉头
后响复韵母：口腔由闭到开，舌位由高到低，声音由较含混到较响亮。
i-a-ia　　加价、假牙、压下、家鸭
u-a-ua　　挂画、中华、耍滑、夸瓜
u-o-uo　　祖国、硕果、过错、工作
ü-e-üe　　音乐、坚决、月缺、雀跃
i-e-ie　　结业、贴切、借鞋、歇业
中响复韵母：口腔由闭到开再到闭，声音由较含混到逐渐响亮又到较含混。

i-ao-iao　巧妙、协调、萧条、叫嚣
i-ou-iou　优秀、牛油、久留、绣球
u-ai-uai　外快、怀揣、摔坏、奇怪
u-ei-uei　归队、摧毁、追随、汇兑

（四）复元音韵母的发音练习

复韵母的发音舌位图，如图 3-11 至图 3-23。

ai

单音节：载　猜　赛　该　楷
　　　　迈　掰　摆　抬　埃
双音节：彩排　甩卖　爱戴　开采
　　　　怪才　海带　灾害　外卖
四音节：爱莫能助　开诚布公　拍手称快
　　　　来之不易　海枯石烂　白手起家
　　　　待人接物　拍手称快　百花齐放

图 3-11　复韵母 ai 舌位图

绕口令练习

（1）小艾和小戴，一起来买菜，小艾把一斤菜给了小戴，小戴有比小艾多一倍的菜；小戴把一斤菜给小艾，小艾小戴就有一般多的菜，请你猜猜，小艾和小戴各买了多少菜？

（2）艾白凯买来海带和白菜，泡开海带切白菜，艾白凯爱吃海带拌白菜。

ei

单音节：杯　梅　内　非　北
　　　　累　飞　贝　媚　雷
双音节：配备　美味　蓓蕾　北美
　　　　妹妹　肥美　非得　黑贝
四音节：杯弓蛇影　废寝忘食　悲欢离合
　　　　背道而驰　黑白分明　飞扬跋扈
　　　　费尽心思　背水一战　飞黄腾达

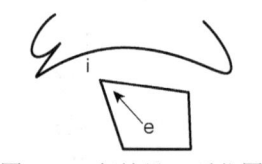

图 3-12　复韵母 ei 舌位图

绕口令练习

（1）贝贝飞纸飞机，菲菲要贝贝的纸飞机，贝贝不给菲菲自己的纸飞机，贝贝教菲菲自己做能飞的纸飞机。

（2）有水无肥花不肥，有肥无水花不美。种花施肥又浇水，肥肥水肥花更美。

（3）乌鸦说黑猪黑，黑猪说乌鸦比黑猪还要黑，乌鸦说，我身黑嘴不黑，黑猪听罢笑得嘿嘿嘿。

ao

单音节：包　抛　猫　刀　掏
　　　　脑　老　耗　招　抄
双音节：报告　唠叨　枣糕　腰包
　　　　照耀　号召　操劳　芍药
四音节：草木皆兵　操之过急　少年老成
　　　　稍胜一筹　少见多怪　劳而无功
　　　　招摇过市　饱食终日　老态龙钟

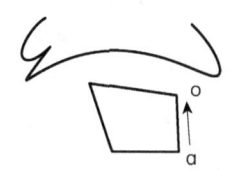

图 3-13　复韵母 ao 舌位图

绕口令练习

（1）表慢，慢表，慢表慢半秒。慢半秒，拨半秒，拨过半秒多半秒；多半秒，拨半秒，拨过半秒少半秒。拨来拨去是慢表，慢表表慢慢半秒。

（2）毛毛和涛涛，跳高又练跑，毛毛教涛涛练跑，涛涛教毛毛跳高，毛毛学会了跳高，涛涛学会了练跑。

ou

单音节：凑　搜　柔　抽　收
　　　　舟　侯　沟　扣　偷
多音节：收购　抖擞　欧洲　喉头
　　　　丑陋　豆蔻　漏斗　凑够
四音节：踌躇不前　手舞足蹈　愁眉不展
　　　　厚古薄今　口耳相传　投机取巧
　　　　偷天换日　厚积薄发　口说无凭

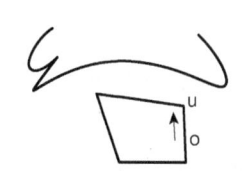

图 3-14　复韵母 ou 舌位图

绕口令练习

（1）李小牛，往前走，脚下踢起一颗豆，捡起豆，四下瞅，一辆大车往前走，"老爷爷，慢点走，车上麻袋有裂口"。大车停下不再走，找呀找，找裂口。找到了，缝裂口。老爷爷乐得直点头。

（2）猴子山上上山猴，猴山山陡猴发愁。猴子发愁猴挠头，猴挠猴头愁山猴。

ia

单音节：俩　家　恰　瞎　甲
　　　　压　下　牙　峡　掐
双音节：假牙　加价　夏家　恰恰
　　　　辖下　压下　下架　加压
四音节：驾轻就熟　嫁祸于人　价值连城
　　　　恰如其分　狭路相逢　下里巴人

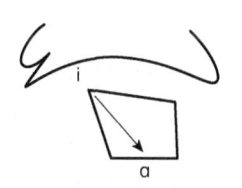

图 3-15　复韵母 ia 舌位图

45

虾兵蟹将　家喻户晓　瑕不掩瑜

绕口令练习

（1）贾家有女初出嫁，嫁到夏家学养虾。喂养的对虾个头儿大，卖到市场直加价。贾家爹爹会养鸭，鸭子虽肥伤庄稼。邻里吵架不融洽，贾家也学养对虾。小虾卡住鸭子牙，大鸭咬住虾的夹。夏家公公劝，贾家爹爹压，大鸭不怕吓，小虾装得哆，夏家贾家没办法。

（2）天空飘着一片霞，水上游来一群鸭。霞是五彩霞，鸭是麻花鸭。麻花鸭游进五彩霞，五彩霞网住麻花鸭。乐坏了鸭，拍碎了霞，分不清是鸭还是霞。

ua

单音节：夸　挂　花　抓　蛙
　　　　刷　华　瓜　垮　袜
双音节：花袜　耍滑　挂花　娃娃
　　　　瓜分　挂画　刷牙　花滑
四音节：画龙点睛　抓耳挠腮　华而不实
　　　　花好月圆　画饼充饥　哗众取宠
　　　　夸夸其谈　寡见少闻　瓜田李下

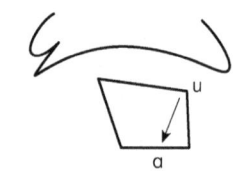

图 3-16　复韵母 ua 舌位图

绕口令练习

（1）王婆卖瓜又卖花，一边卖来一边夸。又夸花，又夸瓜，夸瓜大，大夸花，瓜大花好笑哈哈。

（2）瓜棚挂瓜，瓜挂瓜棚。风刮瓜，瓜碰棚。风刮棚，棚碰瓜。

uo

单音节：多　托　罗　过　妥
　　　　阔　所　错　昨　活
双音节：着落　蹉跎　哆嗦　过错
　　　　错过　活泼　硕果　没落
四音节：脱颖而出　若无其事　弱肉强食
　　　　落井下石　络绎不绝　脱口而出
　　　　过河拆桥　国色天香　多愁善感

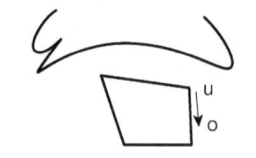

图 3-17　复韵母 uo 舌位图

绕口令练习

（1）霍湖、郭海和汪活，三人一起烧茶喝。霍湖点火，郭海烧锅，汪活劈柴火。霍湖问郭海为何未烧锅，郭海问汪活为何未劈柴火？霍湖怪郭海，郭海怪汪活，汪活怪劈柴火为何劈不破？

（2）坡上长菠萝，坡下玩陀螺。坡上掉菠萝，菠萝砸陀螺。砸破陀螺补陀螺，顶破菠萝剥菠萝。

☆☆☆☆☆☆ üe ☆☆☆☆☆☆

单音节：决　缺　掠　虐　靴
　　　　雪　约　阅　学　月
双音节：月缺　乐章　绝学　决绝
　　　　学界　决策　雀跃　雪月
四音节：绝无仅有　却之不恭　绝路逢生
　　　　略胜一筹　鹊桥相会　雪中送炭
　　　　学以致用　缺一不可　掠人之美

图 3-18　复韵母 üe 舌位图

绕口令练习

（1）南面来了个瘸子，腰里别着个橛子，北边来了个矬子，肩上挑着担茄子。别橛子的瘸子要用橛子换挑茄子的矬子的茄子，挑茄子的矬子不给别橛子的瘸子茄子。别橛子的瘸子抽出腰里的橛子打了挑茄子的矬子一橛子，挑茄子的矬子拿起茄子打了别橛子的瘸子一茄子。

（2）一群灰喜鹊，一群黑喜鹊。灰喜鹊飞进黑喜鹊群，黑喜鹊群里有灰喜鹊。黑喜鹊飞进灰喜鹊群，灰喜鹊群里有黑喜鹊。

☆☆☆☆☆☆ ie ☆☆☆☆☆☆

单音节：爹　铁　列　切　耶
　　　　贴　聂　洁　别　些
双音节：贴切　借鞋　结业　斜街
　　　　节烈　铁鞋　谢谢　结节
四音节：铁面无私　夜长梦多　别出心裁
　　　　锲而不舍　喋喋不休　切磋琢磨
　　　　别有用心　借题发挥　叶公好龙

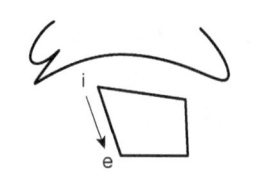

图 3-19　复韵母 ie 舌位图

绕口令练习

（1）姐姐借刀切茄子，去把儿去叶儿斜切丝，切好茄子，烧茄子、炒茄子、蒸茄子，还有一碗焖茄子。

（2）爷爷到学校接杰杰，杰杰在门口等爷爷，爷爷没有看清杰杰，杰杰一头扑向爷爷，爷爷抱起杰杰，杰杰抱住爷爷，不知是爷爷抱杰杰，还是杰杰抱爷爷。

☆☆☆☆☆☆ iao ☆☆☆☆☆☆

单音节：飘　秒　挑　刁　交
　　　　巧　小　表　妙　跳
双音节：巧妙　苗条　逍遥　小鸟

　　　　　　教条　脚镣　吊桥　疗效
　　四音节：标新立异　雕虫小技　咬文嚼字
　　　　　　调兵遣将　交头接耳　摇摇欲坠
　　　　　　焦头烂额　脚踏实地　挑肥拣瘦

绕口令练习

（1）水上漂着一只表，表上落着一只鸟。鸟看表，表瞪鸟，鸟不认识表，表也不认识鸟。

（2）肖小桃和姚小苗，雨后上学过小桥。肖小桃怕姚小苗滑倒，姚小苗怕肖小桃摔跤。肖小桃扶姚小苗，姚小苗扶肖小桃，平平安安过了桥。

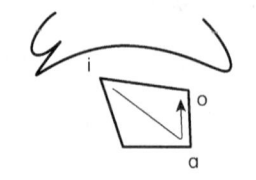

图 3-20　复韵母 iao 舌位图

　　　　　　～～～～～～～ iou ～～～～～～～

　　单音节：丢　牛　刘　纠　秀
　　　　　　球　溜　修　秋　优
　　双音节：绣球　牛油　悠久　琉球
　　　　　　求救　优秀　妞妞　秋游
　　四音节：丢卒保车　流芳百世　咎由自取
　　　　　　求全责备　救死扶伤　油然而生
　　　　　　袖手旁观　朽木粪土　有口皆碑

图 3-21　复韵母 iou 舌位图

绕口令练习

（1）春雨贵如油，渠水是美酒，美酒灌麦田，醉得麦田绿油油。

（2）小六骑车去打油，遇着小友踢足球。足球飞到车轮上，摔下小六撒了油。小友急忙扶小六，赔你一只小足球。小六摇头谢小友，我不要你的小足球。

　　　　　　～～～～～～～ uai ～～～～～～～

　　单音节：快　乖　槐　衰　怪
　　　　　　歪　甩　拐　坏　块
　　双音节：外快　怀揣　摔坏　乖乖
　　　　　　踹歪　拽坏　外踝　坏块
　　四音节：歪风邪气　外强中干　拐弯抹角
　　　　　　快马加鞭　脍炙人口　怀柔天下
　　　　　　怪模怪样　怀才不遇　快人快语

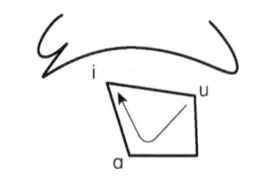

图 3-22　复韵母 uai 舌位图

绕口令练习

（1）炉东有个锤快锤，炉西有个锤锤快，两人炉前来比赛，不知是锤快锤比锤锤快锤得快，还是锤锤快比锤快锤锤得快。

（2）槐树歪歪，坐个乖乖，乖乖用手，摔了老酒，酒瓶摔坏，奶奶不怪，怀抱乖乖，外出买买。

uei

单音节：推　堆　追　吹　悔
　　　　嘴　威　虽　回　退
双音节：回归　摧毁　溃退　吹灰
　　　　水位　翠微　垂危　醉鬼
四音节：对答如流　推陈出新　归心似箭
　　　　微乎其微　挥汗成雨　绘声绘色
　　　　回味无穷　摧枯拉朽　脆而不坚

图3-23　复韵母uei舌位图

绕口令练习

（1）嘴说腿，腿说嘴，嘴说腿爱跑腿，腿说嘴爱卖嘴。光动嘴不动腿，光动腿不动嘴，不如不长腿和嘴。

（2）梅小卫叫飞毛腿，卫小辉叫风难追。两人参加运动会，百米赛跑快如飞。飞毛腿追风难追，风难追追飞毛腿。梅小卫和卫小辉，最后不知谁胜谁。

注意：在进行练习时，还应特别注意复元音韵母ai和ei、uai和uei、ao和ia、iao和iou、ei和uei的对比，多进行分辨练习。

（五）复元音韵母的音韵练习

1. ai、uai：怀来辙

题 菊 花
黄　巢

飒飒西风满院栽，蕊寒香冷蝶难来。
他年我若为青帝，报与桃花一处开。

春　歌
佚　名

春林花多媚，春鸟意多哀。
春风复多情，吹我罗裳开。

家乡的小街
王岩平

走惯了北京的大街，走遍了祖国的山脉，
再回到多年不见的故乡，
街道竟变窄，高山竟变矮。
孩儿时，在我的眼中，家乡就是一个大世界。

以为街道最长最宽，就连山峰也最有气派！
记得在街上捉迷藏，记得在街上寻蟋蟀，
在街上追过萤火虫，在街上乘凉望星海……
大清早，端着饭碗儿串几家，
一碗面粉粥伴着豆叶菜。
晌午时，街上坐满长辈人，
话题离不开油、盐、柴……
下雨了，破草帽儿一戴去淘气，一身湿衣服，不敢回家来；
下雪了，小铁锹一拿找伴儿去，街上站起雪人一排排……
啊，家乡的那条小小的街，
洋溢着我的情，洋溢着我的爱；
尽管它是那样短、那样窄，可它是条永不消失的彩带……

2. ao、iao：遥条辙

咏　柳
贺知章

碧玉妆成一树高，万条垂下绿丝绦。
不知细叶谁裁出，二月春风似剪刀。

春　晓
孟浩然

春眠不觉晓，处处闻啼鸟。
夜来风雨声，花落知多少。

乡村教师
佚　名

三月的春风似剪刀，她走在渠边，哼着小调。
一个孩子就是一个世界，在课堂上能看见多少？
又是去家访了，她像去深山探宝。
摸透了几个心灵，就多了几座路标。

3. ei、uei：灰堆辙

渔　歌　子
张志和

西塞山前白鹭飞，桃花流水鳜鱼肥。
青箬笠、绿蓑衣，斜风细雨不须归。

晚　春
韩　愈

草树知春不久归，百般红紫斗芳菲。
杨花榆荚无才思，惟解漫天作雪飞。

冰　眉
王蜀凉

我们曾在酷寒的雪地艰难跋涉，
呼出的热气，也凝成两道冰眉；
你看看我，我看看你，
呵，唯有眉峰下是两池不冻的水！
谁还叹息寒冷的岁月催白了双眉？
眼皮中，早映出春的金辉；
却原来，我们还都是风流少年，
眉冰溶，已化作几滴欢喜的眼泪！

4. ou、iou：油求辙

登鹳雀楼
王之涣

白日依山尽，黄河入海流。
欲穷千里目，更上一层楼。

沁园春·长沙
毛泽东

　　独立寒秋，湘江北去，橘子洲头。看万山红遍，层林尽染；漫江碧透，百舸争流。鹰击长空，鱼翔浅底，万类霜天竞自由。怅寥廓，问苍茫大地，谁主沉浮？
　　携来百侣曾游。忆往昔峥嵘岁月稠。恰同学少年，风华正茂，书生意气，挥斥方遒。指点江山，激扬文字，粪土当年万户侯。曾记否，到中流击水，浪遏飞舟？

春的后面不是秋
郭小川

春的后面不是秋，何必为年龄而发愁？
只要在秋霜里结好你的果子，又何必在春花面前害羞？
有时候我也着急，那是因为工作的不顺利；
有时候我也发愁，那是因为我的祖国还很落后。
我曾踏遍人生的领土，最后才知道，
这是人生唯一正确的道路——人民的事业与世长久，

谁的生命与它结合，白发就上不了他的头。
我不再有什么别的希望，只希望人民不要再受苦难；
我不再有什么别的要求，我的要求就在大家要求里头。
呵，朋友，春天的后面不是秋，何必为年龄发愁！

5. ia、ua：发花辙

吴兴杂诗
阮　元
交流四水抱城斜，散作千溪遍万家。
深处种菱浅种稻，不深不浅种荷花。

同欧阳令饮凤凰山下
宋　琬
茅茨深处隔烟霞，鸡犬寥寥有数家。
寄语武陵仙吏道，莫将征税及桃花。

鹰
汪国真
因为你的悬挂，蓝天便成了一幅壁画。
天空的嗓子发不出声音，大地的表情一片肃杀。
因为你的悬挂，蓝天便成了一幅壁画。
许多人凝神观望，有的人却流出了泪花。
因为你的悬挂，蓝天便成了一幅壁画。
你是孤独的，孤独方可傲天下。

6. ie、üe：乜斜辙

忆秦娥·箫声咽
李　白
箫声咽，秦娥梦断秦楼月。
秦楼月，年年柳色，灞陵伤别。
乐游原上清秋节，咸阳古道音尘绝。
音尘绝，西风残照，汉家陵阙。

满　江　红
岳　飞
怒发冲冠，凭栏处，潇潇雨歇。
抬望眼，仰天长啸，壮怀激烈。
三十功名尘与土，八千里路云和月。

莫等闲，白了少年头，空悲切。
靖康耻，犹未雪；
臣子恨，何时灭！
驾长车，踏破贺兰山缺。
壮志饥餐胡虏肉，笑谈渴饮匈奴血。
待从头，收拾旧山河，朝天阙。

世　像
汪国真

欲望，使生活残缺。
泥泞问冬天，你还有多少雪。
乌鸦，在枯枝上笑了。
笑那消融得，那么快的纯洁。
当纯洁变得，可笑的时候。
空荡荡的大地上，刮过的岂只是北风的呜咽！

7. uo：梭波辙

天末怀李白
杜　甫

凉风起天末，君子意如何。
鸿雁几时到，江湖秋水多。
文章憎命达，魑魅喜人过。
应共冤魂语，投诗赠汨罗。

送瘟神
毛泽东

绿水青山枉自多，华佗无奈小虫何。
千村薜荔人遗矢，万户萧疏鬼唱歌。
坐地日行八万里，巡天遥看一千河。
牛郎欲问瘟神事，一样悲欢逐逝波。

真　想
汪国真

真想为你做点什么，因为，我总觉得所欠太多。
你仿佛是结满浓荫的枝柯，遮蔽着我，一个疲惫的跋涉者。
真想回报你的温暖，我却不是太阳。
真想回报你的雨水，我又不是云朵。

我真想了却的心愿却不能了却，
这不只是遗憾，也是折磨。

三、鼻韵母

普通话带鼻音的韵母（简称鼻韵母）是由一个或两个元音后面带上一个鼻辅音 n 或 ng 构成，共有 16 个。

（一）鼻韵母的发音特点

鼻韵母的发音有两个特点：

1）前面的元音与后面的鼻辅音不是生硬地拼合在一起，而是鼻音色彩逐渐增加，逐渐地由元音的发音状态向鼻辅音过渡。最后，发音部位闭塞（软腭小舌下垂），完全变成鼻音。

2）鼻辅音 n 或 ng，除阻阶段不发音。可以理解为鼻音韵的发音只有成阻和持阻两个过程，当字音完成之后，才能移动舌位，解除阻碍。

（二）鼻韵母的分类

按照鼻韵母韵尾的不同，可以将鼻韵母分为两类：

1）前鼻音：an、ian、uan、üan、en、in、uen、ün。
2）后鼻音：ang、iang、uang、eng、ing、ueng、ong、iong。

（三）鼻韵母的发音条件

（1）an、en、in、ün：发音时，首先发元音，紧接着软腭下降增加鼻音色彩，舌面前部往上齿龈移动，最后抵住上齿龈发 n，韵母发音完毕之后才能除阻。

（2）ian、uan、üan、uen：发音时，首先从前面的轻而短的元音（韵头），滑到中间较响亮的主要元音（韵腹），紧接着软腭逐渐降下来，打开鼻腔通路。舌面前部往上齿龈移动，最后抵住上齿龈发 n，整个韵母发音完毕之后才能除阻。

（3）ang、eng、iong、ing、ong：发音时，首先发元音，紧接着舌根往软腭移动并抵住软腭发 ng，整个韵母发音完毕之后才能除阻。

（4）iang、uang、ueng：发音时，首先发前面的韵头，轻而短，只表示舌位从那里开始移动，紧接着发 ang、eng，整个韵母发音完毕之后才能除阻。

（四）鼻韵母的发音练习

鼻韵母的发音舌位图，如图 3-24 至图 3-39。

ɚɚɚɚɚɚɚɚ　an　ɚɚɚɚɚɚɚɚ

单音节：三　山　兰　干　咱

　　　　　　安　担　坎　占　餐
双音节：汗衫　展览　散漫　漫谈
　　　　　淡蓝　感染　反叛　难堪
四音节：安居乐业　暗箭伤人　按兵不动
　　　　　半路出家　看风使舵　昙花一现
　　　　　三言两语　攀龙附凤　磐石之固

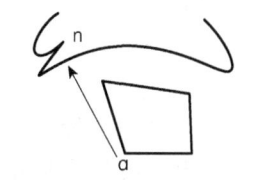

图 3-24　鼻韵母 an 舌位图

绕口令练习

（1）小韩、小谭去投弹，小韩不安打寒颤，小谭坦然投出弹。小韩心里真感叹，仔细钻研方坦然，对准目标投出弹。

（2）搬木板摆木板，摆木板搬木板，摆摆木板搬木板，搬罢木板摆木板。先搬木板，后摆木板；后摆木板，先搬木板，搬木板又摆木板，块块木板搬摆完。

🌿🌿🌿🌿🌿🌿　ian　🌿🌿🌿🌿🌿🌿

单音节：烟　严　眼　艳　片
　　　　　棉　免　面　碘　天
双音节：电线　简便　偏见　年限
　　　　　鲜艳　牵连　减免　变迁
四音节：年富力强　坚持不懈　颠沛流离
　　　　　点石成金　天涯海角　先声夺人
　　　　　恋恋不舍　见利忘义　面黄肌瘦

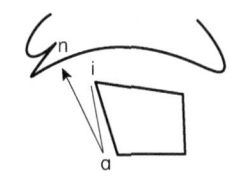

图 3-25　鼻韵母 ian 舌位图

绕口令练习

（1）半边莲，莲半边，半边莲长在山涧边。半边天路过山涧边，发现这片半边莲。半边天拿来一把镰，割了半筐半边莲，半筐半边莲，送给边防连。

（2）山前住着个严圆眼，山后头住着个严眼圆，俩人山前来比眼，也不知严圆眼比严眼圆的眼圆，还是严眼圆比严圆眼的眼圆。

🌿🌿🌿🌿🌿🌿　uan　🌿🌿🌿🌿🌿🌿

单音节：弯　完　晚　暖　款
　　　　　欢　环　串　钻　酸
双音节：贯穿　软缎　乱窜　专断
　　　　　转弯　婉转　专款　转换
四音节：欢天喜地　缓兵之计　关门大吉
　　　　　冠冕堂皇　官样文章　川流不息
　　　　　穿云裂石　团团圆圆　万水千山

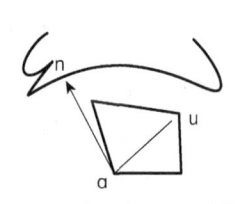

图 3-26　鼻韵母 uan 舌位图

绕口令练习

（1）那边划来一艘船，这边漂去一张床，船床河中互相撞，不知船撞床，还是床撞船。

（2）苏州玄妙观，东西两判官。东判官姓潘，西判官姓管，管判官要管潘判官，潘判官要管管判官，闹得谁也不服管。

ǖan

单音节：员　全　捐　远　犬
　　　　选　玄　轩　眩　劝

双音节：源泉　圆圈　全权　渊源
　　　　全选　轩辕　宣传　选员

四音节：全力以赴　卷土重来　源远流长
　　　　怨天尤人　原封不动　捐躯殉国
　　　　冤家路窄　猿啼鹤唳　喧宾夺主

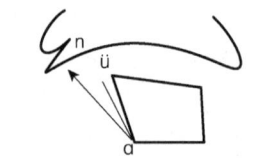

图 3-27　鼻韵母 üan 舌位图

绕口令练习

（1）圆圈圆，圈圆圆，圆圆娟娟画圆圈。圆圆画的圈连圈，娟娟画的圈套圈。圆圆娟娟比圆圈，看看谁的圆圈圆。

（2）男演员、女演员，同台演戏说方言。男演员说吴方言，女演员说闽南言。男演员演远东劲旅飞行员，女演员演鲁迅著作研究员。研究员、飞行员；吴方言、闽南言。你说男女演员演得全不全？

en

单音节：恩　奔　本　深　神
　　　　沈　肾　人　忍　怎

双音节：深沉　认真　根本　愤恨
　　　　人参　振奋　分神　审慎

四音节：分门别类　奔走相告　笨鸟先飞
　　　　门庭若市　人才出众　针锋相对
　　　　奋不顾身　身不由己　恨入骨髓

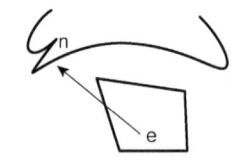

图 3-28　鼻韵母 en 舌位图

绕口令练习

（1）闷娃闷，笨娃笨。闷娃嫌笨娃笨，笨娃嫌闷娃闷。闷娃说笨娃我闷你笨，笨娃说闷娃我笨你闷。也不知闷娃笨还是笨娃闷。

（2）小陈去卖针，小沈去卖盆。俩人挑着担，一起出了门。小陈喊卖针，小沈喊卖盆。也不知是谁卖针，也不知是谁卖盆。

🌿🌿🌿🌿🌿🌿 in 🌿🌿🌿🌿🌿🌿

单音节：音　印　滨　贫　品
　　　　民　您　林　凛　赁
双音节：亲近　拼音　信心　金银
　　　　亲信　殷勤　贫民　亲临
四音节：饮水思源　引人注目　隐姓埋名
　　　　彬彬有礼　宾至如归　心神不定
　　　　亲临其境　金碧辉煌　信口开河

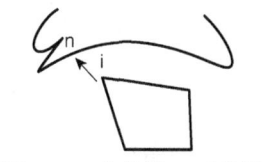

图 3-29　鼻韵母 in 舌位图

绕口令练习

（1）你也勤来我也勤，生产同心土变金。工人农民亲兄弟，心心相印团结紧。

（2）小芹学拼音没信心，小金尽心帮小芹树立信心。小芹有信心下决心辛勤学拼音，小芹没辜负小金学会拼音。

🌿🌿🌿🌿🌿🌿 uen 🌿🌿🌿🌿🌿🌿

单音节：温　文　稳　问　准
　　　　唇　顺　润　孙　笋
双音节：春笋　混沌　温顺　昆仑
　　　　论文　温存　滚滚　稳准
四音节：魂飞胆裂　浑然一体　混淆视听
　　　　温文尔雅　文过饰非　闻过则喜
　　　　滚瓜烂熟　寸步难行　稳扎稳打

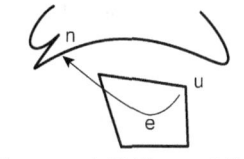

图 3-30　鼻韵母 uen 舌位图

绕口令练习

（1）小温写论文文不顺，小文谆谆教小温改论文，小温重新润色论文改通顺，小温拉住小文谢小文。

（2）孙村张村过新春，春雷一声惊昆仑，竹林怀春出春笋，春联春雨处处春。

🌿🌿🌿🌿🌿🌿 ün 🌿🌿🌿🌿🌿🌿

单音节：晕　云　允　陨　军
　　　　群　寻　训　峻　勋
双音节：军训　均匀　熏陶　寻衅
　　　　群运　寻菌　云云　询问
四音节：循序渐进　寻根究底　群魔乱舞
　　　　运用自如　寻事生非　循循善诱
　　　　君子之交　群策群力　峻宇雕墙

图 3-31　鼻韵母 ün 舌位图

绕口令练习

（1）军车运来一堆裙，一色军用绿色裙。军训女生一大群，换下花裙换绿裙。

（2）蓝天上是片片白云，草原上银色的羊群。近处看，这是羊群，那是白云，远处看，分不清哪是白云，哪是羊群。

ang

单音节：昂　邦　胖　方　防
　　　　厂　舱　脏　让　粮
双音节：长江　厂房　沧桑　帮忙
　　　　党章　长方　肮脏　昂扬
四音节：昂首挺胸　畅所欲言　当机立断
　　　　纲举目张　防患未然　放任自流
　　　　藏头露尾　当仁不让　长生不老

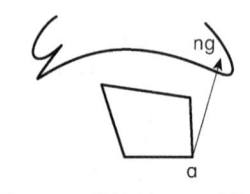

图 3-32　鼻韵母 ang 舌位图

绕口令练习

（1）长方的砖，长方的墙。长方的窗，长方的床。长方的楼房亮堂堂，请你帮忙想一想，除了砖、墙、窗、床和楼房，还有什么是长方？

（2）长城长，城墙长，长长长城长城墙，城墙长长城长长。

iang

单音节：央　样　娘　良　讲
　　　　抢　香　乡　详　响
双音节：想象　两样　向阳　将相
　　　　亮相　湘江　强将　象样
四音节：将功折罪　江河日下　两全其美
　　　　量力而行　良药苦口　枪林弹雨
　　　　强词夺理　相提并论　匠心独具

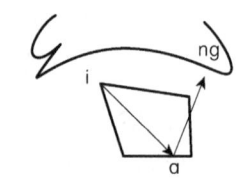

图 3-33　鼻韵母 iang 舌位图

绕口令练习

（1）困难像弹簧，看你强不强，你强它就弱，你弱它就强。

（2）杨家养了一只羊，蒋家修了一道墙，杨家的羊撞倒了蒋家的墙，蒋家的墙压死了杨家的羊，杨家要蒋家赔杨家的羊，蒋家要杨家赔蒋家的墙。

uang

单音节：汪　光　广　慌　皇
　　　　状　创　床　双　爽
双音节：状况　双簧　狂妄　黄光
　　　　光芒　汪洋　往返　矿床

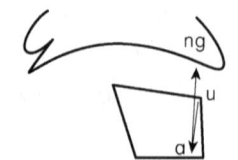

图 3-34　鼻韵母 uang 舌位图

四音节：旷日持久　亡羊补牢　狂风暴雨
　　　　望尘莫及　光明正大　广开言路
　　　　王侯将相　窗明几净　往事随风

绕口令练习

（1）欢欢去观光，观光要换装，换好衣服化完妆，欢欢喜喜去观光。

（2）王庄卖筐，匡庄卖网，王庄卖筐不卖网，匡庄卖网不卖筐，你要买筐别去匡庄去王庄，你要买网别去王庄去匡庄。

eng

单音节：崩　冯　能　省　冷
　　　　更　成　仍　增　赠
双音节：风筝　猛增　更生　逞能
　　　　乘风　丰盛　风声　鹏程
四音节：成竹在胸　乘人之危　称王称霸
　　　　风和日暖　逢场作戏　横眉怒目
　　　　鹏程万里　腾云驾雾　登峰造极

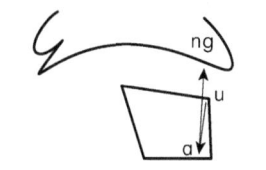

图 3-35　鼻韵母 eng 舌位图

绕口令练习

（1）真冷，真冷，真正冷，猛地一阵风更冷，说冷也不冷，人能战胜风，更能战胜冷。

（2）丝瓜藤，绕丝绳，丝绳绕上丝瓜藤。藤长绳长绳藤绕，绳长藤伸绳绕藤。

ing

单音节：英　迎　硬　冰　平
　　　　名　定　亭　零　岭
双音节：宁静　倾听　晶莹　明星
　　　　英明　聆听　精英　明镜
四音节：兵贵神速　冰清玉洁　并驾齐驱
　　　　病入膏肓　惊天动地　井底之蛙
　　　　令人发指　萍水相逢　情至义尽

图 3-36　鼻韵母 ing 舌位图

绕口令练习

（1）东洞庭，西洞庭，洞庭山上一根藤，藤条顶上挂铜铃。风吹藤动铜铃响，风停藤定铜铃静。

（2）天上七颗星，树上七只鹰，梁上七个钉，台上七盏灯。拿扇扇了灯，用手拔了钉，举枪打了鹰，乌云盖了星。

✂︎✂︎✂︎✂︎✂︎✂︎✂︎ ueng ✂︎✂︎✂︎✂︎✂︎✂︎✂︎

单音节：翁　嗡　瓮　蓊
双音节：渔翁　老翁　嗡嗡　水蓊
四音节：瓮中捉鳖　瓮中之鳖　瓮尽杯干

绕口令练习

（1）老翁进城买了瓮，碰上放风的小翁，小翁撞破了老翁的瓮，赶紧买瓮赔老翁。

（2）老翁卖酒小瓮买，小瓮买酒老翁卖。

图 3-37　鼻韵母 ueng 舌位图

✂︎✂︎✂︎✂︎✂︎✂︎✂︎ ong ✂︎✂︎✂︎✂︎✂︎✂︎✂︎

单音节：东　浓　龙　功　虹
　　　　崇　宠　从　松　送
双音节：隆冬　洪钟　共同　隆重
　　　　苍龙　交通　从容　工农
四音节：耸人听闻　洪水猛兽　动人心弦
　　　　公而忘私　功德无量　供过于求
　　　　冬暖夏凉　龙争虎斗　功成名就

图 3-38　鼻韵母 ong 舌位图

绕口令练习

（1）桐木桶，桶有洞，补洞用桐不用铜。用铜补洞补不住，用桐补桶桶无洞。

（2）冲冲栽了十根葱，松松栽了十棵松。冲冲说栽松不如栽葱，松松说栽葱不如栽松，是栽松不如栽葱，还是栽葱不如栽松？

✂︎✂︎✂︎✂︎✂︎✂︎✂︎ iong ✂︎✂︎✂︎✂︎✂︎✂︎✂︎

单音节：拥　踊　用　迥　琼
　　　　凶　兄　雄　熊　勇
双音节：汹涌　熊熊　炯炯　庸医
　　　　迥然　永远　穷凶
四音节：庸人自扰　穷则思变　用兵如神
　　　　永垂不朽　凶多吉少　汹涌澎湃
　　　　穷途末路　炯炯有神　琼浆玉露

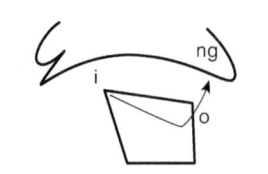

图 3-39　鼻韵母 iong 舌位图

绕口令练习

（1）夏天里来学游泳，小勇学来真用功。劈波斩浪勇气大，学会游泳真英雄。

（2）钟雄猎熊当英雄，目光炯炯熊怕钟雄，钟雄不怕熊凶制服熊，乡亲拥护钟雄，夸钟雄英勇。

▲在学习过程中，需注意以下几个问题。

1）鼻韵母是练声中不可缺少的部分。有的人声音扁而散，立不起来，口腔松软，可以练习一些开口度较大的鼻韵母，一方面可以增加口腔的开度，另一方面也可以锻炼口腔的控制能力；有的人吐字不清，含混无力，也可以结合鼻韵母的音节作拼合、拆开的过渡练习，以增加吐字归音的能力。

2）在实际运用之中，一定不能用元音的鼻音化代替发鼻音。在语言表达时，不允许把主要的元音带上鼻音色彩。

3）加强对前、后鼻韵母的对比和分辨练习，尤其是 en 和 eng、in 和 ing。

（五）鼻韵母的音韵练习

1. an、ian、uan、üan：言前辙

早发白帝城
李 白

朝辞白帝彩云间，千里江陵一日还。
两岸猿声啼不住，轻舟已过万重山。

枫桥夜泊
张 继

月落乌啼霜满天，江枫渔火对愁眠。
姑苏城外寒山寺，夜半钟声到客船。

海 之 恋
汪国真

阳光、椰树、海岸线，风把白帆送上了天。
这里看不到玫瑰，却是玫瑰生长的家园。
与你相遇之前，沙滩只是沙滩。
当海水漫了上来，沙滩便开出了美丽的雪莲。
这雪莲不仅开的美丽，而且浪漫和久远！

2. en、in、uen、ün：人辰辙

送杜少府之任蜀州
王 勃

城阙辅三秦，风烟望五津。
与君离别意，同是宦游人。
海内存知己，天涯若比邻。
无为在歧路，儿女共沾巾。

清 明
杜 牧

清明时节雨纷纷，路上行人欲断魂。
借问酒家何处有？牧童遥指杏花村。

清 洁 工
佚 名

烫平褶皱的衣襟，压住扬起的轻尘；
累了，繁忙的城市，趁夜晚，为你擦洗全身。
为大街清扫，送去一条明净的围巾；
为北京梳妆，送来一个清新的早晨。

3. ang、iang、uang：江扬辙

客 中 作
李 白

兰陵美酒郁金香，玉碗盛来琥珀光。
但使主人能醉客，不知何处是他乡。

七律·人民解放军占领南京
毛泽东

钟山风雨起苍黄，百万雄师过大江。
虎踞龙盘今胜昔，天翻地覆慨而慷。
宜将剩勇追穷寇，不可沽名学霸王。
天若有情天亦老，人间正道是沧桑。

在紫竹院公园
佚 名

紫竹美吗？朋友，紫竹情意长，
从南方嫁到北方，不嫌北方荒凉。
扎根贫瘠的土地，却把鲜绿献给情郎。
风里雨里不分离，自由高节天下扬。
请把它当作信物吧，秀长的叶子常绿不黄。
紫竹院中她玉立，正在向你们凝望……

4. eng、ing、iong、ueng、ong：中东辙

十七日观潮
陈师道

漫漫平沙走白虹，瑶台失手玉杯空。

晴天摇动清江底，晚日浮沉急浪中。

将赴吴兴登乐游原一绝
杜 牧

清时有味是无能，闲爱孤云静爱僧。
欲把一麾江海去，乐游原上望昭陵。

只要彼此爱过一次
汪国真

如果不曾相逢，也许，心绪永远不会沉重。
如果真的失之交臂，恐怕一生也不会轻松。
一个眼神，便足以让心海掠过飓风。
在贫瘠的土地上，更深地懂得风景。
一次远行，便足以憔悴了一颗羸弱的心。
每望一眼秋水微澜，便恨不得，泪光盈盈。
死怎能不，从容不迫。
爱又怎能，无动于衷。
只要彼此爱过一次，就是无憾的人生。

四、韵母综合练习

韵母是字音圆润、响亮的基础，许多韵母的发音问题容易被初学者忽视，尤其是复韵母和鼻韵母的舌位动程是语音训练中的难点。韵母的训练需要结合大量的对比练习和音韵练习。

（一）韵母的对比练习

ai 和 ei

| 千百——东北 | 麦子——梅子 | 埋没——媒介 | 胜败——后背 |
| 稗子——被子 | 分派——分配 | 改了——给了 | 买的——美的 |

uai 和 uei

| 里外——保卫 | 胸怀——来回 | 一块——崩溃 | 好坏——小会 |
| 草率——纳税 | 乖张——规章 | 奇怪——宝贵 | 很快——惭愧 |

ao 和 ou

布告——采购	吹号——前后	潮湿——筹备	哨子——瘦子
稻子——豆子	抛弃——剖析	很吵——很丑	朝阳——周围
燃烧——回收	桃子——头子	抄写——抽血	少数——手术

iao 和 iou

消息——休息　　小乔——小球　　烧窑——烧油　　推敲——春秋
交通——纠察　　医疗——交流　　学校——优秀　　手脚——长久

ei 和 uei

水——雷　累——赘　泪——水　对——垒　类——推　挥——泪　垂——危
违——背　畏——罪　尾——随　配——对　归——类　会——费　催——肥

an—ang：班长、盼望、南方、肝脏　　ang—an：抗旱、长安、伤感、上山
ian—iang：边疆、艳阳、棉粮、鲜姜　　iang—ian：香烟、亮点、相片、抢险
uan—uang：钻窗、软床、宽广、观光　　uang—uan：狂欢、慌乱、光环、黄砖
en—eng：奔腾、真正、神圣、人生　　eng—en：登门、生根、诚恳、更深
in—ing：民兵、拼命、禁令、聘请　　ing—in：清新、影印、明信、行进
uen—ong：春种、轮空、蚊虫、顺从　　ong—uen：通顺、冬春、农村、重孙
ün—iong：云涌、驯熊、运用、军用　　iong—ün：拥军、凶运、凶云、雄军

绕口令练习

（1）天津和北京，津京两个音。一是前鼻音，一是后鼻音。如果分不清，请你认真听。

（2）电影制片厂的电影演员姓钱，卷烟厂的卷烟检验员姓颜，姓钱的电影演员要扮演卷烟厂的检验员，就去卷烟厂找姓颜的检验员来把生活体验，他俩先前从没见过，就请卷烟车间的检验员田艳莲来引荐。

（3）老彭拿着一个盆，路过老陈住的棚，盆碰棚，棚碰盆，棚倒盆碎棚压盆。

（4）扁担长，板凳宽，扁担没有板凳宽，板凳没有扁担长，扁担要绑在板凳上，板凳不让扁担绑在板凳上。

（5）威威、伟伟和卫卫，拿着水杯去接水。威威让伟伟，伟伟让卫卫，卫卫让威威，没人先接水。

（6）你会炖我的炖冻豆腐，你就来炖我的炖冻豆腐，你不会炖我的炖冻豆腐，就不要胡炖乱炖，炖坏了我的炖冻豆腐。

（7）城隍庙内俩判官，右边的是潘判官，左边的是庞判官。不是潘判官管庞判官，而是庞判官管潘判官。

（8）姓陈不能说成姓程，姓程不能说成姓陈。禾木是程，耳东是陈。如果分不清，就会认错人。

（9）同姓不能念成通信，通信也不能念成同姓。同姓可以互相通信，通信可不一定同姓。

（二）古诗词综合练习

将　进　酒

李　白

君不见黄河之水天上来，奔流到海不复回。

君不见高堂明镜悲白发，朝如青丝暮成雪。
人生得意须尽欢，莫使金樽空对月。
天生我材必有用，千金散尽还复来。
烹羊宰牛且为乐，会须一饮三百杯。
岑夫子，丹丘生，将进酒，杯莫停。
与君歌一曲，请君为我倾耳听。
钟鼓馔玉不足贵，但愿长醉不复醒。
古来圣贤皆寂寞，惟有饮者留其名。
陈王昔时宴平乐，斗酒十千恣欢谑。
主人何为言少钱，径须沽取对君酌。
五花马，千金裘，呼儿将出换美酒，与尔同销万古愁。

雨霖铃
柳永

寒蝉凄切，对长亭晚，骤雨初歇。都门帐饮无绪，留恋处，兰舟催发。执手相看泪眼，竟无语凝噎。念去去，千里烟波，暮霭沉沉楚天阔。

多情自古伤离别，更那堪冷落清秋节。今宵酒醒何处？杨柳岸，晓风残月。此去经年，应是良辰好景虚设。便纵有千种风情，更与何人说？

江城子·密州出猎
苏轼

老夫聊发少年狂，左牵黄，右擎苍。锦帽貂裘，千骑卷平冈。为报倾城随太守，亲射虎，看孙郎。

酒酣胸胆尚开张，鬓微霜，又何妨！持节云中，何日遣冯唐？会挽雕弓如满月，西北望，射天狼。

定风波·莫听穿林打叶声
苏轼

（三月七日，沙湖道中遇雨。雨具先去，同行皆狼狈，余独不觉。已而遂晴，故作此词。）

莫听穿林打叶声，何妨吟啸且徐行。竹杖芒鞋轻胜马，谁怕？一蓑烟雨任平生。

料峭春风吹酒醒，微冷，山头斜照却相迎。回首向来萧瑟处，归去，也无风雨也无晴。

水调歌头·丙辰中秋
苏 轼

（丙辰中秋，欢饮达旦，大醉，作此篇，兼怀子由。）

明月几时有？把酒问青天。不知天上宫阙，今夕是何年。我欲乘风归去，又恐琼楼玉宇，高处不胜寒。起舞弄清影，何似在人间。

转朱阁，低绮户，照无眠。不应有恨，何事长向别时圆？人有悲欢离合，月有阴晴圆缺，此事古难全。但愿人长久，千里共婵娟。

永遇乐·京口北固亭怀古
辛弃疾

千古江山，英雄无觅孙仲谋处。舞榭歌台，风流总被雨打风吹去。斜阳草树，寻常巷陌，人道寄奴曾住。想当年，金戈铁马，气吞万里如虎。

元嘉草草，封狼居胥，赢得仓皇北顾。四十三年，望中犹记，烽火扬州路。可堪回首，佛狸祠下，一片神鸦社鼓。凭谁问：廉颇老矣，尚能饭否？

一剪梅·红藕香残玉簟秋
李清照

红藕香残玉簟秋，轻解罗裳，独上兰舟。云中谁寄锦书来？雁字回时，月满西楼。

花自飘零水自流，一种相思，两处闲愁。此情无计可消除，才下眉头，却上心头。

念奴娇·赤壁怀古
苏 轼

大江东去，浪淘尽。千古风流人物。故垒西边，人道是，三国周郎赤壁。乱石穿空，惊涛拍岸，卷起千堆雪。江山如画，一时多少豪杰。

遥想公瑾当年，小乔初嫁了，雄姿英发。羽扇纶巾，谈笑间，樯橹灰飞烟灭。故国神游，多情应笑我，早生华发。人生如梦，一樽还酹江月。

▲韵母发音练习应注意的问题

（1）前鼻音韵母和后鼻音韵母发音不到位

前鼻音韵母和后鼻音韵母发音不到位指发音时韵尾没有收住，发音不完整、不纯正。前鼻音韵尾的常见缺陷是：发音时，舌面前部仅向韵尾方向移动，却未充分抵住上齿龈前就停止，同时软腭下垂，导致部分气流从鼻腔逸出，从而使主要元音带上了鼻音色彩。如根本、拼音。后鼻韵尾的发音缺陷是：舌根只是向软腭方向隆起，并未接触软腭就停了下来，软腭下垂，部分气流从鼻腔流出，主要元音带上鼻音。如命令、风声。

（2）舌位不准

舌位不准主要指发单韵母 e、ê 时舌面隆起点不准。发 e 时隆起点前移，如苛刻、合格。发 ê 时舌面隆起点后移，开口度过大，造成语音缺陷。由于 ê 不准，发 ie、üe 时也出现相同错误，如贴切、雀跃。

（3）复韵母舌位动程明显不够

如发复韵母 ai、ei、uei、ao 等时虽没发成单韵母，但舌位动程明显不够。如白菜、配置、归队、高潮。

（4）开口度不够

开口度不够指开口呼韵母的开口度明显不够，听感性质明显不符。如发达、薄膜。

（5）圆唇度不够

圆唇度不够指合口呼、撮口呼韵母的圆唇度不够，语感差。如服务、序曲。

（6）元音鼻化

普通话的 10 个单韵母和 13 个复韵母都是由元音组成的，应该发成纯口音，即气流从口腔流出。但一些学生由于习惯影响，发音时都是软腭下垂，开启了鼻腔通道，使气流从口腔和鼻腔同时出来，元音鼻化，造成了语音缺陷。

思考题

1. 普通话一共有多少个韵母？它们是怎样分类的？
2. 普通话的韵母按结构成分的特点可分为几类？按发音口型的特点可分为几类？
3. 什么叫开口呼、齐齿呼、合口呼和撮口呼？分别包括哪些韵母？
4. 什么叫韵头、韵腹、韵尾？三者有何关系？举例说明。
5. 普通话元音有何独特的性质？特点是什么？
6. 什么是单元音韵母？单元音韵母一共有多少个？
7. 普通话单元音的韵母的发音，取决于哪些基本条件？
8. 为什么需要非常重视单元音韵母"a"的发音练习？
9. 普通话单元音韵母命名的根据是什么？怎样理解单元音韵母"a"被命名为"舌面央低不圆唇元音"？单元音韵母"i"被命名为"舌面前高不圆唇元音"？而单元音韵母"u"则被命名为"舌面后高圆唇元音"呢？
10. 单元音韵母 a、o、e、i、u、ü 的发音特点是什么？你是怎样理解和掌握的？
11. 单元音韵母练习的正确方法是什么？在练习过程中必须遵循的四个原则

是什么？

12. 为什么一定要结合自己的生理条件来练习和掌握单元音韵母的正确发音？

13. 什么是"十三辙"？是由哪些辙组成的？练习"十三辙"的重要性是什么？

14. 什么是复元音韵母？复韵母一共有多少个？发音特点是什么？是怎样分类的？

15. 什么是前响复元音韵母、后响复元音韵母、中响复元音韵母？分别是由哪些韵母组成的？发音特点是什么？分别举例说明。

16. 举例比较复韵母"ie"和"üe"的正确发音？

17. 什么是鼻韵母？鼻韵母的发音特点是什么？是由哪些韵母组成的？是怎样分类的？

18. 鼻辅音"n"的发音和鼻辅音"ng"的发音有何本质上的不同？

19. 什么是前鼻音韵母？一共有几个？其发音特点是什么？

20. 什么是后鼻音韵母？一共有几个？其发音特点是什么？

21. 鼻韵母 an、en、in、un 的发音特点是什么？

22. 鼻韵母 ian、uan、üan、uen 的发音特点是什么？

23. 鼻韵母 ang、eng、ing、ong 的发音特点是什么？

24. 鼻韵母 iang、uang、ueng、iong 的发音特点是什么？

25. 作为声母"n"和作为鼻辅音"n"在发声上有何不同？

26. 为什么前鼻音韵母又称为舌尖鼻韵母？你是怎样理解的？

27. 为什么后鼻音韵母又称为舌根鼻韵母？你是怎样理解的？

28. 为什么在发鼻韵母时，不能将主要元音鼻音化？怎样避免？

29. 在对比发声中讲述 an 和 ang、in 和 ing、en 和 eng 发音的特点和本质区别？

30. 举例比较鼻韵母 ian 和 üan、in 和 un 的正确发音？

31. 举例比较鼻韵母 un 和 ong、un 和 iong 的正确发音？

32. 举例比较鼻韵母 ian 和 iang、uan 和 uang 的正确发音？

33. 普通话韵母是语音响亮，圆润的基础。你是怎样理解的？在实际练习过程之中，你遇到过哪些问题，是如何解决的？

第四章 声　　调

声调是普通话语音重要的组成部分，具有纯正字音、区别词义的功能，也是增强语音音乐美的重要手段。准确的声调调值的训练和夸大声调四声的训练是吐字归音最基本的训练方法。结合用气发声，通过声母、韵母、声调的综合练习，可以使口腔各部分的肌肉积极地活动起来，从而获得良好的口腔中部的共鸣。

一、声调及其作用

声调是指某些语言中每一个音节所固有的、能区别意义的声音的高低和升降。声调的作用：①纯正字音；②区别词义；③调节气息。

一般来说，一个汉字就是一个音节，所以声调又叫作字调。音节是汉语言中最小的使用单位。构成一个音节有三种要素：声母、韵母、声调。在语言里，声调虽然属于整个音节，但并不是一个音节中所有的音素都有显著的音高变化，而是集中表现在韵腹上。如果说声母和韵母是音节的骨架，那么，声调就是一个音节的血肉。在学习普通话时，学好声调是非常重要的。声调不准，也就失去了汉语言的特点，显露不出抑、扬、顿、挫的自然的音乐美。

声调最突出的特点是区别词义。从声调的角度出发，世界上的语言大致可以分为两类：一类是声调语言，这类语言的声调可以区别词义。如：汉语、藏语等；另一类是非声调语言，这类语言不用声调区别词义。如：英语、俄语、法语、德语、日语等。汉语普通话属于声调语言，最大特点是声调能区别词义。例如，八（bā）、拔（bá）、把（bǎ）、爸（bà），四个音节的声母和韵母都是相同的，但是意义却不同。再如，纸币和执笔、话题和滑梯。

声调除了可以纯正字音、区别词义之外，还可以调节气息。根据声调高扬转降的不同音势，掌握好用气的方法，可以使气息灵活自如，强弱适度。

综上所述，声调是汉语普通话训练不可缺少的部分，科学到位的声调训练不仅可以使字音纯正，帮助初学者克服方言声调，还能使语言表达更具有节奏感和音乐美，从而达到锦上添花的目的。

二、调值和调类

调值：指声调的高低、升降、曲直、长短的声音变化的形式，也就是声调的实际读音，即声调的"实"。普通话声调的调值可以用五度标记法的数值表示（图 4-1）。

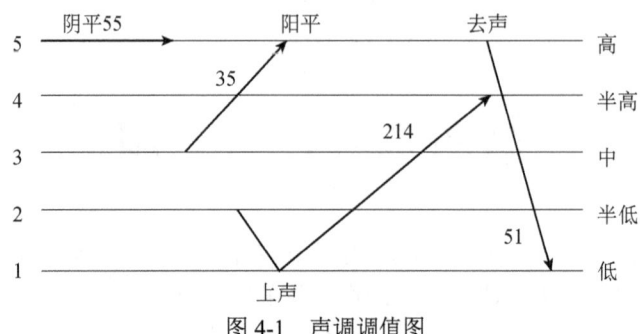

图 4-1 声调调值图

调值的语音特点：①调值主要由音高构成，调值的音高是相对的；②构成调值的相对音高在读音上是连续的，中间没有停顿和跳跃。

相对音高是指人们对声音的实际音高的感受能力，是绝对音高的对称。必须在有所依据的条件下，凭比较和记忆来听辨各音的准确高度。分清相对音高与绝对音高是发好声调的前提。每一个声调在把握好相对音高的前提下，还需要保持发音的连续性，每个单独声调的发音过程都不能出现停顿与跳跃。

调类：调类就是声调的种类，把调值相同的字归纳在一起所建立的类别。普通话里有阴、阳、上、去四种调类，即声调的"名"。

①阴平：高平调，55 调。
②阳平：中升调，35 调。
③上声：降升调，214 调。
④去声：全降调，51 调。

三、普通话声调的发音

普通话声调的四种调类的调形可以归纳为：一平、二升、三曲、四降。掌握正确的声调发音就是对发音过程中调值的确立、调形的把握、气息的掌控展开练习的过程，可通过记忆口诀和声调发音示意图来指导发声练习（图 4-2）。

图 4-2 声调发音示意图

注：线条粗细、长短的变化，表示发音时间的长短、声音大小的变化和气息强弱的支撑；虚线表示气泡音

（一）声调的发音要领

（1）阴平调：起音高平莫低扬，用气平均不紧张。

（2）阳平调：从中起音直向上，用气弱起逐渐强。
（3）上声调：上声先降转向上，降时气稳扬时强。
（4）去声调：高扬直下向低唱，强起到弱气通畅。

从图4-2中，我们可以清晰地看出：

阴平：5-5调，气息均匀，声音又高又平，音长第三。

阳平：3-5调，气息由弱到强，声音由小到大，音长第二。

上声：2-1-4调，调型走向为阳平和去声的结合体，气息由强到弱再到强，声音由大到小再到大，音长最长。

去声：5-1调，气息由强到弱，声音由大到小，声音迅速下落到气泡音，音长最短。

（二）声调在实际运用中应注意的问题

1）声调练习的音高不能模仿范读。声调的音高是相对音高而不是绝对音高。所谓相对音高就是根据自己的嗓音和音域的宽度确定出合乎比例的声音的高低。一般来说，5度为自己的高音区，1度为气泡音。

2）声调中四个调类具有音高的统一平衡性。在连续发音过程中需要将四个声调保持在统一的相对音高中，有的人在练习中时常出现同一个声调在不同词句中发音音高差异较大的情况，应尽量避免。

3）应正确掌握不同声调的调形和调势。首先，应克服阳平调在高升的过程中出现拐弯、虚高的现象；其次，应克服上声调下行下不去，上行上不来的问题；最后，还应该克服去声调下行时声音容易拐弯、破音等问题。

4）普通话四个基本调值的音长并不是完全一样的。有的人在实际发音过程中误以为要将四个声调的音长发得一样长，导致语流略显僵硬，降低了声调抑扬的音乐感。

四、声调综合练习

（一）声调的夸大四声练习

声调练习方法中最常用的是夸大四声练习，发音时需要将音节的发音过程放慢，口腔打开，气息支撑得当，充分地调动发音器官，以达到发音过程充分、发音结果标准的目的。

1. 同声、韵四声音节发音练习

要求：声母、韵母、声调是组成一个音节的三要素，在练习过程中四声调均要准确，字头要咬紧，字腰要托开，字尾要收住，力求做到音断气不断，气断情不断，声、字、气、情，配合默契自如。

（1）双唇音
bā 巴　bá 拔　bǎ 把　bà 罢　　pō 坡　pó 婆　pǒ 叵　pò 破
māo 猫　máo 毛　mǎo 卯　mào 帽
（2）唇齿音
fāng 方　fáng 房　fǎng 仿　fàng 放
（3）舌尖中音
dī 低　dí 敌　dǐ 底　dì 地　　tōng 通　tóng 同　tǒng 统　tòng 痛
niū 妞　niú 牛　niǔ 扭　niù 拗　liāo 撩　liáo 聊　liǎo 了　liào 料
（4）舌根音
gū 姑　gú 骨　gǔ 古　gù 顾　　kē 科　ké 咳　kě 可　kè 刻
hān 酣　hán 含　hǎn 喊　hàn 汉
（5）舌面音
jū 居　jú 局　jǔ 举　jù 据　　qīng 青　qíng 情　qǐng 请　qìng 庆
xiāng 香　xiáng 降　xiǎng 想　xiàng 象
（6）舌尖后音
zhī 知　zhí 职　zhǐ 止　zhì 至
chēng 称　chéng 成　chěng 逞　chèng 秤
shēn 申　shén 神　shěn 沈　shèn 甚　rú 如　rǔ 乳　rù 入
（7）舌尖前音
zuō 作　zuó 昨　zuǒ 左　zuò 做　　cāi 猜　cái 才　cǎi 采　cài 菜
suī 虽　suí 随　suǐ 髓　suì 岁
（8）开口呼音
bāi 掰　bái 白　bǎi 摆　bài 败　　pāo 抛　páo 刨　pǎo 跑　pào 泡
fēi 飞　féi 肥　fěi 匪　fèi 费　　lōu 搂　lóu 楼　lǒu 篓　lòu 漏
（9）齐齿呼音
jiā 家　jiá 夹　jiǎ 甲　jià 架　　qīn 亲　qín 勤　qǐn 寝　qìn 沁
xiē 些　xié 斜　xiě 写　xiè 谢　　lián 联　liǎn 脸　liàn 炼
（10）合口呼音
chuāng 窗　chuáng 床　chuǎng 闯　chuàng 创
wā 蛙　wá 娃　wǎ 瓦　wà 袜
huān 欢　huán 还　huǎn 缓　huàn 幻　　guāi 乖　guǎi 拐　guài 怪
（11）撮口呼音
xuē 薛　xué 学　xuě 雪　xuè 穴　　yūn 晕　yún 云　yǔn 允　yùn 运
quān 圈　quán 全　quǎn 犬　quàn 劝

2. 两字词声调发音练习
要求："气动则声发"，字要说在气流上，声要发在感情上，四个声调的调值必须准确无误，阳平、去声不要拐弯，上声的夸张下行、上升均要在气柱中运行。做到：阴平平稳，气势平均不紧张；阳平用气，弱起逐渐强；上声降时气稳扬时强；去声强起到弱气通畅。同时，在练习过程中还要注意词的轻重格式。

（1）阴阴（—、—）
参加　西安　播音　工兵　拥军　丰收
香蕉　江山　咖啡　班车　单一　发声

（2）阴阳（—、/）
资源　坚决　鲜明　飘扬　新闻　编排
发言　加强　星球　中国　签名　安全

（3）阴上（—、v）
批准　发展　班长　听讲　灯塔　生产
艰苦　歌舞　公款　签署　根本　方法

（4）阴去（—、\）
庄重　播送　音乐　规范　通信　飞快
单位　希望　欢乐　中外　失事　加快

（5）阳阴（/、—）
国歌　联欢　革新　南方　群居　农村
长江　航空　围巾　营私　原封　图书

（6）阳阳（/、/）
直达　滑翔　儿童　团结　人民　模型
联合　驰名　临时　吉祥　灵活　豪华

（7）阳上（/、v）
华北　黄海　遥远　泉水　勤恳　民主
情感　描写　难免　迷惘　平坦　旋转

（8）阳去（/、\）
豪迈　辽阔　模范　林业　盘踞　局势
革命　同志　于是　雄厚　行政　球赛

（9）上阴（v、—）
指标　统一　转播　北京　纺织　整装
掌声　法医　演出　广播　讲师　取消

（10）上阳（v、/）
指南　普及　反常　谴责　讲完　朗读
考察　里程　起航　软席　领衔　党员

（11）上上（v、v）
古典　北海　领导　鼓掌　广场　展览
友好　导演　首长　总理　感想　理想

（12）上去（ˇ、\）
改造　舞剧　主要　访问　考试　想象
土地　广大　写作　典范　选派　讲课
（13）去阴（\、—）
下乡　矿工　象征　地方　贵宾　列车
卫星　认真　降低　特征　印刷　气温
（14）去阳（\、/）
自然　化学　措辞　特别　电台　会谈
政权　配合　未来　要闻　调查　辨别
（15）去上（\、ˇ）
耐久　剧本　跳伞　下雨　运转　外语
办法　信仰　戏曲　电影　历史　探险
（16）去去（\、\）
日月　大厦　破例　庆贺　宴会　画像
示范　大会　快报　致意　建造　快步

3. 四字词声调发音练习

要求：按词的含义带感情朗读；声、韵、调应十分准确，通过练习掌握灵活运用四声正音的技巧；注意气息的运用，上行阳平气的支撑，下行上声气的托住，使高音不挤，低音不散；练习时，声音要由小到大，由弱到强，刚柔结合，大小适度；练习时，同时要注意音强、音高的练习，以达到扩大自如声区的目的。

（1）四声顺序发音练习
中国伟大　山明水秀　英明果断　风调雨顺
兵强马壮　心明眼亮　高扬转降　千锤百炼
（2）四声逆序发音练习
大好河山　信以为真　破釜沉舟　寿比南山
万古流芳　妙手回春　袖手旁观　字里行间
（3）四声同调发音练习
东风飘香　春天花开　江山多娇　珍惜光阴
牛羊成群　严格执行　儿童文学　回国华侨
远景美好　产品展览　打井引水　请你指导
气势壮大　进步向上　艺术创作　世世代代

在声调的练习过程之中，应大量地、反复地练习：单音节、双音节、四音节、诗、段子、绕口令等。同时要掌握以下原则：

（1）音高要有限度、高而不喊；

（2）音低要有力度、低而不散；

（3）音高要声轻、轻而不浮（加强低频共鸣控制）；

（4）音低要字沉、沉而不浊（加强高频共鸣控制）；
（5）音量加大时、气足而不拙；
（6）音量减小时，气竭而不衰。

（二）声调绕口令练习

1. 鲍指导让小宝去拿刨，小宝知道刨是鲍指导的宝，路上遇雹，雹打宝，宝保刨，衣包刨，宝抱刨，雹打宝头两个包，刨被宝保仍完好，鲍指导知道，宝为保刨头起包，鲍抱宝，宝抱鲍。（阴平、阳平、上声、去声）

2. 姥姥喝酪，酪落，姥姥捞酪；舅舅架鸠，鸠飞，舅舅揪鸠；妈妈骑马，马慢，妈妈骂马；妞妞轰牛，牛拧，妞妞拧牛。（阴平、上声、去声）

3. 篓漏油，油篓漏。漏油篓，漏篓油。油篓漏油补油篓，补住漏篓不漏油。油篓不漏油不漏，不漏油篓不漏油。（阳平、上声、去声）

4. 老罗拉了一车梨，老李拉了一车栗。老罗人称大力罗，老李人称李大力。老罗拉梨做梨酒，老李拉栗去换梨。（阳平、上声、去声）

5. 手拿七支长枪上城墙，上了城墙手耍七支长枪。见枪不见墙，见墙扔了枪，眼花缭乱，武艺高强。（阴平、阳平、上声、去声）

6. 牛牛要吃河边柳，妞妞赶牛牛不走，妞妞护柳扭牛头，牛牛扭头瞅妞妞，妞妞扭牛牛更拗，牛牛要顶小妞妞，妞妞捡起小石头，吓得牛牛扭头走。（阴平、阳平、上声、去声）

7. 高高山上有座庙，庙里住着俩老道，一个年纪老，一个年纪少。庙前长着许多草，有时候老老道煎药，小老道采药；有时候小老道煎药，老老道采药。（阴平、阳平、上声、去声）

8. 老罗拉了一车梨，老李拉了一车栗。老罗人称大力罗，老李人称李大力。老罗拉梨做梨酒，老李拉栗去换犁。（阴平、阳平、上声、去声）

9. 声韵歌（阴平、阳平、上声、去声）
学好声韵辨四声，阴阳上去要分明；部位方法须找准，开齐合撮属口形。
双唇班报必百波，抵舌当地斗点丁；舌根高狗工耕故，舌面积结教坚精；
翘舌主争真志照，平舌资则早在增；擦音发翻飞分复，送气查柴产彻称；
合口呼午枯胡古，开口河坡歌安争；撮口虚学寻徐剧，齐齿衣优摇业英；
前鼻恩因烟弯稳，后鼻昂迎中拥声。咬紧字头归字尾，阴阳上去记变声；
循序渐进坚持练，不难达到纯和清。

（三）声调的音韵练习

过零丁洋

文天祥

辛苦遭逢起一经，干戈寥落四周星。

山河破碎风飘絮,身世浮沉雨打萍。
惶恐滩头说惶恐,零丁洋里叹零丁。
人生自古谁无死?留取丹心照汗青。

凉州词二首·其一
王 翰

葡萄美酒夜光杯,欲饮琵琶马上催。
醉卧沙场君莫笑,古来征战几人回?

送元二使安西
王 维

渭城朝雨浥轻尘,客舍青青柳色新。
劝君更尽一杯酒,西出阳关无故人。

绝 句
杜 甫

两个黄鹂鸣翠柳,一行白鹭上青天。
窗含西岭千秋雪,门泊东吴万里船。

峨眉山月歌
李 白

峨眉山月半轮秋,影入平羌江水流。
夜发清溪向三峡,思君不见下渝州。

无 题
周恩来

大江歌罢掉头东,邃密群科济世穷。
面壁十年图破壁,难酬蹈海亦英雄。

卜算子·咏梅
毛泽东

风雨送春归,飞雪迎春到。
已是悬崖百丈冰,犹有花枝俏。
俏也不争春,只把春来报。
待到山花烂漫时,她在丛中笑。

七律·长征

毛泽东

红军不怕远征难，万水千山只等闲。
五岭逶迤腾细浪，乌蒙磅礴走泥丸。
金沙水拍云崖暖，大渡桥横铁索寒。
更喜岷山千里雪，三军过后尽开颜。

▲声调发音练习时应注意的问题

1. 高平调的调值是（55），有的学生将（55）读成（44）或（54），明显偏低或调势呈下滑趋势。如"西、因、灰、低"。

2. 中升调上升不够，或在上升过程中有拐弯。普通话的阳平是中升调，调值是（35），而部分地区的阳平调是半降调，调值一般是（21）或（31），两者距离较大，调形完全不同。初学者阳平调的调值经常念不准，是暴露方言的主要之处。

1）上升不够。起点音低于标准音高，上升音高也低于标准音高。如"常、能、然、梁、足"。

2）中间有拐弯。在读音时有曲折，从听感判别近乎降升调，有的甚至很像上声。方音克服不太好的学生，这种情况极为普遍。如"离、行、名、而、团"。

3. 降升调降不到位或升不到位。上声是降升调，音高最低，音长最长，个别学生读上声最易产生缺陷。

1）降不到位。部分地区的上声类似普通话的去声，是上半降调而不是降升调，调值大多是（53）、（52）、（42）等，因此，发普通话的上声时，起点太高，往往不能降到（1）便上扬，曲折较短促，有的甚至缺少曲折，从听感上判别与阳平相近，如"好、酒、水、肘、手"。

2）升不到位。发普通话的降升调又往往升不到相对高点（4），而只到（3）甚至（2）。

3）上声变调调值不准。两个上声相连，前一个音节的调值受后一个音节上声的影响，由（214）变成阳平（35），后一个字仍读本调。四川人在念这样的上声词语时，往往将后一个上声的后半截声调读残，如"首长、好久、选举、展览"等；有时又将变调的位置由前一个音节错变成后一个音节，如"小脚、偶尔"读成"xiǎo jiáo、ǒu ér"。

4. 去声降不到位。四个声调中问题出得最少的一个声调就是去声，但是有些方言的去声近似普通话的上声，于是在念全降调的去声时尾音往往较高而不低。如将"串、货、往、矿、胃"等字，由（51）变成（52）。

思考题

1. 什么是声调？
2. 声调的作用是什么？
3. 试举例说明，什么是声调的调值？
4. 声调调值的语音特点是什么？
5. 什么是声调的调类？
6. 怎样理解和掌握声调调值的记录方法？
7. 在说普通话时，声调容易出现哪些问题？如何克服？
8. 为什么要进行夸大的四声练习？你是怎样进行练习的？
9. 声调练习应掌握的基本原则是什么？
10. 为什么要结合古诗词来进行声调的练习？

第五章　语　流　音　变

　　音变是指语音在语流中的变化。在语流中，由于受到相邻音素的影响，一些音节中的声母、韵母或声调会发生语音的变化，我们称之为语流音变。语流音变在汉语普通话的实际应用中普遍存在，音素与音素、音节与音节、声调与声调之间，都会相互影响，产生一定的变化。要想使普通话说得自然流畅，就必须了解和掌握普通话的音变规律。也只有掌握了普通话的音变规律，才能在语言表达的过程中，做到语调自然，表达流畅，以情带声，悦耳动听。同时，还要多听、多看、多说、多思索，多进行口头语言的组织与表达的练习。

　　在坚持学说普通话的过程之中，我们应互相纠正，互相监督，互相检查，这样才能收到良好的效果。务必铭记，理论学习是实践的指南而非替代，唯有通过实践操作，方能促使个体在语言表达上达到游刃有余的境界。

　　任何语言的语音演变皆须遵循特定的变化规律，但语音的变化规律并不适用于所有语言的一般性准则。例如，生活在四川方言区的演员、播音员和主持人，平时方言讲得十分自如，但在话筒前、摄像机前或舞台上的时候，语言运用就显得不够流畅。其原因就在于他们受生活环境的影响，已经不自觉地掌握了某种方言的语音变化规律，而对普通话语音的变化规律还没有完全认识和掌握。即使他们能按普通话声韵调的要求单个发好每个音节，但到了语流中，由于不能熟练地把握音素与音素、音节与音节、声调与声调间互相影响所产生的语音变化，所以听起来，仍是不规范的普通话。因此，作为一名主持人、播音员、演员，在学习汉语音节的三要素（声、韵、调）基础上，掌握和运用普通话的语流音变规律，是非常重要的。

一、轻声

（一）轻声的含义

　　普通话的每个音节都有它的声调，但在词或者句子里有些音节常常失去了原有的声调而念成一种又轻又短的调子，就叫作轻声。轻声会引起音强、音长、音高、音色的变化。

（二）轻声的作用

　　普通话轻声往往有区别词义和词性的作用。例如：

(1) 我们"兄弟"不在家。
我们"兄弟"之间感情很好。
(2) 这本书"多少"钱买的？
干工作不要计较"多少"。
(3) 小张的"买卖"倒闭了。
小李的"买卖"很公平。
(4) 她掀开"帘子"往里看，丈夫已经把"莲子"剥完了。
(5) 他太"大意"了，把"段落大意"都写错了。
(6) 他"本事"可真大，把与"本事"有牵连的人一一查清了。
(7) 刘"大麻子"去粮店卖"大麻籽"一次就卖了：十斤。
(8) 从"背面儿"看这床"被面儿"比正面儿还好。
(9) 杨参谋的"干事"陈明"干事"可真精明儿！
(10) 张小虎在"地道"里挖了一条"地道"的排水沟。

（三）轻声的音高变化规律

(1) 阴平后面的轻声读半低调 2 度
天上　桌子　杯子　搬来　出来　风筝　妈妈　哥哥　姑姑
功夫　结实　先生　衣服　舒服　生日　包子　吃了　飞了
(2) 阳平后面的轻声读中调 3 度
棉花　红了　回来　谈过　毛病　行吗　功夫　福气　格子
锄头　粮食　停着　云彩　床上　沿着　迷糊　蓝的　苗头
(3) 上声后面的轻声读半高调 4 度
本事　体面　你们　买卖　点心　想着　起来　手上　口袋
赶上　码头　姐姐　奶奶　体面　讲究　打算　指望　喜欢
(4) 去声后面的轻声读低调 1 度
任务　月亮　相声　太阳　换下　大夫　告诉　弟弟　力量
笑笑　谢谢　试试　教训　近视　费用　对付　应酬　送来

（四）普通话里读轻声的字、词

1. 语气词"吧、吗、呢、啊"轻读
去吧　走吗　怎么呢　说啊　唱吧　跳吧　一起来啊
2. 助词"的、地、得、着、了、们"轻读
我的　慢慢地　好得很　拿着　走了　我们　这还了得
3. 名词后缀"子、儿、头"轻读
桌子　椅子　月儿　孩儿　后头　前头
4. 量词"个"轻读
一个　十个　一百个　一千个　一万个

5. 部分方位词轻读

家里　桌上　地下　里边　屋里

6. 趋向动词轻读

上来　下来　进来　出来　过来　回来　起来
上去　下去　进去　出去　过去　回去　过来

7. 作宾语的人称代词轻读

请你　叫他

8. 重叠动词末一个音节轻读

看看　说说　写写　想想　动动　爸爸　妈妈　爷爷　奶奶

（五）绕口令练习

（1）天上日头，嘴里舌头，地上石头，桌上纸头，手掌指头，大腿骨头，小脚趾头，树上枝头，集上市头。

（2）小铁头，小柱头，学习英雄有劲头。放学后，抬砖头，跑了东头跑西头。抬砖头，几筐头，送到猪场砌墙头。墙头高，过人头，乐得他俩直点头，人人夸："小哥俩，集体装在心里头"。

（3）桃子、李子、梨子、栗子、桔子、柿子、槟子、榛子，栽满院子、村子和寨子。刀子、斧子、锯子、凿子、锤子、刨子和尺子，做出桌子、椅子和箱子。

（4）打南边来了个瘸子，手里托着碟子，碟子里装着茄子。地上钉着橛子，绊倒了这个瘸子，撒了碟子里的茄子，气得瘸子撇了碟子，拔了橛子，踩了茄子。

（5）屋子里有箱子，箱子里有匣子，匣子里有盒子，盒子里有镯子，镯子外面有盒子，盒子外面有匣子，匣子外面有箱子，箱子外面有屋子。

（6）红孩子和黄孩子换鞋子，红孩子穿双黄鞋子，黄孩子穿双红鞋子。红孩子用黄鞋子换黄孩子的红鞋子，黄孩子用红鞋子换红孩子的黄鞋子，红孩子穿上了红鞋子，黄孩子穿上了黄鞋子。红孩子和黄孩子，换过鞋子乐滋滋。

（7）南边来了他大大伯子家的大搭拉尾巴耳朵狗，北边来了他二大伯子家的二搭拉尾巴耳朵狗。他大大伯家的大搭拉尾巴耳朵狗，咬了他二大伯家的二搭拉尾巴耳朵狗一口；他二大伯家的二搭拉尾巴耳朵狗，也咬了他大大伯家的大搭拉尾巴耳朵狗一口。不知是他大大伯家的大搭拉尾巴耳朵狗，先咬了他二大伯家的二搭拉尾巴耳朵狗；还是他二大伯家的二搭拉尾巴耳朵狗，先咬了他大大伯家的大搭拉尾巴耳朵狗。

（六）轻声词语训练

1. 名词或者代词的后缀读轻声

子：桌子、帘子、椅子、盘子、脖子、胖子
头：木头、石头、码头、跟头、风头、苗头

们：我们、你们、他们、咱们、同志们、工人们
么：这么、那么、什么、怎么、多么、要么
巴：干巴、下巴、尾巴、哑巴、嘴巴、锅巴

2. 语气助词读轻声

的：我的、你的、他的、美丽的、光明的
了：来了、去了、走了、哭了、病了、过来了
吧：走吧、跑吧、好吧、来吧、唱吧、请吧
着：走着、向着、吃着、干着、凉着、拉着
吗：是吗、好吗、凉吗
呗：走呗、干呗
啦：得啦、怎么啦
得：等得急人、气得发抖
嘛：就是嘛

3. 名词、代词后面，表示方位的词读轻声

上：楼上、桌上、桥上、地上、书上、晚上
下：底下、跪下、爬下、躺下、地下、楼下
边：外边、里边、前边、上边、下边、左边、右边
里：院里、屋里、这里、那里、家里、心里、手里

4. 动词、形容词后面表示趋向的词读轻声

起来：站起来、拿起来、说起来、吃起来、跑起来
过来：走过来、拿过来、跑过来、滑过来
回来：抢回来、找回来、要回来、买回来、拉回来
上去：跑上去、放上去、追上去、跟上去、跳上去
下来：打下来、摘下来、拿下来、落下来、批下来
出去：溜出去、走出去、迎出去、扔出去、退出去
进去：放进去、钻进去、攻进去、掉进去、冲进去

5. 叠音词读轻声

名词重叠：爸爸、妈妈、姐姐、哥哥、妹妹、星星
动词重叠：试试、看看、走走、说说、扫扫、摸摸

6. 夹在重叠动词、形容词中间的"一"和"不"读轻声

一：看一看、说一说、笑一笑、走一走、试一试
不：要不要、去不去、好不好、对不对、说不说、看不看

7. 有些双音节第二音节读轻声

方：地方、比方、大方
便：近便、灵便
夫：丈夫、姑夫、工夫、姐夫、大夫

搭：勾搭、抽搭

叨：絮叨、唠叨

道：地道、厚道、门道

当：顺当、稳当

腾：闹腾、折腾

来：回来、进来、过来

亮：漂亮、月亮

害：祸害、厉害

落：数落、利落

号：字号、记号

发：打发、头发

乎：在乎、近乎、二乎

计：伙计、算计

家：娘家、公家、行家、人家

净：素净、白净、匀净、干净

气：运气、福气、客气、阔气、力气、脾气、小气、秀气

心：点心、恶心

才：奴才、秀才

事：故事、干事、本事、差事

在：实在、自在

应：照应、答应

快：凉快、勤快、爽快

实：扎实、结实、老实、壮实

……

除此之外还有：

云彩、蘑菇、护士、事情、脑袋、胳膊、窗户、算盘、消息、行李、干部、西瓜、招呼、清楚、稀罕、石榴、吩咐、包袱、便宜、客气、扫帚、精神、亮堂、丈夫、先生、关系、东西、钥匙、秘书、书记、丈夫、老婆、豆腐、相声、庄稼、眼睛……

（七）朗读下面的语段，注意读准轻声词语

（1）小草偷偷地从土里钻出来，嫩嫩的，绿绿的。园子里，田野里，瞧去，一大片一大片满是的。坐着，躺着，打两个滚，踢几脚球，赛几趟跑，捉几回迷藏。风轻悄悄的，草软绵绵的……

（2）天上风筝渐渐多了，地上孩子也多了。城里乡下，家家户户，老老小小，也赶趟儿似的，一个个都出来了。舒活舒活筋骨，抖擞抖擞精神，各做各的一份

儿事去。"一年之计在于春",刚起头儿,有的是工夫,有的是希望。

(3)假日到河滩上转转,看见许多孩子在放风筝。一根根长长的引线,一头系在天上,一头系在地上,孩子同风筝都在天与地之间悠荡,连心也被悠荡得恍恍惚惚了,好像又回到了童年。

(4)慈爱的水手们决定放开它,让它回到大海的摇篮去,回到蓝色的故乡去。离别前,这个大自然的朋友与水手们留影纪念。它站在许多人的头上,肩上,掌上,胳膊上,与喂养过它的人们,一起融进那蓝色的画面……

(5)花生的好处很多,有一样最可贵:它的果实埋在地里,不像桃子、石榴、苹果那样,把鲜红嫩绿的果实高高地挂在枝头上,使人一见就生爱慕之心。你们看它矮矮地长在地上,等到成熟了,也不能立刻分辨出来它有没有果实,必须挖出来才知道。

(6)朋友新烫了个头,不敢回家见母亲,恐怕惊骇了老人家,却欢天喜地来见我们,老朋友颇能以一种趣味性的眼光欣赏这个改变。

(7)我和母亲走在前面,我的妻子和儿子走在后面。小家伙突然叫起来:"前面是妈妈和儿子,后面也是妈妈和儿子。"我们都笑了。

(8)也有不甘心落空的,便驻扎在这里,继续寻找。彼得·弗雷特就是其中一员。他在河床附近买了一块没人要的土地,一个人默默地工作。他为了找金子,已把所有的钱都押在这块土地上。他埋头苦干了几个月,直到土地全变成了坑坑洼洼,他失望了——他翻遍了整块土地,但连一丁点儿金子都没看见。

(9)我与父亲不相见已二年余了,我最不能忘记的是他的背影。那年冬天,祖母死了,父亲的差使也交卸了,正是祸不单行的日子。我从北京到徐州,打算跟着父亲奔丧回家。到徐州见着父亲,看见满院狼藉的东西,又想起祖母,不禁簌簌地流下眼泪。父亲说:"事已如此,不必难过,好在天无绝人之路!"回家变卖典质,父亲还了亏空;又借钱办了丧事。这些日子,家中光景很是惨淡,一半为了丧事,一半为了父亲赋闲。丧事完毕,父亲要到南京谋事,我也要回北京念书,我们便同行。

二、儿化

(一)儿化的含义

儿化是指后缀"儿"与它前面一个音节的韵母结合成为一个音节,并使这个音节的韵母带上卷舌音色的一种特殊的音变现象。这种卷舌化的韵母就叫作"儿化韵"。

(二)儿化的作用

儿化在普通话里,不仅仅是一种语音现象,还同词汇和语法有着密切的关系,它具有区别词义、区分词性和表达感情色彩的作用。

(1) 区别词义：有些词儿化之后，具有比喻的意思。

一点（时间）　　　　一点儿（不多）

一块（数量）　　　　一块儿（一起）

头（脑袋）　　　　　头儿（领导、首领、两端）

信（函件）　　　　　信儿（消息）

(2) 区分词性：兼动词、名词两类的词或者形容词，儿化后就固定为名词；有的名词、动词，儿化后借用为量词。

盖（名词、动词）　　盖儿（名词）

破烂（形容词）　　　破烂儿（名词）

圈（动词）　　　　　一圈儿（量词）

管（动词）　　　　　管儿（名词）

画（名词、动词）　　画儿（名词）

另外，有些代词、副词、动词和重叠形容词也有儿化现象。

那儿　玩儿　差点儿　顺便儿　好好儿　慢慢儿

(3) 使语言带有特殊的感情色彩。

1. 带有"温和""喜爱""亲切"的感情色彩

如：红红的小脸蛋儿　　慈祥的老头儿

　　好玩的小金鱼儿　　一朵小红花儿

2. 形容很少、很小、很可爱的感情色彩

如：这小手儿，真乖！

　　给我一丁点儿，还不行吗？

3. 带有"憎恶""鄙视"的感情色彩

如：这人是小偷儿；

　　谁喜欢这玩意儿；

　　难闻的臭味儿。

(三) 儿化韵的音变规律

儿化音节在拼音的书写上一律在音节末尾加上一个"r"表示，但在实际发音过程中，音节儿化时往往会引起韵母发生不同程度的变化。

(1) 韵母最后音素是 a、o、e、u 的，儿化后只在原韵母后加卷舌动作。

上哪儿-nǎr　　腊八儿-bār

山坡儿-pōr　　花朵儿-duǒr

唱歌儿-gēr　　风车儿-chēr

眼珠儿-zhūr　　火炉儿-lúr

(2) 韵尾是 i 的，儿化时去掉韵尾，加卷舌动作。

小孩儿　háir-hár

冒牌儿　páir-pár
宝贝儿　bèir-bèr

（3）韵尾是 n、ng 时，儿化时，失落 n、ng，前面的主要元音变成鼻化元音，同时加卷舌动作。

被单儿　dānr-dār
手绢儿　juànr-juàr
帮忙儿　mángr-már
吊嗓儿　sǎngr-sǎr
板凳儿　dèngr-dèr
胡同儿　tòngr-tòr

（4）主要元音是 i、ü 的，要在原韵母后加 er。

打旗儿　qír-qíer
金鱼儿　yúr-yúer
马驹儿　jūr-jūer

（5）主要元音是［-i］前和［-i］后的，去掉主要元音，在声母后直接加上 er。

墨汁儿　zhīr-zhēr
小事儿　shìr-shèr
字儿　　zìr-zèr
带刺儿　cìr-cèr
拔丝儿　sīr-sēr

（四）儿化韵在实际运用中应注意的问题

1）儿化韵在有区别词义和分辨词性作用的时候一定要儿化，该儿化时而不儿化，就会产生误会。

2）有些儿化词虽没有区别词义和分辨词性的作用，但已经被普通话吸收，群众在使用这些词的时候已经习惯儿化，不儿化反而不顺耳。

3）在学习过程之中，除上述要求的部分应进行大量的口语练习之外，还应进行带"儿"字的音节练习，带"儿"与不带"儿"音节的对比分辨练习。

4）儿化韵卷舌归韵时，舌尖要指向硬腭顶端。

5）儿化韵发音与唇形的圆展度有密切关联。

6）儿化韵时，声调要更多地体现出乐感和韵律。

（五）短句和绕口令练习

短句练习

（1）喝了两口橘子汁儿。
（2）妈妈正在剁肉馅儿。

（3）小刚用一根儿铁丝儿捆了一堆儿小铁片儿。

（4）小丽用一根儿麻绳儿捆了一堆儿小木板儿。

（5）天真黑，连个亮儿也没有。

（6）一位小女孩儿，扎着个红小辫儿，手拿一朵小红花儿，正在和小朋友们一起玩儿。

（7）老李昼夜研究，终于找到了攻关的窍门儿。

绕口令练习

（1）进了门儿，倒杯水儿，喝了两口儿运运气儿，顺手儿拿起小唱本儿，唱一曲儿，又一曲儿，练完嗓子练嘴皮儿。绕口令儿，练字音儿，还有单弦儿牌子曲儿，小快板儿，大鼓词儿，越说越唱越带劲儿。

（2）有个小孩儿叫小兰儿，口袋装着几个小钱儿，又打醋，又买盐儿，还买了一个小饭碗儿。小饭碗儿，真好玩儿，红花儿绿叶儿镶金边儿，中间儿还有个小红点儿。

（3）我们那儿有个王小三儿，在门口儿摆着一个杂货摊儿，卖的是煤油火柴和烟卷儿，红糖白糖花椒大料瓣儿，鸡子儿挂面酱油盐儿，糖葫芦儿一串儿又一串儿，花生瓜子儿还有酸杏干儿。王小三儿不识字儿，写账记账净闹稀罕事儿。街坊买了他六十个鸡子儿，他就在账本儿上画了六十个圆圈儿。过了两天人家还了他的账，他说人家短了他一串儿糖葫芦儿没有给他钱儿。

（4）有那么一个杂货点儿，只有两间小门脸儿。别看地方不大点儿，卖的东西不起眼儿，有火柴，有烟卷儿；有背心儿，有裤衩儿；有蜡烛，有灯捻儿；还有刀子、勺子、小菜板儿。起个早儿，贪个晚上，买什么都在家跟前儿。

（5）有个小男孩儿，穿件蓝小褂儿，拿着小竹篮儿，装着年糕和镰刀。有个小女孩儿，穿件绿花儿裙儿，梳着两小辫儿，拉着一头老奶牛。俩人儿手拉手儿，唱着快乐的牧牛歌儿，拉着牛拿着篮儿，溜溜达达向前走。走到柳林边，拴上牛放下篮儿，拿出年糕和镰刀，吃了甜年糕，拿起小镰刀，提着竹篮儿去割草。割了一篮儿一篮儿嫩绿嫩绿的好青草，欢欢喜喜地喂饱了那头老奶牛。

（六）普通话必读的儿化词

1. 读下列儿化词语，体会儿化后原韵母的变化（选自《普通话水平测试实施纲要》）

（1）a>ar：刀把儿　号码儿　戏法儿　在哪儿　找茬儿　打杂儿　板擦儿

（2）ai>ar：名牌儿　鞋带儿　壶盖儿　小孩儿　加塞儿

（3）an>ar：快板儿　老伴儿　蒜瓣儿　脸盘儿　脸蛋儿　收摊儿　栅栏儿
　　　　　　包干儿　笔杆儿　门槛儿

（4）ang>ar（鼻化）：药方儿　赶趟儿　香肠儿　瓜瓤儿

（5）ia>iar：掉价儿　一下儿　豆芽儿

(6) ian>iar：小辫儿　照片儿　扇面儿　差点儿　一点儿　雨点儿　聊天儿
　　　　　　　冒尖儿　坎肩儿　牙签儿　露馅儿　心眼儿

(7) iang>iar（鼻化）：鼻梁儿　透亮儿　花样儿

(8) ua>uar：脑瓜儿　大褂儿　麻花儿　笑话儿　牙刷儿

(9) uai>uar：一块儿

(10) uan>uar：茶馆儿　饭馆儿　火罐儿　落款儿　打转儿　拐弯儿
　　　　　　　好玩儿　大腕儿

(11) uang>uar（鼻化）：蛋黄儿　打晃儿　天窗儿

(12) üan>üar：烟卷儿　手绢儿　出圈儿　包圆儿　人缘儿　绕远儿
　　　　　　　杂院儿

(13) ei>er：刀背儿　摸黑儿

(14) en>er：老本儿　花盆儿　嗓门儿　把门儿　哥们儿　纳闷儿　后跟儿
　　　　　　高跟儿鞋　别针儿　一阵儿　走神儿　大婶儿　小人儿书
　　　　　　杏仁儿　刀刃儿

(15) eng>er（鼻化）：钢镚儿　夹缝儿　提成儿

(16) ie>ier：半截儿　小鞋儿

(17) üe>üer：旦角儿　主角儿

(18) uei>uer：跑腿儿　一会儿　耳垂儿　墨水儿　围嘴儿　走味儿

(19) uen>uer：打盹儿　胖墩儿　砂轮儿　冰棍儿　没准儿　开春儿

(20) ueng>uer（鼻化）：小瓮儿

(21) -i（前）>er：瓜子儿　石子儿　没词儿　挑刺儿

(22) -i（后）>er：墨汁儿　锯齿儿　记事儿

(23) i>i:er：针鼻儿　垫底儿　肚脐儿　玩意儿

(24) in>i:er：有劲儿　送信儿　脚印儿

(25) ing>i:er（鼻化）：花瓶儿　打鸣儿　图钉儿　门铃儿　眼镜儿　蛋清儿
　　　　　　　　　　　火星儿　人影儿

(26) ü>ü:er：毛驴儿　小曲儿　痰盂儿

(27) e>er：模特儿　逗乐儿　唱歌儿　挨个儿　打嗝儿　饭盒儿　在这儿

(28) u>ur：碎步儿　没谱儿　儿媳妇儿　梨核儿　泪珠儿　有数儿

(29) ong>or（鼻化）：果冻儿　门洞儿　胡同儿　抽空儿　酒盅儿　小葱儿

(30) iong>ior（鼻化）：小熊儿

(31) ao>aor：红包儿　灯泡儿　半道儿　手套儿　跳高儿　叫好儿　口罩儿
　　　　　　绝招儿　口哨儿　蜜枣儿

(32) iao>iaor：鱼漂儿　火苗儿　跑调儿　面条儿　豆角儿　开窍儿

(33) ou>our：衣兜儿　老头儿　年头儿　小偷儿　门口儿　纽扣儿　线轴儿
　　　　　　小丑儿

（34）iou>iour：顶牛儿　抓阄儿　棉球儿　加油儿
（35）uo>uor：火锅儿　做活儿　小伙儿　邮戳儿　小说儿　被窝儿
（36）(o)>or：耳膜儿　粉末儿

2. 对比下列词语，并作造句练习，体会儿化并区别词义、词性的作用

班——班儿　帮——帮儿　包——包儿　当——当儿
点——点儿　堆——堆儿　钉——钉儿　盖——盖儿
滚——滚儿　黄——黄儿　卷——卷儿　亮——亮儿
脑——脑儿　片——片儿　圈——圈儿　头——头儿
白面——白面儿　本色——本色儿　光棍——光棍儿　罩——罩儿
火星——火星儿　记事——记事儿　加油——加油儿　接头——接头儿
开怀——开怀儿　零碎——零碎儿　破烂——破烂儿　上座——上座儿
算计——算计儿　台风——台风儿　贴身——贴身儿　小人——小人儿
一块——一块儿　拉链——拉链儿　零活——零活儿　小辫——小辫儿

3. 读句子，注意区别加黑的词语的读音和意义

1）小敏最喜欢在运动场的沙坑里玩儿**堆**沙**堆儿**的游戏。
2）为了让孩子们能**活**下去，他可是什么脏**活儿**、累**活儿**都干过。
3）王局长在文件草稿的右上角**圈**了个**圈儿**，就表示他看过，同意下发。
4）刘大婶儿三**个**儿女，就数老三**个儿**最高。
5）小明在答案旁边**点**了个**点儿**，标记那里需要再检查一遍。
6）她这一**手儿**针线**活儿**没几个人比得上，大家都夸她心灵手巧。
7）那间屋子很**破烂**，里面装的都是不值钱的**破烂儿**。
8）把这个灯**罩儿罩**上，免得风把灯吹灭了。
9）做纸花要先把皱纹纸**卷**成**卷儿**，这样做出来的花才好看。
10）**火星**上是找不到一点儿**火星儿**的。
11）把瘦猪肉**片**成**片儿**，加上佐料拌匀了，再放进锅里煮。
12）周大爷刚喊了一声"**滚**"，只见他们家的小狗菲菲立即就在地上打了几个**滚儿**。
13）他那个**贴身**保镖让他穿了一件**贴身儿**的皮裤儿。
14）这只钢笔的笔**尖儿**太**尖**了，很容易把纸划破，还是换一支吧。

三、变调

（一）变调的含义

在语流中，有些音节的声调起了一定的变化，而与单字的调值不同，这种变化叫作变调。

（二）常见的变调

1. 上声的变调

（1）上声加阴平、阳平、去声，上声（214）变半上（211）。

"老师"是214-55，"老"字在阴平"师"字前面，"老"字由214变211。

"领航"是214-35，"领"字在阳平"航"字前面，"领"字由214变211。

"体育"是214-51，"体"字在去声"育"字前面，"体"字由214变211。

（2）上声和上声相连，前面一个变直上（24），听起来像阳平，但并非是阳平。

友好　214　214—24　214
理想　214　214—24　214
领土　214　214—24　214
表演　214　214—24　214
婉转　214　214—24　214

（3）三个上声相连

1）双单格：前面两个上声变直上（24），第三个上声读本调。

手写体　214　214　214—24　24　214
展览馆　214　214　214—24　24　214
管理组　214　214　214—24　24　214

2）单双格：第一个上声变半上（211），第二个上声变直上（24），第三个上声读本调。

纸老虎　214　214　214—211　24　214
水产品　214　214　214—211　24　214
党小组　214　214　214—211　24　214

三个以上的上声连续，按词分好再念。例如：请你往北走|找柳组长|取讲演稿。

2. 去声的变调

去声在非去声字前一律不变。去声在去声字前则由全降变为半降。即调值由51变成53。

纪念　话剧　扩大　奉献　电话　信念　变化　办事　快速　互助　大会

3. "一"的变调

（1）"一"单独使用或者用在词句末尾，或者表示序数、基数等时，读原来的调子，即阴平。例如：

一、二、三、四、第一、初一、万一、统一、星期一、一九九一……说一不二，数一数二。

（2）"一"在去声前变阳平。例如：

一切、一阵、一块、一半、一旦、一贯、一路、一样、一致、一律……

（3）"一"在非去声前变去声。例如：
一生、一直、一杯、一心、一早、一同、一晃、一举、一般、一时……
（4）"一"夹在重叠动词中间变轻声。例如：
看一看、试一试、等一等、想一想、管一管、谈一谈……
4. "不"的变调
（1）"不"在单独使用时或者在词句末尾，以及非去声前读原来的声调，即去声。例如：
不、我不、不说、不巧、不能、不敢……
（2）"不"在去声前变阳平。例如：
不必、不便、不会、不用、不对、不过、不利、不料、不但……
（3）"不"夹在词语中间变轻声。例如：
去不去、肯不肯、会不会、了不起、吃不了、看不看……
5. 重叠形容词的第二个音节，在口语中变阴平，广播中尽量少变或不变
满满的　mǎn mǎn de——mǎn mān de
快快的　kuài kuài de——kuài kuāi de
好好的　hǎo hǎo de——hǎo hāo de
6. 阴平、阳平、去声音节，当后面不是轻声音节时，前面一个变得稍低点儿，短一点儿，这主要是为了更好地把握中重格式的变化规律
天天、科学、军队等前面音节由55变44（阴平在阴、阳、去声前面）。
南京、红旗、同志等前面音节由35变34（阳平在阴、阳、去声前面）。
斗争、大门、话剧等前面音节由51变42（去声在阴、阳、去声前面）。

绕口令练习

（1）一山一水一扁舟，一丈丝纶一寸钩。一曲高歌一壶酒，一人独钓一江秋。
（2）一二三，三二一，一二三四五六七，七六五四三二一。一个姑娘来摘李，一个小伙儿来摘梨，一个小孩儿来捡栗。三个人一齐出大力，收完李子栗子梨，一起拉到市上去赶集。
（3）打南边来了两队篮球运动员，一队是穿蓝的男篮运动员，一队是穿绿的女篮运动员，两队篮球运动员一起练投篮。
（4）有一个小伙子，手拿着一束鲜花儿，在一个公园门口儿，等待一位好姑娘。这位好姑娘，骑着一辆自行车，从一个拐角儿出来一直骑到公园门口儿。俩人一见如故，并肩携手一同走进大门口儿。他们一边走一边把情话谈吐，一个说：我一定努力学习，天天进步；一个说：我一定好好工作绝不落后；俩人越谈越热乎……一同表示要在攻关小组立新功，为建设四化共同迈大步！
（5）冬冬不小心打碎了一个花瓶儿，他急得团团转不可开交。爸爸见了不动声色，这使冬冬更不知所措……妈妈不慌不忙走过来，和蔼地安慰冬冬说："今天

这个花瓶儿不是你故意打碎的,妈妈不批评你;不过,以后干事情可不要再粗心了。"冬冬歉意地点了点头。接着,爸爸又风趣地说:"旧的不去,新的不来嘛!"这才使冬冬心儿的一块石头落了地,他连连向爸爸妈妈表示说:"以后我再也不粗心大意不管不顾了。"

(6)干什么工作都要一心一意,表里如一,言行一致,一丝不苟。情绪不能一高一低,一好一坏,一落千丈,一蹶不振。做事必须一是一,二是二,一清二楚,说一不二。要一不做,二不休,一不怕苦,二不怕累,不屈不挠,一切从零开始;决不能一而再,再而三地叫人摇头说不字。

四、语气词"啊"的变化

语气词"啊"是在口语表达中使用频率很高的一个单音词,使用正确、恰当,则使语气自然、大方、准确、色彩丰富。

(1)一句话开头念"a",单独使用读"a"音。

"啊!" a,祖国,我的母亲。

ā—阴平调　(叮嘱的语气)好好干!

á—阳平调　你怎么说出这样的话?

ǎ—上声调　大点儿声,我听不见哪!

à—去声调　我明白了。

(2)"啊"前面音节的韵母或韵母的尾音是a、uo、o、e、ei、ü时,一般发"ya"音。

1)他呀! tā—ya

2)你快说呀! shuō—ya

3)必须先把敌人的碉堡攻破呀! pò—ya

4)你说什么呀! mò—ya

5)你写呀! xiě—ya

6)快回去呀! qù—ya

(3)"啊"前面的韵母和尾音是"n"时,一般发"na"音。

军民是一家人哪。rén—na

你要小心哪。xīn—na

(4)"啊"前面音节的韵母尾音是"ng"时,一般发"nga"音。

杨子荣是英雄啊! xióng—nga

大家一起唱啊! chàng—nga

(5)"啊"前面音节的韵母或韵母的尾音是ao、u时,一般发"wa"音。

谁在打鼓哇! gǔ—wa

我们的生活多么美好哇！hǎo—wa

全托共产党、毛主席的福哇！fú—wa

（6）"啊"前面的韵母和尾音是-i［后］时，一般发"ra"音。

你有什么事呀！shì—ra

你倒是吃呀！chī—ra

（7）"啊"前面的韵母是-i［前］时，一般发"za"音。

你去过北京几次呀！cì—za

这是谁写的字啊！zì—za

▲几种"啊"读音的变化，用一段话把它们的变化包括在括号里，进行练习。

幼儿园这些孩子啊（-i 前-ya）

会跳会唱真可爱啊（ai-ya）

大家都来看啊（an-na）

他们玩得多高兴啊（ing-nga）

有的孩子在朗读诗啊（-i 后-ra）

有的孩子在画画啊（ua-ya）

这些孩子们又是唱啊（ang-nga）

又是跑又是跳啊（iao-wa）

啊（a）！他们是多么幸福啊（u-wa）

绕口令练习

（1）菜市场的货物真丰富：鸡啊（ya），鸭啊（ya），鱼啊（ya），肉啊（wa），盐啊（na），酱啊（nga），油醋啊（wa）……生的熟的应有尽有。

（2）鸡呀，鸭呀，猫哇，狗哇，一块儿水里游哇！牛哇，羊啊（nga），马呀，骡呀，一块儿进鸡窝呀！狼啊（nga），虫啊（nga），虎哇，豹哇，一块儿街上跑哇！兔哇，鹿哇，鼠哇，孩子啊（za），一块儿上窗台儿啊（ra）！

（3）啪、啪、啪，谁呀？张果老啊（wa）！怎么不进来啊（ya）？怕狗咬啊（wa）！衣兜里兜着什么啊（ya）？大酸枣啊（wa）！怎么不吃啊（ra）？怕牙倒啊（wa）！胳肢窝里夹着什么啊（ya）？破棉袄啊（wa）！

（4）洪湖水呀浪呀嘛浪打浪啊（nga），洪湖岸边是呀嘛是家乡啊（nga），清早船儿去啊（ya）去撒网，晚上回来鱼满舱啊（nga），四处野鸭和菱藕，秋收满帆稻谷香，人人都说天堂美，怎比我洪湖鱼米乡啊（nga），洪湖水呀长呀嘛长又长啊（nga），太阳一出闪呀嘛闪金光啊（nga），共产党的恩情比那东海深，渔民的光景一年更比一年强啊（nga）。

五、词的轻重格式

在实际运用中，一句话里的每个音节都有轻重强弱的不同，造成多音节词的各个音节轻重差别的原因有由于词义、词性不同的缘故，但重要的是由于习惯性的感情表达的需要造成的。轻与重是相对的，表达之中要以自然、准确为基础。词的轻重格式是一种特殊的音变现象，如果将短而弱的音节称为轻，那么长而强的音节则称为重，介于二者之间的称为中。

（1）单音节词无轻、重问题，严格按它的字调去读音。

（2）双音节词

1）中重格式：这类词多，读时第二个音节比第一个重些、长些。如理论、当代、自然、刻苦、人民、革命、信奉、年轻。

2）重中格式：这类词不太多，读时第一个音节比第二个重一些、长一些。如：斗争（"争"字有人读成轻声）如果把争字读成轻声，就减轻了这词的份量。又如柔和、突然、责任等都属于重中格式。

3）重轻格式：第二个音节又短又弱。如弟弟、去吧、拿来、出去、力气、唠叨、痛快、灯笼、清楚，这就是前面讲到的轻声。

（3）三音节词

1）中中重格式：天安门、共产党、播音员、东方红、国务院。

有的人习惯于读成中轻重，在播音中轻读容易吃字，语意不够明显。

2）中重轻格式：打拍子、小姑娘、牛脾气、过日子、卖关子。

3）重轻轻格式：飞起来、投进去、落下来、乐呵呵。

（4）四音节词

有以下两种念法较常见。

1）中重中重格式：五光十色、丰衣足食、日积月累、龙飞凤舞、移风易俗、百炼成钢。

2）中轻中重格式：坑坑洼洼、嘻嘻哈哈、大大方方、拉拉扯扯。

广播电视中，对词的轻重格式要求应该是严格的，如：**基本**路线，不能读成**基**本**路**线。再例如：

  正确 不正确

和**平**饭店——**和**平**饭**店

有**力**措施——**有**力**措**施

招**收**对象——**招**收**对**象

总之，必须要进行大量的、反复的、长期的口语练习，通过口语的组织与表达的练习，来纠正语流音变中存在的问题。

（5）容易读错的双音节词语练习（选自《普通话水平测试实施纲要》）

峭壁 惬意 苍穹 蜷缩 商榷 缝纫 坚韧 烹饪 冗长 蠕动

褥子	花蕊	霎时	搭讪	修缮	赡养	妊娠	虱子	狩猎	倏然
私塾	别墅	瞬时	闪烁	厮杀	寺庙	怂恿	抖擞	庸俗	深邃
唆使	坍塌	绦虫	嚎啕	剔除	窈窕	眺望	湍急	迷惘	桅杆
帷幕	伪装	会晤	潮汐	唏嘘	奚落	白皙	蜥蜴	空隙	闲暇
遐想	娴熟	舷窗	衔接	混淆	咆哮	机械	亵渎	馨香	挑衅
炫耀	眩晕	穴位	戏谑	湮没	筵席	俨然	溃疡	吆喝	佳肴
徭役	耶稣	屹立	呓语	驿站	翌日	后裔	熠熠	臆造	荫庇
齿龈	萦绕	甬道	柚子	须臾	丰腴	驾驭	纷纭	陨落	蕴涵
跳蚤	啧啧	蚱蜢	精湛	肇事	海蜇	动辄	斟酌	对峙	滞销
伫立	贮备	连缀	赘述	粽子	编纂	辅佐			

（6）容易读错的多音节词语练习（选自《普通话水平测试实施纲要》）

差不多	传教士	传染病	创造性	大学生	大自然	蛋白质	对不起
多边形	发动机	法西斯	方法论	放射线	服务员	共和国	机械化
积极性	基督教	继承人	寄生虫	加速度	解放军	锦标赛	进化论
决定性	来不及	老百姓	老人家	老太太	老头子	了不起	农作物
偶然性	派出所	乒乓球	葡萄糖	轻工业	染色体	三角形	舍不得
社会学	生命力	水蒸气	太阳能	太阳系	天然气	天主教	微生物
维生素	显微镜	研究生	艺术家	荧光屏	原子核	中学生	啄木鸟
安理会	八仙桌	芭蕾舞	白话文	百分比	班主任	半成品	保护色
保险丝	保证金	保证人	抱不平	暴风雪	暴风雨	北半球	北极星
必需品	避雷针	变压器	辩护人	病原体	博览会	博物馆	不得了
不得已	不动产	不敢当	不见得	不像话	不锈钢	不由得	不在乎
不至于	参议院	长臂猿	长方形	长颈鹿	超导体	超声波	乘务员
吃不消	出生率	穿山甲	催化剂	打火机	打交道	大本营	大不了
大理石	大陆架	大气层	大气压	大人物	胆固醇	胆小鬼	地平线
地下室	电磁场	电气化	电影院	东道主	东正教	董事会	动画片
动物园	鹅卵石	恶作剧	发言人	反义词	方向盘	防护林	纺织品
放大镜	放射线	飞行器	飞行员	肺活量	肺结核	分水岭	副作用
高血压	工艺品	工作日	公积金	公务员	古兰经	管弦乐	规范化
哈密瓜	海岸线	红外线	胡萝卜	化妆品	画外音	黄橙橙	黄鼠狼
回归线	回忆录	混合物	混凝土	基本功	吉普车	集装箱	记忆力
继承权	甲状腺	交响乐	交易所	脚手架	教科书	金龟子	金丝猴
金字塔	禁不住	进行曲	经纪人	俱乐部	爵士乐	靠不住	老天爷
冷不防	里程碑	连环画	连衣裙	两口子	疗养院	了不得	林荫道
领事馆	留声机	流水线	龙卷风	螺旋桨	马铃薯	猫头鹰	蒙古包
穆斯林	南半球	难为情	内燃机	霓虹灯	牛仔裤	判决书	漂白粉

平衡木	葡萄酒	蒲公英	青霉素	轻音乐	清真寺	人行道	三角洲
三轮车	神经病	神经质	圣诞节	食物链	视网膜	体育场	体育馆
天花板	同位素	统一体	外祖父	外祖母	西红柿	细胞核	向日葵
小夜曲	协奏曲	写字台	形容词	蓄电池	亚热带	叶绿素	胰岛素
咏叹调	幼儿园	羽毛球	圆舞曲	蒸馏水	正比例	指南针	志愿军
中间人	主人翁	注射器	紫外线	自来水			
千方百计	无可奈何	新陈代谢	因地制宜	自力更生	安居乐业		
百家争鸣	百科全书	包罗万象	背道而驰	标新立异	别出心裁		
别具一格	别开生面	别有用心	冰天雪地	不动声色	不计其数		
不胫而走	不可思议	不可一世	不速之客	不言而喻	不以为然		
不约而同	层出不穷	畅所欲言	持之以恒	出类拔萃	出其不意		
出人意料	触目惊心	川流不息	此起彼伏	错综复杂	大公无私		
大惊小怪	大同小异	大显身手	大相径庭	得天独厚	得心应手		
独一无二	方兴未艾	非同小可	奋不顾身	风驰电掣	风起云涌		
根深蒂固	顾名思义	海市蜃楼	汗流浃背	后顾之忧	焕然一新		
急中生智	家喻户晓	矫揉造作	精益求精	鞠躬尽瘁	举足轻重		
刻不容缓	脍炙人口	来龙去脉	理直气壮	了如指掌	淋漓尽致		
琳琅满目	屡见不鲜	漫不经心	慢条斯理	毛骨悚然	眉飞色舞		
眉开眼笑	梦寐以求	名副其实	名列前茅	目不转睛	目瞪口呆		
弄虚作假	排忧解难	迫不及待	岂有此理	千钧一发	前仆后继		
潜移默化	轻而易举	情不自禁	如释重负	若无其事	司空见惯		
似是而非	肆无忌惮	随心所欲	啼笑皆非	天经地义	万紫千红		
忘恩负义	相得益彰	心不在焉	心旷神怡	兴高采烈	胸有成竹		
一筹莫展	一帆风顺	一丝不苟	抑扬顿挫	有的放矢	与日俱增		
语重心长	震耳欲聋	周而复始	诸如此类	自始至终	自以为是		

思考题

1. 怎样理解口语中的流畅、自然？

2. 为什么必须在实际运用中才能纯正自己的语流？

3. 如何才能使语言流畅、语调自然、悦耳动听？

4. 什么叫轻声？轻声能引起语音中的哪些变化？

5. 轻声处理在普通话里有几种情况？试举例说明轻声有几种作用？在使用轻声时，应注意哪些问题？

6. 什么是"儿化韵"？怎样正确理解"儿化韵"？试举例说明"儿化韵"的作用有哪些？一般说"儿化韵"的音变规律有哪些？在实际使用"儿化韵"时，

应注意哪些问题?

7. 什么是变调? 常见的变调有哪些?
8. "上声"如何变调?
9. "去声"如何变调?
10. "一"如何变调?
11. "不"如何变调?
12. 重叠形容词如何变调?
13. 语气词"啊"在口语表达中有几种变化?
14. 什么是词的轻重格式? 如何正确理解词的轻重格式?
15. 词的轻重格式有几种变化?

第六章　语音基础综合练习

一、经典绕口令

要求：声母准确清晰、韵母圆润响亮、声调抑扬纯正、语流音变流畅自如。呼吸状态与口腔状态积极，做到字正腔圆、状态饱满。

（1）说我诌，我就诌，闲来没事儿，我绕绕舌头。我们那个六十六条胡同口儿，住着六十六岁的刘老六，他家盖了六十六座好高楼，楼上有六十六篓桂花油，篓上边蒙着六十六匹绿丝绸儿，绸上拴着六十六个大绒球儿，篓下边钉着六十六个檀木轴，轴上边拴着六十六头大青牛，牛旁边蹲着六十六个大马猴儿。六十六岁的刘老六，站在门口儿啃骨头，来了两条大黄狗，跑到跟前抢骨头，吓跑了六十六个大马猴儿，扭折了六十六个檀木轴儿，撞倒了六十六座好高楼，洒了六十六篓桂花油，油了那六十六匹绿丝绸儿，脏了那六十六个大绒球儿。从南边来了个气不休，手里拿着土坯头去打狗的头，也不知是气不休的土坯头打了狗的头，还是狗的头碰了气不休的土坯头。从北边儿来了个秃妞妞，手里拿着个油篓去碰狗的头。也不知是秃妞妞的油篓口套了狗的头，还是狗的头套进了妞妞的油篓口。狗啃油篓，油才漏，狗不啃油篓，篓不漏油，颠颠倒倒绕口令，一句不来当面羞。

（2）雪的天，雪的地，雪的山，雪的河，风雪里扎根，风雪里生活，风雪里屹立着我们的哨所。风雪里站岗，风雪里巡逻，风雪里回荡着我们的战歌。风雪里战斗，风雪里成长，我们像青松一棵棵。我们是人民的子弟兵，我们是伟大祖国的保卫者，我们受十四亿人民的重托，紧握手中钢枪，常备不懈，保卫着祖国的万里山河。祖国的每寸土地，都要用战斗保卫，人民的一草一木，连着我们的脉搏。放心吧！亲爱的祖国，我们时刻准备着打击侵略者！

（3）早晚服务部，服务员好态度，学习刻苦有觉悟，严肃认真不马虎。货架上的货物真丰富，有烟酒，有酱油醋，有鞋袜，有衣裤，有纸笔，有图书；还有那各式各样的红布、白布、蓝布、黄布、青布、灰布、条绒平布、竹黄、古铜、熟绿、葡萄紫的大花布、小花布、装饰布、什么苏绸、蜀缎、卡几布、人造棉、的确良、线绨床单布。要问货物有多少种，有人顺路数了数，足足数了五百五十五遍五，越数越糊涂，没有数清楚，翘起拇指夸服务！

（4）朋友，您去过黄山吗？啊！没去过，哎呀！那太可惜啦！请听我给您做一个简单的介绍：

黄山在安徽省的南部，位于东经118度09分，北纬30度08分，环山一周120多公里，面积1000多平方公里。黄山自古就以它雄伟挺秀闻名于世。山中有36大峰、36小峰、16泉、24溪、五海、二湖，以及岩、洞、坛、瀑等名胜，并以松、石、云称为三奇。怪石、奇松、温泉、云海称为四绝。那黄山云海可真是一大奇观啊！有前海、后海、东海、西海和天海，所以黄山又称为黄海。观看云海有五处，文殊院的前海，清凉台的后海，东海门的东海，排云亭的西海，光明顶最高可以观看四面八方的云海。啊……还有那黄山奇松、黄山怪石、黄山泉、黄山珍禽异兽、黄山名贵花木……哎呀！简直没办法向您一一介绍、详细说明了。还是请您亲自去观赏一下黄山的优美风景吧！

（5）踢球，可分为定位球，滚动球和空中球。踢球可用脚尖、脚背、脚内侧，也可以用脚跟、脚底、脚外侧，除了用脚踢还可以用头顶，可以跳起来顶，也可以不跳起来顶，顶球可以用头前、头后、头左、头右和头中。顶球不仅要把球顶出去，而且还要能控制球的方向，要它到哪里，它就在哪里。此外，还要练停球，停球有完全停球和不完全停球，停球可以用脚尖、脚背、脚内侧，也可以用脚跟、脚底、脚外侧，头部停球可以用头前、头后、头左、头右和头中。这些个人的基本功练好了，就要练战术。战术有个人战术，有集体战术。个人战术有选择位置、运球、过人、射门、抢球和假动作，假动作又可以用脚跟、脚底、脚外侧。头部假动作又可以用头前、头后、头左、头右和头中，足球这玩意儿，深奥的很，学一辈子也学不完。

（6）数九寒天冷风嗖，年年春打六九头，正月十五龙灯会，一对狮子滚绣球。三月三王母娘娘蟠桃会，孙悟空大闹天宫把仙桃偷。五月初五端阳节，白蛇许仙不到头，七月初七天河配，牛郎织女泪双流，八月十五云遮月，月里嫦娥犯忧愁。要说愁，净说愁，一气儿说上十八愁，虎也愁，狼也愁，象也愁，鹿也愁，羊也愁，牛也愁，骡子也愁，马也愁，猪愁狗愁鸭愁鹅愁蛤蟆愁，螃蟹愁，蛤蜊愁，乌龟愁，鱼愁虾愁各自有分由。虎愁不敢下高山，狼愁野心不改耍滑头，象愁鼻长皮又厚，鹿愁脑袋七叉八叉长犄角，羊愁从小长胡子，牛愁愁得犯牛轴，骡愁愁得一世休，马愁背鞍行千里，猪愁离不开臭水沟，狗愁改不了净吃屎，鸭子愁的扁了嘴，鹅愁脑袋长了个大崩儿头，蛤蟆愁长了一身脓疱疖，螃蟹愁的净横游，蛤蜊愁的闭关自守，乌龟愁不敢出头，鱼愁出水不能走，虾愁空枪乱扎没准头。

（7）有君子兰、广玉兰、米兰、剑兰、凤尾兰、白兰花、百合花、茶花、桂花、喇叭花、长寿花、芍药花、芙蓉花、丁香花、扶郎花、蔷薇花、桃花、樱花、金钟花。花中之王牡丹花，花中皇后月季花。凌波仙子水仙花，月下公主是昙花。清新淡雅吊兰花，烂漫多彩杜鹃花。芳香四溢茉莉花，金钟倒挂灯笼花。一花先开的金盏花，二度梅，三莲花，四季海棠，四季花，五色梅，五彩的花。六月雪开的是白花，七星花是个大瓣花。八宝花是吉祥花，九月菊是中秋花。月月红、百兰花，千日红本是变色花。万年青看青不看花。

（8）一个毽儿踢八踢，马兰开花二十一。二五六，二五七，二八二九三十一。三五六，三五七，三八三九四十一。四五六，四五七，四八四九五十一。五五六，五五七，五八五九六十一。六五六，六五七，六八六九七十一。七五六，七五七，七八七九八十一。八五六，八五七，八八八九九十一。九五六，九五七，九八九九一百一。

（9）竹板打，点对点，听我来段儿小快板儿，我家墙上有个窟窿眼儿，里面放着个油灯碗儿。我奶奶灯底下纳鞋底儿，手指头扎了很多眼儿。妈妈在灯底下做鞋帮儿，硬拿后跟儿当前脸儿，我在灯下常看书，最后还落个近视眼儿。自从修了水电站，电灯泡儿安在我家里边儿，满屋子照的通通亮，晚上大伙儿再也不费眼儿，我爸爸越看越高兴，说："咱家里的灯油碗儿，祖祖辈辈二百代，咱得纪念这个油灯碗儿。"

（10）天上看，满天星，地下看，有个坑，坑里看，有盘冰。坑外长着一老松，松上落着一只鹰，鹰下坐着一老僧，僧前点着一盏灯，灯前搁着一部经。墙上钉着一根钉，钉上挂着一张弓。说刮风，就刮风，刮得那男女老少难把眼睛睁，刮散了天上的星，刮平了地下的坑，刮化了坑里的冰，刮断了坑外的松，刮飞了松上的鹰，刮走了鹰下的僧，刮灭了僧前的灯，刮乱了灯前的经，刮掉了墙上的钉，刮翻了钉上的弓。只刮得：星散，坑平，冰化，松倒，鹰飞，僧走，灯灭，经乱，钉掉，弓翻的一个绕口令。

（11）打南边来了个喇嘛，手里提着五斤鳎目。打北边来了个哑巴，腰里别着个喇叭。南边提溜鳎目的喇嘛要拿鳎目换北边别喇叭的哑巴的喇叭。哑巴不乐意拿喇叭换提溜鳎目的喇嘛的鳎目，喇嘛非要拿鳎目换别喇叭的哑巴的喇叭。喇嘛抡起鳎目抽了别喇叭的哑巴一鳎目，哑巴摘下喇叭打了提溜鳎目的喇嘛一喇叭。也不知是提溜鳎目的喇嘛抽了别喇叭的哑巴几鳎目，还是别喇叭的哑巴打了提溜鳎目的喇嘛几喇叭。只知道，喇嘛炖鳎目，哑巴滴滴答答吹喇叭。

（12）有一个南方人，第一次来北京玩儿，道路很不熟悉。有那么一天，他参观了故宫以后，想顺便到王府井儿大街逛逛。人家告诉他，要去王府井儿，最好从故宫东门儿出去，那样走很近。他出了故宫的东门儿，没走多远遇到一个十字路口儿。他犯愁了，到底往哪儿走才是王府井儿呢？这位南方来的同志一边儿想一边儿念叨说："东边儿，南边儿，北边儿……我们南方只说前边儿，后边儿，左边儿，右边儿，怎么北京这么多边儿呢？哎呀？王府井儿是哪边儿来着？有了！反正我哪边都没去过。干脆！我就东边儿、南边儿、北边儿都走它一趟，岂不逛得痛快！呃！不对！我得去王府井儿啊！"正巧这个时候来了一个七八十岁的老头儿，他赶快跑过去问："老大爷，到王府井儿，怎么走哇！"老头儿说："同志，我耳朵可有点儿背，您问什么井儿，我们这儿早就没井了，都用自来水儿了！""不！老大爷，我是问王府井儿那条街在什么地方！""哦，王府井儿啊！您从这儿，一直往东边儿走，顶多一二里，就是一个十字路口儿。到了十字路口儿，你就别再往东边儿走了，那儿是金鱼儿胡同；您也别往北边儿拐，往北边儿走是灯市口儿；你得往南边儿拐，一拐弯就是王府井儿北口儿了。""谢谢大爷。""甭客气！"这位南方来的同志，告别了老大爷，一转身摸了摸自己的头说："唉！我怎么越来越糊涂啦！"

（13）从前，北京城里有一个很会表演口技的人。表演的时候，演员坐在帷幕后面，帷幕里只有一张桌子、一把椅子、一块醒木，没有别的什么东西。一会儿，只听到醒木一拍，全场安静极了。过了一会儿，听到远远的狗叫声，接着听到一个婴儿被惊醒了，哇哇地哭了起来，母亲轻轻地拍着婴儿，低声地唱着摇篮曲儿，婴儿还是哭个不停。结果把大孩子惊醒了，大孩子不住地吵闹，又把父亲惊醒了，父亲粗声粗气地责骂孩子……这时候，婴儿的哭声，大孩子的吵闹声，母亲的唱歌声，父亲的责骂声，混杂在一起，真是妙极了。观众们一个个都惊呆了。忽然，醒木一拍，各种声音全部消失了，打开帷幕一看，里面只有一个人，一张桌子，一把椅子和一块醒木。

（14）一道黑，两道黑，三四五六七道黑，八道九道十道黑。我买了一个烟袋乌木杆儿，我是掐着它的两头那么一道黑。二兄弟描眉来演戏，瞧着他的镜子那么两道黑。粉皮墙写川字，横瞧竖瞧三道黑。象牙桌子乌木腿儿，把它放着在那坑上那么四道黑。我买了一只母鸡不下蛋，把它搁着在那笼里捂道黑。挺好的骡子不吃草，把它牵着在那个街上溜到黑。买了一只小驴不套磨，把它背上它的鞍鞯骑到黑。二姑娘南洼去割草，丢了她的镰刀拔到黑。月窠儿的小孩儿得了病，团几个艾球灸到黑。卖瓜子儿的打瞌睡，哗啦啦地撒了那么一大堆，他的扫帚簸箕不凑手，那么一个儿一个儿地拾到黑。

（15）百家姓

百家姓，姓百家，念错了，闹笑话。念念看，差不差？查贾萨车柴沙夏。
彭朋庞潘包白皮。马麦梅莫年茅墨。方黄王汪万范花。房洪冯凤丰封翁。
付胡吴伍邬武乌。仇周赵招曹寿邵。张常蒋章尚商姜。廖楼吕卢陆刘鲁。
李赖雷林龙梁凌。牛年聂倪宁侬南。高顾郭葛古柯戈。甘耿关管邝康孔。
陈郑沈程申岑曾。任饶荣戎融容阮。翟赤祁齐薛咸季。何贺郝呼韩霍惠。
佟东童董钟仲庄。朱诸瞿褚祝储楚。许徐舒苏宋孙随。史诗石师施池斯。
尹易殷应严言鄢。俞余袁游尤姚尧。陶屠邰唐汤谭党。狄丁邓杜铁滕戴。

二、集体展示原创绕口令、贯口

绕口令与贯口，作为根植于民间的传统语言艺术瑰宝，展现出卓越的舞台表现力，尤在集体演绎中更为显著。它们不仅为创意主题提供了丰富的素材，还巧妙融合了多样化的舞台元素，增强了表演的艺术魅力。多年来，通过绕口令舞台表演、绕口令竞赛等形式的舞台训练活动，已成为众多专业院校定期举办的特色专业展示项目，对于提升学生的普通话语音功底及播音发声技能具有显著促进作用。以下精选片段，均源自专业院校师生紧贴时代脉搏所原创或改编的绕口令作品，充分展现了语言艺术的独特魅力与时代活力。

（1）新时代！新气象！新青年！新志向！长辈常把美德唠，薪火相传燃希望。少年强则家国强，为梦坚定心中想。一心齐向共产党，二来团结不能忘，三年奋斗助我长，四年拼搏奇迹创，五月鲜花扎根展芬芳，六月捷报飞伴金凤凰。七段小词儿胜宝藏，气吞山河炼成钢。一二三四五六七，七六五四三二一。要说咱们传媒人，欲扬正义露真相，不忘初心传能量。

——王楠燕

（2）中华文明青铜乡，故国神思枉断肠。问鼎中原千古世，华夏正礼万流芳。有大盂鼎、大克鼎，九州神鼎、毛公鼎。神农鼎、陶鹰鼎，司母戊鼎、太保鼎。一羊尊、双羊尊、三羊开泰、四羊方尊。国宝失，国人痛，扼腕叹息难召回。圆明园，战火飞，故宫文物南迁随。大克鼎，永铭记，史料信息存真理。皿方罍，血脉传，回龙螭首盼腾飞。小提琴，鼓人心，国家荣誉重千金。十二首，渐回归，捷报频传扬国威。

——杨茜婷

（3）改革开放真正好，身为国人很自豪，听党指挥打胜仗，中华儿女当自强。谋发展定目标，勇往直前业绩高，因地制宜创产业，经济联合发展好，国家政策落实到，方式方法做得巧，人民助力少不了，攻坚扶贫精准到，创新之桥港珠澳，圆梦同心向上靠，风驰电掣复兴号，快捷便民和谐号，中国智慧真是妙，逐梦步伐步步高。大数据，大时代，5G传播速度快，力量大，科技强，中华有为领头羊。七十周年发展棒，人民生活渐富强。

——陈诗涛

（4）嘉兴船，破风浪，引中国，续辉煌。人民作主毛公慧，开天辟地谱新辉。改革开放复兴论，初心不改国梦飞。东方红，破天际，雄鸡一唱，山河万里。辽宁舰，山东舰，北斗组网空间站。亚投行，港珠澳，一带一路不停步。风雨兼程一百年，星云变幻展新篇。九天揽月星河阔，十六春秋绕落回。飞船探月追国梦，百载耕耘守初心，走向深蓝卫和平，航母初征卓越勋。阴霾扫，焕霞云；东方雄狮万代勋。同风雨，共命运；百年大业锦绣文。

——李乐豪

（5）川中会战寻石油，打响战役从源头。领导干部有勇谋，群众信念也争流。成果突破立战功，人民幸福记心中。石油精神石油梦，长路漫漫岁无穷。记传承，做精英，期盼着，国振兴。前辈故事要传承，时代接力不能停。

——李昀默、李玲

（6）小李到访明月村，村里找到老窑屋；要问这窑哪里好，历年百载藏宝库；顶好的唐朝烧制法，有了那省油灯和双流壶；政府支持产业落，明月人人争相说。崭新古窑拔地起，国际陶艺全球立；乡村振兴哪家强？明月新村最富强！明月新村有什么？有邛窑，有雷竹，有扎染，有古韵；蓝染仍在阳光房，樱园餐厅美食香，酒店旁，种茶郎，还有皮影博物藏，篆刻乡村连篇章，国学通习流传广，如今知名是文创，下乡青年争相忙。田园美，创意良，清风明月人自强。

——万诚骁

（7）乡村变化真是大，脱贫振兴惠万家，5G网络覆盖广，高速铁路真发达。绿水青山美如画，人民笑容脸上挂。振兴守法听党话，全面小康看中华。五位一体齐闯关，美丽中国共愉欢，经济建设引发展，政治建设稳路线，二十四字价值观，文化铸造不简单，万家灯火市井间，社会建设人民安。保护治理相扣环，生态建设成效现，众志成城向前看，社会主义开新篇，撸起袖子加油干，振兴中华好少年！

——张又丹

三、散文部分

要求：以情带声，字音准确，语言流畅，声音圆润，发声状态积极，语言表达恰当。

平凡的魅力
汪国真

我不会蔑视平凡，因为我是平凡中的一员。我的心上印着普通人的愿望，眼睛里印着普通人的悲欢，我所探求的也是人们都在探求着的答案。

是的，我平凡，但却无需以你的深沉俯视我，即使我仰视什么，要看的也不是你尊贵的容颜，而是山的雄奇天的高远；是的，我平凡，但却无需以你的深刻轻视我，即便我聆听什么，要听的也不是你空洞的大话，而是林涛的喧响海洋的呼喊；是的，我平凡，但却无需以你的崇高揶揄我，即便我向往什么，也永不会是你的空中楼阁，而是泥土的芬芳晨曦的灿烂。当然，当那些真挚的熟悉的或是陌生的朋友提醒或勉励我，无论说对了，说错了，我都会感到温暖。

孤芳自赏并不能代表美丽，也不能说明绚烂，自以为不凡更不能象征英雄气概立地顶天。

我承认，我的确很平凡。平凡得像风、像水、像雪……然而，平凡并非没有自豪的理由，并非没有魅力可言。

风很平凡，如果吹在夏天；水很平凡，如果是沙漠中的一泓清泉；雪很平凡，如果飘落在冬日与春日之间……

我欣赏这样的平凡，我喜爱这样的平凡，我也想努力成为这样的平凡。

海边日出
楼肇明

我像期待着庄严而又隆重的婚礼那样，期待着庄严而又隆重的日出。

海和天，还是混成一片的，但在锃锃作响的海浪的锣鼓声中，我已经隐隐约约听见一丝似断若续的、又越来越清晰的乐曲，起初像洞箫，后来又像长笛，由哀伤、舒缓渐渐转为欢快和热烈。当灰蓝色的天幕由乳白而轻红，由轻红而又绯红的时候，我感到似乎从东方水天相连的地平线上，那一瓣像玫瑰一样嫣红的新娘的嘴唇，终于在红丝大幕的开启下、绽开了迷人的青春的微笑……夜色和寒冷，在熊熊腾起的烈焰中找不到痕迹。初升的太阳，属于大地和天空，属于每一朵浪花和每一片新生的树叶。

沐浴在这一片温暖的深情的阳光里，我一边望着出海作业的渔船，一边思考着爱和被爱的权利。……于是，我举起欢呼的双臂，扑向湛蓝的海水……

走向远方
汪国真

是男儿总要走向远方，走向远方是为了让生命更辉煌。走在崎岖不平的路上，年轻的眼眸里装着梦，更装着思想。不论是孤独地走着，还是结伴同行，让每一个脚印，都坚实而有力量。

我们学着承受痛苦。学着把眼泪像珍珠一样收藏。把泪水都贮存在成功的那一天流，那一天，哪怕是流它个大海汪洋。

我们学着对待误解。学着把生活的苦酒，当成饮料一样慢慢品尝，不论生命历经了多少委屈和艰辛，我们总是以一个朝气蓬勃的面孔，醒来在每一天的早上。

我们学着对待流言。学着从容冷静地面对世事沧桑，"猝然临之而不惊，无故加之而不怒"，这便是我们的大勇，我们的修养。

我们学着只争朝夕。人生苦短，道路漫长，我们走向并珍爱每一处风光，我们不停地走着，不停地走着的我们，也成了一处风光。

走向远方，从少年到青年，从青年到老年，我们从星星成了夕阳……

我喜欢出发
汪国真

我喜欢出发。

凡是到达了的地方，都属于昨天。哪怕那山再青，那水再秀，那风再温柔。太深的流连便成了一种羁绊，绊住的不仅有双脚，还有未来。

怎么能不喜欢出发呢？没见过大山的巍峨，真是遗憾；见了大山的巍峨，没见过大海的浩瀚，仍然遗憾；见了大海的浩瀚，没见过大漠的广袤，依旧遗憾；见了大漠的广袤，没见过森林的神秘，还是遗憾。世界上有不绝的风景，我有不老的心情。

我自然知道，大山有坎坷，大海有浪涛，大漠有风沙，森林有猛兽。即便这样，我依然喜欢。

打破生活的平静便是另一番景致，一种属于年轻的景致。真庆幸，我还没有老。即便真老了又怎么样，不是有句话叫老当益壮吗？

于是，我还想从大山那里学习深刻，我还想从大海那里学习勇敢，我还想从大漠那里学习沉着，我还想从森林那里学习机敏。我想学着品味一种缤纷的人生。

人能走多远？这话不是要问两脚而是要问志向；人能攀多高？这事不是要问双手而是要问意志。于是，我想用青春的热血给自己树起一个高远的目标。不仅是为了争取一种光荣，更是为了追求一种境界。目标实现了，便是光荣；目标实现不了，人生也会因这一路风雨跋涉变得丰富而充实；在我看来，这就是不虚此生。

是的，我喜欢出发，愿你也喜欢。

林　海
老　舍

我总以为大兴安岭奇峰怪石高不可攀。这回有机会看到它，并且走进原始森林，脚踩在积得几尺厚的松针上，手摸到那些古木，才证实这个悦耳的名字是那样亲切与舒服。

大兴安岭的这个"岭"，跟秦岭的"岭"大不一样。这里的岭的确很多，横着的，顺着的，高点儿的，矮点儿的，长点儿的，短点儿的，可是没有一条使人想起"云横秦岭"那种险句。多少条岭啊，在疾驰的火车上看了几个钟头，看也看不完，看也看不厌。每条岭都是那么温柔，自山脚至岭顶长满了珍贵的林木，谁也不孤峰突起，盛气凌人。

目之所及，哪里都是绿的，的确是林海。群岭起伏是林海的波浪。多少种绿颜色呀：深的，浅的，明的，暗的，绿得难以形容，恐怕只有画家才能够描绘出这么多的绿颜色来呢！

兴安岭上千般宝，第一应夸落叶松。是的，这里是落叶松的海洋。看，海边上不是还泛着白色的浪花吗？那是些俏丽的白桦，树干是银白色的。在阳光下，大片青松的边沿闪动着白桦的银裙，不是像海边的浪花吗？

两山之间往往流动着清可见底的小河。河岸上有多少野花啊！我是爱花的人，到这里却叫不出那些花的名儿来。兴安岭多么会打扮自己呀：青松做衫，白桦为裙，还穿着绣花鞋。连树与树之间的空隙也不缺乏色彩：松影下开着各种小花，招来各色的小蝴蝶——它们很亲热地落在客人身上。花丛里还隐藏着珊瑚珠似的小红豆，兴安岭中的酒厂所酿造的红豆酒，就是用这些小野果酿成的，味道很好。

看到那数不尽的青松白桦，谁能不向四面八方望一望呢？有多少省市用过这里的木材呀！大至矿井、铁路，小至橡柱、桌椅。千山一碧，万古常青，恰好与广厦、良材联系在一起。所以，兴安岭越看越可爱！它的美丽与建设结为一体，美得并不空洞，叫人心中感到亲切、舒服。

及至看到了林场，这种亲切之感更加深厚了。我们伐木取材，也造林护苗，一手砍,一手栽。我们不仅取宝,也做科学研究,使林海不但能够万古长青,而且可以综合利用。山林中已经有不少的市镇,给兴安岭增添了新的景色,增添了愉快的劳动歌声。人与山的关系日益密切,怎能不使我们感到亲切、舒服呢?我不晓得当初为什么管它叫做兴安岭,由今天看来,它的确含有兴国安邦的意义。

四、播音主持类文体练习

要求:节奏明快、基调得体;语音准确、状态积极。

(一)节目预告

中央人民广播电台××频道时间表

午间节目

12:00　正午60分

龙门石窟完成50年来首次大修,游客可再睹大佛真容。此次修复运用了哪些新技术?秦始皇陵博物院百戏俑最新研究成果公布,百戏俑很可能穿丝绸?百戏俑衣着的纹饰又含哪些文化脉络?

文化和旅游部今天印发通知,根据《国家级非物质文化遗产保护与管理暂行办法》有关规定,文化和旅游部将组织开展国家级非物质文化遗产代表性项目保护单位履职尽责情况评估和调整工作。

为了防范用户不知情注册互联网账号等带来的涉诈风险,切实为群众排忧解难。工业和信息化部近日正式推出一证通查2.0服务,用户凭借手机号码和身份证号码后6位便可查询本人名下手机号码关联的互联网账号的数量。

13:00—16:30　新闻进行时

助力以人为核心的新型城镇化建设,国家开发银行上半年共发放1815亿元贷款,支持产城融合,城乡融合等重点领域发展,加大对基础设施中长期信贷支持。为提升人民群众的获得感、幸福感和安全感作出积极贡献。

《国民旅游休闲发展纲要(2022—2030年)》发布,权威人士为大家解读,新的8年,纲要给大家勾画什么样的旅游蓝图?时间空间的矛盾如何解决?

近日,中国农业科学院发布,我国科学家团队在水稻中研究发现了水稻高产基因,能够同时提高光合作用效率和氮素利用效率,可显著提高作物产量三成以上。

16:30—18:30　新闻晚高峰

"我在哈佛讲中国"——谁能想到陶渊明诗歌的境遇会与我们当下的生活有什么联系呢?我们今天读到的陶渊明,真的是一千六百年前那个超脱淡泊的隐逸诗人吗?哈佛大学东亚系中国文学教授田晓菲像一个侦探,在历史和文字的迷宫里寻找、甄别,向世界讲述中国古典文学。

当地时间19号,法国多地高温天气持续。法国气象机构当天表示18号法国全国有64个地区打破了当地的最高气温纪录,受高温天气影响法国西南部的山火仍在肆虐，已持续超过一周时间。

在今天人类月球日这样一个浪漫的日子里，我们一起来关注今天的大师课堂对话探月院士欧阳自远，来探讨月亮究竟是怎么形成的？与地球最像的火星是否曾孕育过生命呢？我们还会关注体育方面，中国之声记者专访中国滑板运动员。距离巴黎奥运会奖牌还有多远？

晚间节目

19：00—20：00　新闻有观点

神舟十四号航天员开启问天实验舱舱门，这是我国航天员首次在轨进入科学实验舱并顺利进行出舱活动。

"促进青年发展，塑造共同未来"世界青年发展论坛在中国召开，那么本届论坛将会向世界发出怎样的青年之声？

多发伤爆炸伤，双眼失明，双前臂截肢……近日"排雷英雄"杜富国结束在陆军军医大学第一附属医院的治疗，顺利康复出院。

22：00—23：00　决胜时刻

10点问候大家，各位好，欢迎关注决胜时刻。今天晚间节目，将为您实时直播解说男篮亚洲杯四分之一决赛中国男篮对阵黎巴嫩的比赛。目前比赛进行到了第三节的4分50秒，我们把信号切到现场。

（二）天气预报

1. 四川人民广播电台：

各位听众！现在播送北京市气象台今天6点发布的天气预报。

今天白天北中部多云间晴。南部多云，全省偏东风1—2级，最高温度7—8度；夜里北中部晴天转多云，南部多云转阴天，全省偏北风2—3级，最低温度北中部零下2度到零下3度，南部零下1度到零下2度。

2. 中央气象台未来10天天气趋势预报

预计未来10天，影响我国的冷空气活动较频繁，西北地区东部、华北、东北、黄淮、江淮平均气温基本与常年同期持平或略偏低，其中内蒙古东北部、黑龙江北部等地的局部地区气温偏低1—2℃；我国其他大部分地区气温将比常年同期偏高1—2℃。

21日，江淮、江南地区北部等地将出现日最高气温为33—35℃的晴热天气；22—24日，江淮、江南、华南北部地区气温将呈明显下降趋势。

（三）人名

1. 2008年北京奥运会中国金牌榜

第1金　8月9日　陈燮霞　[举重] 女子48公斤级

第2金　8月9日　庞　伟　[射击] 男子10米气手枪

第3金　8月10日　郭文珺　[射击] 女子10米气手枪
第4金　8月10日　郭晶晶　吴敏霞　[跳水] 女子双人3米跳板
第5金　8月10日　冼东妹　[柔道] 女子52公斤级
第6金　8月10日　龙清泉　[举重] 男子56公斤级
第7金　8月11日　林跃　火亮　[跳水] 男子双子10米跳台
第8金　8月11日　陈艳青　[举重] 女子58公斤级
第9金　8月11日　张湘祥　[举重] 男子62公斤级
第10金　8月12日　陈一冰　黄　旭　李小鹏　肖　钦　杨　威　邹　凯
　　　　[体操] 男子团体
第11金　8月12日　王　鑫　陈若琳　[跳水] 女子双人10米跳台
第12金　8月12日　仲　满　[击剑] 男子佩剑个人
第13金　8月12日　廖　辉　[举重] 男子69公斤级
第14金　8月13日　程　菲　邓琳琳　何可欣　江钰源　李珊珊　杨伊琳
　　　　[体操] 女子团体
第15金　8月13日　陈　颖　[射击] 女子25米运动手枪
第16金　8月13日　王　峰　秦　凯　[跳水] 男子双人3米跳板
第17金　8月13日　刘春红　[举重] 女子69公斤级
第18金　8月14日　刘子歌　[游泳] 女子200米蝶泳
第19金　8月14日　杜　丽　[射击] 女子50米步枪三种姿势
第20金　8月14日　杨　威　[体操] 男子个人全能
第21金　8月14日　张娟娟　[射箭] 女子个人
第22金　8月14日　杨秀丽　[柔道] 女子78公斤级
第23金　8月15日　曹　磊　[举重] 女子75公斤级
第24金　8月15日　佟　文　[柔道] 女子78公斤以上级
第25金　8月15日　陆　永　[举重] 男子85公斤级
第26金　8月15日　杜　婧　于　洋　[羽毛球] 女子双打
第27金　8月16日　张　宁　[羽毛球] 女子单打
第28金　8月17日　邱　健　[射击] 男子50米步枪三种姿势
第29金　8月17日　唐　宾　金紫薇　奚爱华　张杨杨
　　　　[赛艇] 女子四人双桨
第30金　8月17日　王　娇　[摔跤] 女子自由式72公斤级
第31金　8月17日　邹　凯　[体操] 男子自由体操
第32金　8月17日　肖　钦　[体操] 男子鞍马
第33金　8月17日　郭　跃　张怡宁　王　楠　李晓霞
　　　　[乒乓球] 女子团体
第34金　8月17日　林　丹　[羽毛球] 男子单打

第35金	8月17日	郭晶晶	[跳水] 女子3米跳板
第36金	8月18日	陈一冰	[体操] 男子吊环
第37金	8月18日	何可欣	[体操] 女子高低杠
第38金	8月18日	何雯娜	[蹦床] 女子项目
第39金	8月18日	马琳 王皓 王励勤	[乒乓球] 男子团体
第40金	8月19日	李小鹏	[体操] 男子双杠
第41金	8月19日	邹凯	[体操] 男子单杠
第42金	8月19日	陆春龙	[蹦床] 男子项目
第43金	8月19日	何冲	[跳水] 男子3米跳板
第44金	8月20日	殷剑	[帆船] 女子帆板
第45金	8月20日	吴静钰	[跆拳道] 女子49公斤级
第46金	8月21日	陈若琳	[跳水] 女子10米跳台
第47金	8月22日	张怡宁	[乒乓球] 女子单打
第48金	8月23日	孟关良 杨文军	[皮划艇静水] 男子双人划艇500米
第49金	8月23日	马琳	[乒乓球] 男子单打
第50金	8月24日	邹市明	[拳击] 男子轻重量级（48公斤级）
第51金	8月24日	张小平	[拳击] 男子轻重量级（81公斤级）

2. 2022年北京冬奥会中国奖牌榜

第1金	2月5日	曲春雨 范可新 武大靖 任子威 张雨婷 [短道速滑] 2000米混合团体接力
第2金	2月7日	任子威 [短道速滑] 男子1000米
第3金	2月8日	谷爱凌 [自由式滑雪] 女子大跳台
第4金	2月12日	高亭宇 [速度滑冰] 男子500米
第5金	2月14日	徐梦桃 [自由式滑雪] 女子空中技巧
第6金	2月15日	苏翊鸣 [单板滑雪] 男子大跳台
第7金	2月16日	齐广璞 [自由式滑雪] 男子空中技巧
第8金	2月18日	谷爱凌 [自由式滑雪] 女子U型场地技巧
第9金	2月19日	隋文静 韩聪 [花样滑冰] 双人滑
第1银	2月7日	苏翊鸣 [单板滑雪] 男子坡面障碍技巧
第2银	2月7日	李文龙 [短道速滑] 男子1000米
第3银	2月10日	徐梦桃 齐广璞 贾宗洋 [自由式滑雪空中技巧] 混合团体
第4银	2月15日	谷爱凌 [自由式滑雪] 女子坡面障碍技巧
第1铜	2月11日	闫文港 [钢架雪车] 男子单人
第2铜	2月13日	范可新 韩雨桐 曲春雨 张楚桐 张雨婷 [短道速滑] 女子3000米接力

(四)地名

四川人民广播电台：各位听众，现在报告新闻。

汉莎航空网络现由中国散布至柏林及超过全球60个目的地。

由2010年11月30日起，世界知名的汉莎航空服务将连接北京、广州、昆明、上海、成都经柏林抵达巴塞罗那、里斯本、斯德哥尔摩、哥本哈根、莫斯科、伦敦、布鲁塞尔、阿姆斯特丹、巴黎、法兰克福、苏黎世、马德里、罗马、雅典、开罗、金沙萨、达累斯萨拉姆、开普敦、迪拜、马斯喀特、卡拉奇、科伦坡、加德满都、德里、加尔各答、达卡、仰光、普吉岛、合艾、槟城、吉隆坡、新加坡、雅加达、登巴萨、斯里巴加湾市、马尼拉、清迈、金边、万象、胡志明市、河内、香港、高雄、台北、汉城、福冈、大阪、名古屋、东京、佩斯、墨尔本、悉尼、布里斯班、奥克兰、洛杉矶等60个目的地。

播音发声部分

第七章　播音发声概论

播音发声是指在语言表达过程中，声音由情感、气息、共鸣、咬字器官相互作用，并根据播音发声基础的要领进行有成效的调节，让有声语言具有美感同时具有一定技巧性的活动，是完成播音与主持语言艺术的基础。

播音发声学是播音与主持艺术专业的基础课之一，其主要目的是让该专业的学生了解并掌握播音发声的理论知识，同时掌握练习方法的依据，有利于实际播音发声的训练。本章主要阐述播音发声学的基本原理以及播音发声时正确的气息控制、口腔控制、共鸣调节、喉部控制和声音弹性的训练等核心知识点。如图7-1所示。

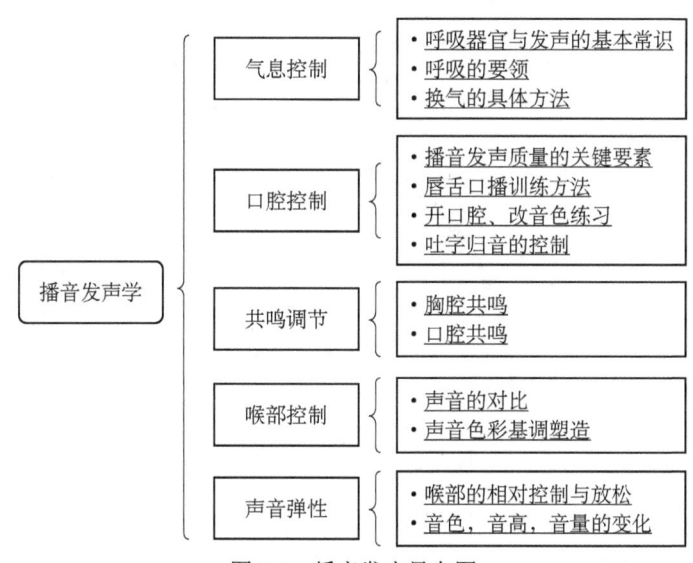

播音发声学
- 气息控制
  - 呼吸器官与发声的基本常识
  - 呼吸的要领
  - 换气的具体方法
- 口腔控制
  - 播音发声质量的关键要素
  - 唇舌口播训练方法
  - 开口腔、改音色练习
  - 吐字归音的控制
- 共鸣调节
  - 胸腔共鸣
  - 口腔共鸣
- 喉部控制
  - 声音的对比
  - 声音色彩基调塑造
- 声音弹性
  - 喉部的相对控制与放松
  - 音色，音高，音量的变化

图 7-1　播音发声导向图

一、发声基本原理简述

播音发声绝非简单的概念，它要求真正掌握一系列具体步骤，涉及动力、发声与共鸣器官的科学搭配与组合，从而显著提升发声效果。在进入实际发声练习之前，至关重要的一环是清晰把握各发音器官间科学协调配合的方法，即掌握基础的发声原理。

在第一章语音的物理性质中已经明确了声音是由物体振动产生的声波，其物理性质包括音高、音强、音长、音色。产生振动的物体就是声源，任何物体的发声都离不开声源系统，人体发声的声源系统是喉和声带，振动体主要是声带。振动体停止振动则发声随即终止，因此，要维持声音的持续发出，必须依赖一个动力系统，该系统为声带不断提供动力以产生振动。人体发声的动力系统由呼吸系统提供，主要由肺、气管、胸廓、膈肌、腹肌等组成。声带受到肺部气流冲击最初发出的声音被称为喉原音，也叫声带基音。喉原音比较微弱，不能满足语音发声的全部需求。为了发出洪亮且优美的声音，需借助共鸣机制对喉原音进行放大与调整。人体发声系统中能够产生共鸣的空腔包括胸腔、喉腔、咽腔、口腔和鼻腔。其中，口腔尤为关键，被视为语音的塑造场所，因为它容纳了唇、齿、舌、腭等所有参与发音的器官，这些器官共同构成了成音系统，确保了语音的完整形成与发出。如图7-2所示。

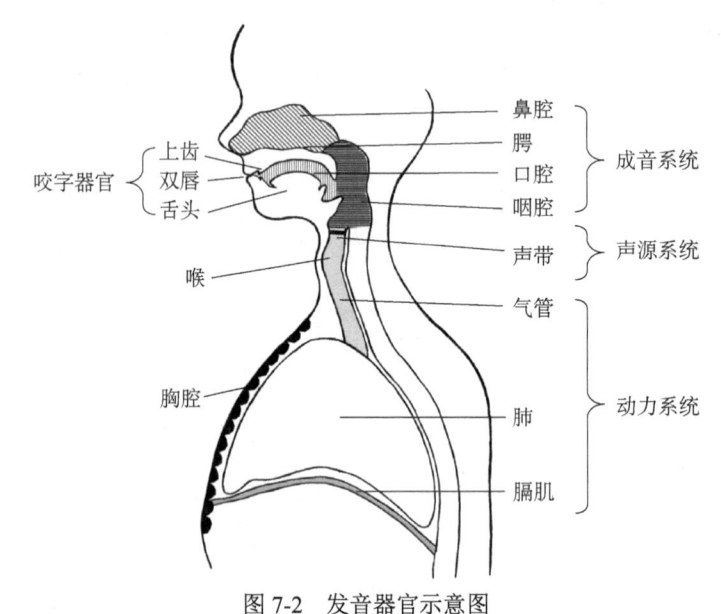

图7-2 发音器官示意图

人体宛如一台精密的乐器，以双簧管为例，其中双簧片对应于声带的功能，管腔则模拟了人体的共鸣腔体，音键相当于咬字器官，而这一切运作的动力源泉，则是源自肺部呼出的气流。这一比喻清晰地揭示了人体发声机制的四要素及其职责。

1. 发声的四要素

（1）动力系统：呼吸系统（动力：气息）

（2）声源系统：喉和声带（振动体：声带）

（3）成音系统：共鸣系统（共鸣：各种腔体）

（4）构音系统：咬字系统（构音：各种咬字器官）

2. 四要素的职责

（1）气息的各种运动对声带产生各种冲击的力量，从而使声音发生长短、连断、纵收等各种变化；

（2）声带的振动频率和振动幅度的变化，使声音产生高低、强弱的变化。同时也影响音色的变化；

（3）对于共鸣腔体的利用和调节，客观地扩大了声带本身发出的微弱的声音。同时也影响音色的变化；

（4）咬字器官的协调配合，使得人体发出的声音转化为语音。

二、播音发声的基本要求

播音员主要是用声音进行工作的，有声语言是播音创作中的重要手段，而播音创作又必须通过声音来实现，可以说声音就像战士的枪一样，是播音员的武器。因此，要想有一副好嗓子，就应该讲究声音的艺术性和美感。根据个人声音的特色和优势，在自己发声条件的基础上扬长避短、扩展发声能力，找到自己最好的声音状态。在此过程中切忌盲目地模仿某个自己仰慕的播音员的声音，去追求所谓美的声音，这样训练声音的方法往往都不是最适合于自己的，它不仅约束了我们自身声音创造力的发挥，更严重的还会造成我们的发声障碍。因此，应该正确地使用播音员的创作工具——嗓子。根据自己的发声条件，科学地锻炼声音技巧。在理论知识的支撑下，结合正确科学的训练，从而达到气息通畅，具有一定的控制能力，声音清晰、集中、圆润、明朗、朴实、大方，运用声音弹性的变化能够做到情、声、气结合，以适应不同语言环境的语言表达需要。

1. 动力系统训练要求

为了解决发声动力的问题，应进行正确呼吸方式（胸腹式联合呼吸法）的训练，要掌握并做到两肋开、横膈降、气沉丹田、小腹微收，保持气息的深入、均匀、通畅、灵活，以及稳定、持久、自如的呼吸要领。

根据基本的发声理论，进行持久的用气发声。通过反复的学习和训练，使自己的用气发声状态达到"气往下沉，喉部松弛，不紧不僵，声音贯通，字音轻弹，如珠似流，以情带气，由情发声"的要求。正确的用气发声是播音员勤于训练的一项专业基本功。这项基本功的扎实与否，直接影响到播音的质量。不正确、不科学的发声方法甚至会影响一个播音员的播音寿命。由于每个人的发声条件不同，需要根据自身的条件，做到科学发声，并循序渐进、持之以恒。

2. 构音系统训练要求

为了解决构音的准确有力，做到咬紧字头、托开字腰、收好字尾，这就需要对咬字器官进行训练，即口腔控制训练。要掌握并做好口腔的静态控制与动态控制，以达到字正腔圆的吐字基本要求。

在具体实践中，打开口腔发声涉及四个重要步骤：提颧肌、打牙关、挺软腭和松下巴。另外，掌握吐字归音中的"枣核型"发音技巧，即精准处理字头、字腹、字尾的发音，亦属核心要点。为提升唇、齿、舌、腭等发音器官的协调运作能力，需结合口部操进行声韵母的正确拼合练习、象声词的模拟发音等。

3. 成音系统训练要求

为解决声音单薄、不够洪亮的问题，需要进行共鸣控制的训练，要做到泛音适量、声束集中，充分调动各个共鸣器官，达成以胸腔共鸣为基础，以口腔共鸣为主，以微量的鼻腔共鸣为辅的声道共鸣方式。

值得注意的是，播音发声的基本训练无需全面覆盖所有共鸣腔体，其核心聚焦于口腔中部共鸣的充分打开。胸腔和鼻腔是不可调节腔体（详见第十章），仅能在一定程度上调节，可以进行少量后天训练。喉腔方面，则无需主动调动共鸣，以喉头的稳定放松为主。鼻腔周围的鼻窦腔体小且仅对高频声波作用明显，一般用于演唱训练，而非播音发声的专项训练内容。

4. 声源系统训练要求

为应对声源系统常见的声带疲劳、发音挤卡等问题，实施喉部控制训练显得尤为必要。要做到喉头相对放松，达成以实声为主、虚实结合的发声要求，尽可能地拓展和提升发音能力。

在喉部控制训练中，关键在于维持喉头位置的相对稳定，以确保声音在变化过程中保持和谐流畅，并维系音色的基本稳定。同时，加强声音纯正质朴、刚柔相济、收放自如、色彩鲜明、感染力强烈且悦耳动听的基本功训练，以全面提升声音表达的艺术效果。

在现实生活中，人们的语言表达与声音特质千差万别，有些人吐字圆润清晰，声音优美动听，表达丰富多彩；有些人说话却含混不清，声音毛糙粗劣，表达平淡无奇。对于播音员与主持人而言，在播音工作中，高超的用声技巧是不可或缺的，他们必须确保字字清晰、腔调圆润，音质上乘，且声音中蕴含充沛的活力和强烈的感染力。即便天赋异禀，拥有天然的好声音，也需经过后天不懈地反复锤炼与训练。因此，我们应当珍惜并合理利用这一重要工具，坚持不懈、反复练习，努力做到："用心吐字归音，用爱传情达意！"

思考题

1. 什么是播音发声？
2. 播音发声的作用？
3. 正确的呼吸方式是什么？
4. 正确的共鸣控制是什么？
5. 口腔控制中的重要步骤有哪些？
6. 喉部控制的要领？
7. 正确的用气发声状态是什么？

8. 持久地用气发声的作用？
9. 如何做到科学用声？
10. 体会什么是声音的艺术性和美感？
11. 如何找到自身最佳的声音状态？
12. 怎样使声音清晰、集中、圆润、明朗、朴实、大方？

第八章　播音员气息控制训练

气息的控制训练对播音员来说是尤其重要的核心环节。人们日常生活中的呼吸往往都比较平稳、比较浅。而播音员主持人播音时的气息变化却很频繁，因此，播音员必须通过专业的学习和训练掌握科学的呼吸方法，从而不断地提高自己的气息控制能力。古人在研究唱法时，很早就注意到了气息的作用。唐代段安节在《乐府杂录》中写道："善歌者，必先调其气，氤氲自脐间出，至喉乃噫其词，即分抗坠之音。既得其术，即可致遏云响谷之妙也。"在古人论唱时也有"气为声之本，气乃音之帅也"的说法，同样说明了气息的重要性。

一、呼吸器官与发声的基本常识

播音发声与呼吸控制息息相关。呼吸运动分为吸气与呼气两个过程，吸气是主动运动，呼气是被动运动。膈肌和肋间肌收缩与舒张能够使胸廓增大或缩小，从而改变胸腔的容积，空气压力的变化使胸腔中的肺部吸进或呼出气流（如图8-1）。掌握呼吸运动中涉及的呼吸器官、肌肉群及其在日常生活中常见的呼吸模式，是气息训练不可或缺的基石。

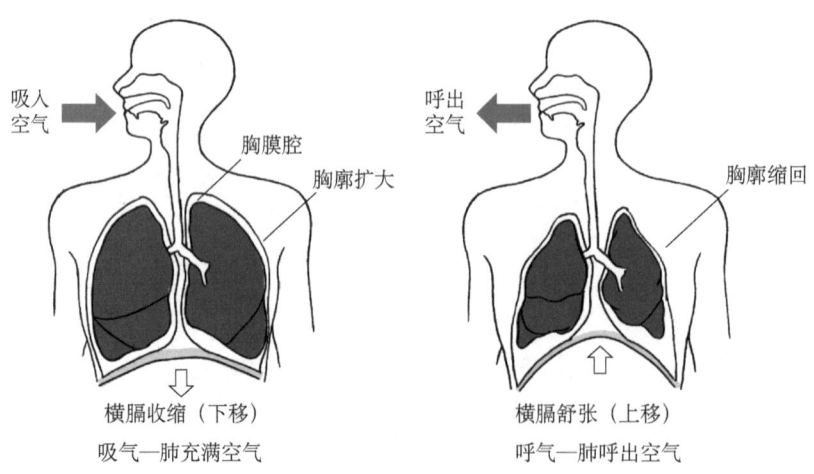

图 8-1　呼吸运动示意图

（一）呼吸器官与肌肉群

由肺部呼出的气流是发声的动力。吸气时气流由口鼻腔经过咽喉、气管、支气管进入肺部，再由肺部呼出的气息通过气管振动喉头内的声带，发出微弱的声音。

(1) 呼吸器官：口鼻腔→咽喉→气管→支气管→肺

(2) 呼吸肌肉群

1) 膈肌：横膈肌肉群；

2) 腹肌：丹田（小腹肌肉群）、两肋腰腹肌肉群、后背腰腹肌肉群。

没有气息，声带就不能颤动发声。呼出的气息是人体发声的动力，声音的强弱、高低、长短、大小及共鸣状况，与呼出气息的速度、流量、压力大小都有直接关系。气流的变化关系到声音的响亮度、清晰度、音色的优美圆润、嗓音的持久性。也就是说，只有气息得到控制，才能控制声音。因此，在诸多发声控制训练中，气息控制训练是学习发声中最重要的一环。

（二）常见的呼吸方式与呼吸原理

人体呼吸主要依靠气压差原理。胸腔容积扩大时，肺的内部气压低于外部气压，气流就从呼吸道流入体内。相反，胸腔容积变小时，肺的内部气压高于外部气压，气流就从呼吸道排出体外，完成呼气。

生活中常见的呼吸方式大致有以下三种：

1. 胸式呼吸：扩大胸腔左右前后。其特点如下（图8-2）：

1) 呼吸空气量小；

2) 发声声音尖且小；

3) 呼吸时明显动作为抬肩。

2. 腹式呼吸：移降下膈肌，扩大胸腔的上下。其特点如下（图8-3）：

1) 呼吸时腹部外凸；

2) 声音沉、闷，表现力有限。

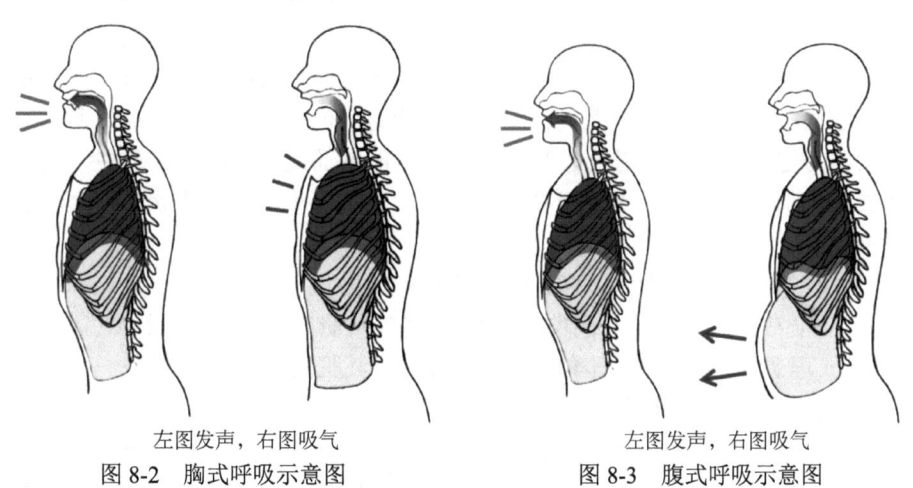

左图发声，右图吸气　　　　　　左图发声，右图吸气

图 8-2　胸式呼吸示意图　　　　图 8-3　腹式呼吸示意图

3. 胸腹式联合呼吸：改变胸式呼吸的呼吸状态和腹式呼吸的用力方向。其特

点如下（图8-4）：

1）全面扩大了胸腔的容积，吸气量最大；
2）建立了胸腹和横膈之间的关系，增加了稳健感；
3）易于产生坚实并且响亮的音色；
4）呼吸时外部特征不明显。

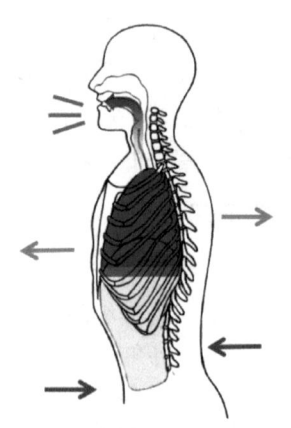

此为胸腹联合呼吸的发声呼气动作

图8-4　胸腹式联合呼吸示意图

胸腹式联合呼吸法改变了胸式呼吸的呼吸状态和腹式呼吸的用力方向。它全面扩大了胸腔的容积，吸气量最大。其不仅建立了胸腹和横膈膜之间的关系，而且增加了稳健感，易于产生坚实并且响亮的音色。因此，播音发声采用的是胸腹式联合呼吸法。要想掌握好胸腹式联合呼吸法的要领，需理解其以下特点。

胸腹式联合呼吸法除了依靠气压差原理，还遵循呼吸肌抗衡控制原理。吸气为主动呼吸，主要由膈肌和肋间外肌收缩引起吸气运动；呼气为被动呼吸，主要由膈肌和肋间外肌的舒张引起呼气运动。生活中平静呼吸时吸气肌肉群的力量明显小于呼气肌肉群，表现在吸气相比呼气更费力。但如若在呼气时吸气肌肉群能够主动发力与呼气肌肉群对抗，呼气的过程就能够通过吸气肌肉群的主动力量得到精准的控制，如果两者力量相等，就能够达成不吸不呼的理想状态（理想状态不同于憋气）。

F_1：吸气肌肉群的力量；F_2：呼气肌肉群的力量

（平常生活）吸气肌肉群的力量 $F_1 <$ 呼气肌肉群的力量 F_2

（理想用声）吸气肌肉群的力量 $F_1 =$ 呼气肌肉群的力量 F_2

$F_1 = F_2$（理想呼吸）

由于人体的发声是在呼气阶段完成，所以气息控制的核心是呼气过程的有效控制，而根据呼吸肌抗衡控制原理，想要控制好呼气时的气流关键在于增强吸气肌肉群的力量与控制，因此，气息控制重点训练的肌肉群为吸气肌肉群。

二、气息控制训练

在播音实践中,气息的功能远超越单纯作为发声的驱动力,它还是一种极重要的表达手段。气息是"情动于内""发声于外"的中间过渡环节,是情与声之间必经的重要桥梁。只有在"气随情动"的情况下,声才能随情而变化。从这个意义上讲,气息控制是由情及声、由内及外的贯穿性技巧。播音用声的特性自然引出了对气息控制的严格要求,即需精通并运用胸腹式联合呼吸法。具体为:随着气流从口鼻同时吸入,两肋向两侧扩张,同时腰带感觉渐紧,小腹控制渐强。呼气时,保持住腹肌的收缩感,以牵制膈肌与两肋使其不能回弹。随着气流的缓缓呼出,小腹逐渐放松,但最后仍然要有控制感。而膈肌和两肋在这种控制下,逐渐恢复自然状态。最终,通过训练要达到呼吸时气息"深入、均匀、通畅、稳劲(稳定而有力)、持久(延长发声时间,保证播音的顺畅)、自如(灵活地控制声音强弱的转换)、协调(掌握好气息控制本领)"。

(一)气息基本状态练习

进行气息基本状态练习,旨在深入理解与掌握胸腹联合呼吸的核心技巧,从而建立起适应播音发声需求的呼吸模式。实现此目标需三要素:一是不懈坚持,通过持续练习巩固基础;二是重视量的积累,勇于打破旧习,建立新习惯;三是理论与实践结合,不仅理解原理,更需在实践中捕捉正确感觉,并通过反复训练巩固之,方能真正掌握并灵活应用。

1. 呼吸控制的要领

(1)具备良好的呼吸条件:姿势的调整。①站姿:双脚与肩内侧同宽,立腰、双手自然下垂、双肩舒展、身体前倾2—3度,重心在前脚掌。②坐姿:坐在板凳的二分之一处、立腰、双肩舒展、腿部弯曲平放。

(2)呼吸控制要点。①吸气要领:两肩放松,两肋开,横膈降,小腹微收,气沉丹田。②呼气要领:保持吸气状态。

在呼吸控制中,要尤其注意保持积极的状态,这也是呼吸控制的核心。呼气时要时刻保持吸气时的状态,才能使呼气变得规则、流畅、持久以及均匀,从而使呼吸控制达到稳劲、持久的目的。初学者宜采取慢吸慢呼的练习方法,循序渐进地探索并掌握胸腹联合呼吸的基本状态。

2. 吸气练习

(1)以腰带正中心为标记,把气缓缓吸到肚脐附近的位置。

(2)双手斜举过头,掌心相对,慢慢地深吸气。这种方法排除了单纯的胸部用力吸气的可能,更容易获得两肋打开的实际感觉。

(3)闻花,想象远处飘来一阵花香,试着闻一闻花的香味儿,这时气息吸得深入,仔细体会两肋开和横膈降。

（4）身体前倾，双手交叉搭在肩上，做深吸气状，感受后腰两侧和两肋充胀感。

3. 呼气练习

进行呼气练习时，心态应自然放松，应避免为了延长呼气时间而出现憋气、紧喉的状态。用练习吸气的方法吸气至"八成"满。

（1）缓慢持续地发出"a"的声音。

（2）试着将桌上的灰尘缓慢地、均匀地吹走；或吹歪蜡烛的火苗，让其不灭也不直。

（3）数数儿，分别以每秒一个或两个的速度数"1、2、3……"。注意要气息连贯，中间不能换气。

（4）吹鸡毛练习：将一根鸡毛放在墙角，用气息持久吹在鸡毛上，让鸡毛保持在很小的范围内活动，不掉落在地上。

（5）吹蜡烛练习：控制气息，吹在点燃蜡烛的火焰上，使其保持45度。

4. 四声的用气练习

声调的核心是相对音高的变化，而气息则是控制音高变化的枢纽，因此，进行四声的气息控制练习是十分重要的。具体要领如下：

阴平字高而平，可以体会"站在山顶"的感觉；

阳平字取中而升，可以体会"上电梯"的感觉；

上声字先降而后升，降时要"托住气，有气泡音"，升时体会"上电梯"的感觉；

去声字取调而降到底，要有"托住下到气泡音"的感觉。

同声韵夸张练习（音程长，声调全）

bā	bá	bǎ	bà		dā	dá	dǎ	dà
巴	拔	把	坝		搭	答	打	大
fēi	féi	fěi	fèi		xiē	xié	xiě	xiè
非	肥	匪	费		些	鞋	写	泄
chū	chú	chǔ	chù		wāng	wáng	wǎng	wàng
出	除	杵	处		汪	王	枉	忘

四声韵组合练习

（1）顺序组合——阴、阳、上、去

风调雨顺	心怀叵测	光明磊落	灯红酒绿	瓜田李下
发凡起例	优柔寡断	安常处顺	心直口快	心明眼亮
妻离子散	呼朋引伴	兵强马壮	积年累月	山穷水尽
山明水秀	山盟海誓	千锤百炼	飞檐走壁	飞禽走兽
阴谋诡计	花团锦簇	鸡鸣狗盗	深谋远虑	幡然悔悟
知情感义	轻裘缓带	胸无点墨	思前想后	身强体健

（2）逆序组合——去、上、阳、阴

| 热火朝天 | 信以为真 | 刻骨铭心 | 下笔成章 | 异口同声 |

妙手回春	背井离乡	遍体鳞伤	步履维艰	万古流芳
地广人稀	逆水行舟	弄巧成拙	破釜沉舟	叫苦连天
救死扶伤	刻骨铭心	量体裁衣	袖手旁观	耀武扬威
墨守成规	木已成舟	暮鼓晨钟	弄假成真	调虎离山
奋起直追	驷马难追	视死如归	四海为家	痛改前非

（二）呼吸控制能力练习

为了实现气息的稳定与持久运用，必须强化腹肌、膈肌的力量训练，并增强连续呼气的持久力。

1. 力量

呼吸肌（如腹肌、膈肌等）的力量与灵活性，是呼吸实现精准控制与自动化运动的关键物质基础。鉴于这些肌肉在日常生活中常缺乏充分锻炼，应将其视为训练的重点对象。通过持续不懈地锻炼，可以显著提升呼吸肌的灵活性和力量。

（1）腹肌的锻炼

1）手抓在高处——使身体垂直悬空，腰腹用力往上抬，使双腿与上身呈90度，注意身体不要晃动，其他地方不要用力。

2）仰卧起坐——两腿并拢，两手上举，利用腹肌收缩，两臂向前摆动，迅速成坐姿，上体继续前屈，两手触脚面，低头，然后还原成坐姿。如此连续进行练习，逐步提高，男可连续做40次，女可连续做30次。

3）端坐举腿——双腿伸直并拢端坐在椅子的前部（注意不能倚靠椅背），此时脚跟离地举起，无力放下休息数秒后，再重复以上动作。

4）负重挺腹——仰卧于床上，在腹部放置几本厚书，腹肌的力量向"丹田"位置集中，吸气顶起，呼气放下；后转为快吸慢呼，再缓慢地发"ü"音。

5）"丹田绕脐"——用双手推拿按摩，将腹肌力量集中在丹田处，并以肚脐为中心点，左右分别环绕数圈，反复进行。

（2）膈肌的锻炼

锻炼膈肌的主要方法是采用"狗喘气"技巧，即口开喉松，下肋展开，笑不出声，以此感受膈肌在进行规律性的颤动。然而，因其导致气流喉部急速摩擦，可能对发音器官造成不利影响，故不被视为最佳方案。随后发展出两种改良方法：一是将开口变为闭门，通过鼻孔与喉部双重挡气，降低了气流对喉部的直接冲击，同时鼻道吸入的湿润空气也缓解了喉部刺激，避免了嗓音发干、发涩。二是将无声变为有声。在呼气的同时，发"hei"音。经过改良后的训练方法被称为膈肌弹发。此法不仅减少了气流对声带的摩擦，还可以通过声音反馈即时评估练习效果。

以下为膈肌弹发练习的具体步骤和方法：

第一步：深吸一口气后，用此气息发两个扎实有力的"hei"音，并不断重复、坚持地练习。

第二步：在第一步的基础练习上，加大弹发次数，一口气发 7 次或 8 次。弹发过程中要注意气息的均匀运用，声音的音高、音量、音色也要保持相对稳定和统一。

第三步：将第二步的练习坚持数日后，就会获得"气自来"的感觉。之后就要由慢到快，稳健、轻巧地连续弹发"hei"音，最后达到快慢相宜的程度。

第四步：在第三步的练习基础上，做改变音高、音量和音色的相应练习。例如：

1）深吸一口气，弹发"1、2、3、4"再吸气，弹发"2、2、3、4"，就像打节拍一样的感觉。

2）深吸一口气，弹发"hà"音，先慢后快，就像京剧中老生大笑一样的状态。

3）反复弹发"dà""tà""hà""hèi"。

在初始的练习阶段，练习者可能会感到下肋、膈肌及腹部动作的不协调感，同时感受到动作与发声之间的"不同步"。随着练习时间的持续延长，还可能出现腰部酸痛及腹部不适等生理反应，这些均为练习过程中的正常现象。按照既定步骤持之以恒地练习，将逐渐实现动作与声音的和谐统一。同时，膈肌的力量与灵活性也会在训练过程中显著提升。

2. 持久

（1）快吸慢呼练习

快速吸气，慢慢吐气并发"si"音，呼气时应注重保持吸气状态，力求单位时间内的出气量小且均匀，连续呼气时间达到 40—60 秒即可。

（2）"a"音和"i"音练习

发"a"音和"i"音时注意要弱起，音高在略低于自如声区的最高声位，发音时间持续，如 5 秒，或多于 5 秒的时长的练习，待发音状态稳定后，发音时间通常维持在 10—15 秒。发音过程中整个声音状态保持自然、通透、稳定。

（3）绕口令练习

数 枣

出东门，过大桥，大桥底下一树枣儿。拿着杆子去打枣，青的多，红的少，一个枣儿，两个枣儿，三个枣儿，四个枣儿，五个枣儿，六个枣儿，七个枣儿，八个枣儿，九个枣儿，十个枣儿；十个枣儿，九个枣儿，八个枣儿，七个枣儿，六个枣儿，五个枣儿，四个枣儿，三个枣儿，两个枣儿，一个枣儿。这是一个绕口令儿，一气儿说完才算好。

数 葫 芦

一口气数不了二十四个葫芦，一个葫芦，两个葫芦，三个葫芦，四个葫芦，五个葫芦，六个葫芦，七个葫芦，八个葫芦，九个葫芦，十个葫芦，十一个葫芦，十二个葫芦，十三个葫芦，十四个葫芦，十五个葫芦，十六个葫芦，十七个葫芦，十八个葫芦，十九个葫芦，二十个葫芦……

数　旗

广场上，飘红旗，看你能数多少面旗，一面旗，二面旗，三面旗，四面旗，五面旗，六面旗，七面旗，八面旗，九面旗，十面旗，十一面旗，十二面旗，十三面旗，十四面旗，十五面旗，十六面旗，十七面旗，十八面旗，十九面旗，二十面旗……

一个葫芦两块瓢

一口气数不了二十四个葫芦四十八块瓢，一个葫芦两块瓢，两个葫芦四块瓢，三个葫芦六块瓢，四个葫芦八块瓢，五个葫芦十块瓢，六个葫芦十二块瓢，七个葫芦十四块瓢，八个葫芦十六块瓢，九个葫芦十八块瓢，十个葫芦二十块瓢，十一个葫芦二十二块瓢，十二个葫芦二十四块瓢，十三个葫芦二十六块瓢，十四个葫芦二十八块瓢，十五个葫芦三十块瓢，十六个葫芦三十二块瓢，十七个葫芦三十四块瓢，十八个葫芦三十六块瓢，十九个葫芦三十八块瓢，二十个葫芦四十块瓢……

数 青 蛙

一只青蛙一张嘴，两只眼睛四条腿，扑通一声跳下水。两只青蛙两张嘴，四只眼睛八条腿，扑通扑通两声跳下水。三只青蛙三张嘴，六只眼睛十二条腿，扑通扑通扑通三声跳下水。四只青蛙四张嘴，八只眼睛十六条腿，扑通扑通扑通扑通四声跳下水……

三、气息的综合运用练习

当我们在播音时，遇到一些情感变化复杂的稿件或材料，如果只用一种单一的声音，一成不变的气息状态去表达，是远远达不到要求的。从这个意义上讲，气息是"以情带声、气声连动"的贯穿性技巧，呼吸的实际运用不仅仅要做到稳劲持久，还要做到灵活多变。只有正确、有效地学会换气，才能顺畅自如地传情达意。

（一）换气的基本要领

播音创作的内容是千变万化的，如果不能掌握控制气息的基本方法，或不按作品内容调节气息，那么作品中感情色彩的变化就会失去依托，有声语言的表现力就会被削弱。实践中，首先遇到的是补换气息的问题。补是补充，一口气的使用长度是有限度的，不可能无休止地用下去，因此要补；换是转换，补充气不能一蹴而就，自始至终状态如一，因此要换。气息的补换是在语言的停顿处进行的。补换的基本方式为偷气、抢气、就气三种。进气量要依表达需要而定。

补气有以下几个要点：

1）句首换气，换了就用。
2）偷气：短而无声地吸气。
3）抢气：不顾有无声响，急促换气（被动的补救措施）。
4）就气：虽有停顿，但是不进气，而是调动体内暂有的余气补充。

换气的一个主要原则是依情取气，即依照感情的发展变化决定换气的位置（气口）、方式、进气量等。突出了感情的需要和作用，才可能获得"自动化"的、本能的呼吸状态。

掌握动作要领并不等同于掌握了正确的呼吸技巧，且其实践应用远非简单的替换与补充所能涵盖。呼吸控制能力的提升、遵循生理规律与播音需求的和谐统一，均需经由广泛且持续的发声练习，方能达到运用自如的境界。

（二）练习材料

（1）我站在高山之巅，望黄河滚滚，奔向东南。惊涛澎湃，掀起万丈狂澜；浊流宛转，结成九曲连环；从昆仑山下奔向黄海之边，把中原大地劈成南北两面。啊！黄河！你中华民族的摇篮！五千年的古国文化，从你这儿发源；多少英雄的故事，在你的身边扮演！啊！黄河！你伟大坚强，像一个巨人出现在亚洲平原之上，用你那英雄的体魄，筑成我们民族的屏障。啊！黄河！你一泻万丈，浩浩荡荡，向南北两岸伸出千万条铁的臂膀。我们民族的伟大精神，将要在你的哺育下发扬滋长！我们祖国的英雄儿女，将要学习你的榜样，像你一样的伟大坚强！像你一样的伟大坚强！

——节选自《黄河颂》光未然

（2）我打江南走过，那等在季节里的容颜如莲花的开落，东风不来，三月的柳絮不飞，你的心如小小的寂寞的城，恰若青石的街道向晚，跫音不响，三月的春帷不揭，你的心是小小的窗扉紧掩。我达达的马蹄是美丽的错误，我不是归人，是个过客……

——《错误》郑愁予

（3）当你老了，头白了，睡思昏沉，炉火旁打盹，请取下这部诗歌，慢慢读，回想你过去眼神的柔和，回想它们昔日浓重的阴影；多少人爱你青春欢畅的时辰，爱慕你的美丽，假意或真心，只有一个人爱你那朝圣者的灵魂，爱你衰老了的脸上痛苦的皱纹；垂下头来，在红火闪耀的炉子旁，凄然地轻轻诉说那爱情的消逝，在头顶上的山上它缓缓踱着步子，在一群星星中间隐藏着脸庞。

——《当你老了》[爱尔兰]叶芝

（4）7月22日，问天实验舱任务组织发射前系统间全区合练。目前，任务各系统已经做好了发射前的准备工作。此次合练主要针对问天实验舱与长征五号B遥三运载火箭组合体发射入轨阶段各项工作进行检验。北京航天飞行控制中心、文昌航天发射场、西安卫星测控中心以及任务各测控站、船实施联调联控。问天实验舱与长征五号 B 遥三运载火箭组合体自 18 日转运到发射区之后，发射场区进行了首区合练。气象系统加大观测密度，根据分析研判，气象条件符合发射基本环境要求。这几天，神舟十四号航天员乘组正在加紧整理从天舟三号转移出来的物资，并进行了手控交会对接备份方案的训练，目前身心状态良好。空间站组合体已调整到预定轨道，具备与问天实验舱进行交会对接的条件。

——摘自《新闻联播》2022 年 7 月 22 日

（5）国务院新闻办今天上午举行新闻发布会，农业农村部有关负责人表示，上半年我国农业农村经济持续发展、稳中向好。

上半年，夏粮产量再创历史新高，达 2948 亿斤，成为经济社会发展的突出亮点。早稻及秋粮丰收基础较好。目前，早稻收获过六成，丰收在望，秋粮面积超过 13 亿亩，长势总体正常。"菜篮子"产品供应充足，市场运行总体平稳。上半年，我国脱贫攻坚成果持续巩固。新增发放脱贫人口小额信贷 415.5 亿元，支持 94.5 万脱贫户和防止返贫监测对象发展生产。截至 6 月末，脱贫劳动力务工规模 3223 万人，完成全年目标任务的 106.7%。上半年，乡村富民产业稳定发展，农村就业增收渠道不断拓宽。全国农副食品加工业增加值同比增长 3.3%，农产品网络零售额达 2900 亿元，同比增长 12.4%。在产业带动、就业创业拉动下，上半年农村居民人均可支配收入 9787 元，实际增长 4.2%。上半年，农业农村投资稳步增长，农村消费市场逐步恢复。

——摘自《新闻联播》2022 年 7 月 20 日

思考题

1. 播音发声中的气息控制指的是什么？
2. 气息在播音发声中的作用是什么？
3. 气息作为人体发声的动力，与哪些因素有关？
4. 如何做到"情动于内、发声于外"？
5. 呼吸器官有哪些？
6. 呼吸肌肉群有哪些？
7. 常见的呼吸方式有哪些？
8. 胸式呼吸的特点？
9. 腹式呼吸的特点？
10. 正确的呼吸方式是什么？
11. 胸腹式联合呼吸法的要领？
12. 胸腹式联合呼吸法的作用？
13. 如何保持气息的深入、均匀、通畅、稳劲、持久、自如和协调？
14. 呼吸控制的核心是什么？

第九章　播音员口腔控制训练

口腔控制是保证播音发声质量的关键要素，所谓"字正腔圆"就是对播音员吐字的基本要求与衡量标准。如果吐字含混不清，不仅会造成听众理解上的困难，有时还会造成误解，甚至产生不可预料的严重后果。作为播音的一项基本功，必须掌握正确的吐字方法，要达到吐字准确清晰、圆润、集中和富于变化，完美地表达出有声语言中所蕴含的大量信息和丰富的思想感情。

一、口腔控制的总体要求

为了提高发声质量，艺术语言的发音吐字比日常生活语言的口腔开度略大，因此首先要学会如何打开口腔。

（一）打开口腔的基本要求

1）提颧肌（打开口腔上颚部，也是一种状态的维持）；
2）打牙关（打开口腔上颚中部，局域口腔控制第一位）；
3）挺软腭（打开口腔上颚后部，扩大口腔，为打牙关提供长久力量，减少鼻腔共鸣）；
4）松下巴（松下巴可以有效地促进上颚的提升状态，在某种程度上，下巴放松是解决打开口腔的关键）。

此外，还要注意口腔的力量集中：唇部力量集中点在唇内缘的三分之一处；舌头力量集中点在舌头的中纵线（舌尖力量为重点）；硬腭力量集中点在硬腭的中线（共鸣位置）。

（二）吐字归音的基本要求

吐字归音是在咬字方面运用的特殊术语，也是我国传统说唱艺术对吐字方法的概括。其实就是在良好的口腔静态控制的环境下，咬字器官进行的一种规范的运动过程。简单地说就是根据汉语语音特点，把一个音节的发音过程分成出字、立字、归音三个阶段，每一个音素又针对每个发音阶段提出了具体的要求。在实际运用中要特别注意以下几点。

1）口腔调整：静态控制与动态控制配合到位；
2）发音过程：枣核型发音状态；
3）字头发音要领：叼住弹出；
4）字腹发音要领：拉开立起；

5）字尾发音要领：弱收到位，趋势鲜明。

在播音发声的训练过程中，对于单音节词的训练，要求字字如"核"，这会使发音更加规范。我们要注意的是，发音中不能为了体现"枣核型"而把拼合成的音节读成各音素的强硬相加，例如"广g—u—a—ng"。当然，有些语音状况不太好的人在最初的学习阶段需要了解每个音节的音素拼合关系，明确舌位及唇的动程，唇舌的变化也可以适当地进行分解，这样更便于把握，但一定要注意正确处理个体分解训练与整体把握的关系，要明白音节间的拼合关系是逐渐过渡的，发音过程要体现"字圆玉润"。除了在字词中，在语句中由于受到语流音变的影响，"枣核型"发音也是有变化的。总之，在实际操作中我们要学会灵活运用和把握"枣核型"发音法（详见本章吐字归音训练）。

二、唇舌口播训练操及字词练习

（一）口部训练操

口部训练操以唇舌练习为主，常做口部训练操可以有效地加强唇、舌部肌肉的力量，提高唇舌的灵活程度。

唇的练习

①喷：双唇紧闭，阻住气流，突然放开，发出[p]-[p]音。
②咧：先把双唇紧闭撅起，然后将嘴角用力向两边伸展（咧），反复进行。
③撇：先把双唇紧闭撅起，然后向右歪，向左歪，交错进行。
④绕：先把双唇紧闭撅起，然后向右转360度，再向左转360度，交错进行。

舌的练习

①刮：舌尖抵下齿背，舌体用力，用上门齿齿沿从舌尖刮到舌面，反复进行。
②弹：先将力量集中于舌尖，抵住上齿龈，阻住气流，然后突然弹开，爆发出[t]音，反复进行。
③顶：闭唇，用舌尖顶左、右内颊，交替进行。
④绕：闭唇，把舌尖伸到齿前唇后，向顺时针方向环绕360度，再逆时针方向环绕360度，交替进行。

（二）字词训练

训练时应掌握力量集中的基本技巧：发唇部音时，要把力量集中于唇的中央三分之一；发舌部音时，力量应集中于舌的中纵线，舌体取"收势"，把字音沿上颚中线，送到硬腭前部，忌满口用力，声音散射。

拼读练习

b——八 拜 抱 棒 鼻 部 表
　　辨别 标兵 半边 臂膀 摆布 奔波

p——牌 盘 喷 铺 陪 爬 片
　　拼盘 偏旁 澎湃 匹配 乒乓 爬坡
m——马 卖 猫 免 闷 蔑 蛮
　　牧民 明媚 麦苗 命名 磨灭 面貌
f——法 罚 防 费 粉 峰 阀
　　肺腑 防范 非凡 芬芳 反复 发放
d——达 袋 单 党 刀 等 地
　　单独 道德 地点 带动 顶端 颠倒
t——她 泰 弹 图 推 屯 拖
　　团体 吞吐 淘汰 跳台 推脱 探听
n——男 闹 馁 尼 酿 您 弄
　　牛奶 泥泞 农奴 袅娜 能耐 恼怒
l——莱 领 柳 隆 漏 露 轮
　　嘹亮 冷落 拉拢 老练 轮流 拉力
g——该 跟 姑 敢 公 够 更
　　高贵 巩固 更改 规格 尴尬 观光
k——开 看 客 恳 扣 苦 抗
　　慷慨 口渴 空旷 坎坷 开垦 宽阔
h——还 航 贺 号 嘿 恨 怀
　　航海 好汉 很好 含混 悔恨 呼唤
j——加 减 叫 借 近 晶 觉
　　交接 家具 积极 坚决 洁净 基金
q——掐 钱 抢 巧 琴 圈 缺
　　牵强 恰巧 崎岖 齐全 轻巧 气球
x——下 线 像 校 瞎 写 秀
　　新鲜 休息 学习 湘绣 细心 喜讯
z——藏 赞 皂 泽 揍 足 宗
　　总则 自尊 栽赃 走卒 造作 自在
c——苍 策 蹭 词 粗 寸 脆
　　参差 草丛 粗糙 苍翠 残存 猜测
s——塞 散 骚 素 碎 锁 颂
　　琐碎 松散 搜索 洒扫 撕碎 诉讼
zh——站 炸 装 坠 钟 照 州
　　战争 中指 主张 庄重 制止 茁壮
ch——柴 唱 扯 晨 处 锤 炊
　　车床 超产 出差 驰骋 穿插 拆除
sh——筛 闪 烧 社 睡 硕 输

事实　山水　神圣　手术　赏识　受伤
r——染　惹　阮　人　融　然　乳
柔软　仍然　容忍　如若　惹人　忍让

扁唇音和圆唇音的连续练习

齐齿呼——合口呼
低估　涤纶　抵触　地位　计划　基础　起动　解除　益处　嫡传　急促
积存　极度　碧空　金库　平炉　例外　细微　新闻　比武　异物　基准
齐齿呼——撮口呼
低云　抵御　缔约　积蓄　的确　鲫鱼　机遇　定局　检举　编剧　基于
交卷　坚决　友军　养女　郊区　汲取　健全　戏曲　气虚　音序　竞选

三、打开口腔、改善音色练习

（一）打开口腔练习

播音时的口腔开度要比平时说话时大。开大口腔可以给舌提供加大运动幅度的可能，可以通过抬起上颚（提颧肌、打牙关、挺软腭）和放松下巴实现，也就是在专业练习过程中时常提到的"提、打、挺、松"四步，以此来适度加大口腔空间，为字音的拉开立起创造条件。

（1）提颧肌练习：上唇紧贴上齿（可以裹唇），口腔半开吸气，感受鼻孔微微张开、面部两侧肌肉向上提起。

（2）打牙关练习：①含枣核竖立在上下齿中间；②做啃苹果状练习。

（3）挺软腭练习：半打哈欠的感觉（开口的动作要柔和，两嘴角向斜上方抬起，上下唇稍放松，舌头自然放平）。

（4）松下巴练习：甩下巴（身体前倾，双臂自然下垂，感觉有异物在下巴处，通过头部的甩动带动下巴的放松，注意在该练习中头部转动的轴心为头顶）。

请注意下面的成语和诗歌，每一个音节都是容易体会打开口腔的音节，要以此感觉带发后面音节。

成语练习

来龙去脉　来日方长　老马识途　狼狈不堪　浪子回头　牢不可破　老当益壮
老生常谈　雷厉风行　冷嘲热讽　两袖清风　量力而行　燎原烈火　龙腾虎跃
高风亮节　高瞻远瞩　豪情壮志　好大喜功　调兵遣将　泛滥成灾　防患未然
矫枉过正　慷慨激昂　冒名顶替　脑满肠肥　包罗万象　超群绝伦　刀山火海
鸟语花香　庞然大物　抛砖引玉　响彻云霄　高朋满座　早出晚归　招摇过市
放虎归山　光明磊落　广开言路　遥相呼应　咬牙切齿　耀武扬威　鼠目寸光
浩浩荡荡　江河日下　娇生惯养　道貌岸然　逍遥法外　扬长而去　阳关大道
乔装打扮　相安无事　相辅相成　相亲相爱　造谣惑众　张冠李戴　高文典册

诗歌练习

望庐山瀑布
李 白

日照香炉生紫烟,遥看瀑布挂前川。
飞流直下三千尺,疑是银河落九天。

浪淘沙
刘禹锡

九曲黄河万里沙,浪淘风簸自天涯。
如今直上银河去,同到牵牛织女家。

黄鹤楼送孟浩然之广陵
李 白

故人西辞黄鹤楼,烟花三月下扬州。
孤帆远影碧空尽,唯见长江天际流。

登 高
杜 甫

风急天高猿啸哀,渚清沙白鸟飞回。
无边落木萧萧下,不尽长江滚滚来。
万里悲秋常作客,百年多病独登台。
艰难苦恨繁霜鬓,潦倒新停浊酒杯。

题西林壁
苏 轼

横看成岭侧成峰,远近高低各不同。
不识庐山真面目,只缘身在此山中。

示 儿
陆 游

死去元知万事空,但悲不见九州同。
王师北定中原日,家祭无忘告乃翁。

出 塞
王昌龄

秦时明月汉时关,万里长征人未还。
但使龙城飞将在,不教胡马度阴山。

与诸子登岘山
孟浩然

人事有代谢，往来成古今。
江山留胜迹，我辈复登临。
水落鱼梁浅，天寒梦泽深。
羊公碑尚在，读罢泪沾襟。

九月九日忆山东兄弟
王　维

独在异乡为异客，每逢佳节倍思亲。
遥知兄弟登高处，遍插茱萸少一人。

锦　　瑟
李商隐

锦瑟无端五十弦，一弦一柱思华年。
庄生晓梦迷蝴蝶，望帝春心托杜鹃。
沧海月明珠有泪，蓝田日暖玉生烟。
此情可待成追忆？只是当时已惘然。

（二）改善音色练习

改善音色以音位理论为基础，在不影响表义的前提下，可适当调整口腔的开度和发音部位，"开音稍闭、闭音稍开，前音后发、后音前发，宽音窄发、窄音宽发，扁音圆发、圆音稍撮嘴角"，使音色"圆润集中"、吐字"颗粒饱满"。这里"开音"指开口度较大的音节；"闭音"指开口度较小的音节；"前音"指发音位置偏前的音节；"后音"指发音位置偏后的音节。

（1）以"开音"（前一音节）带"闭音"（后一音节）达到"闭音"稍开。
　　　打击　老板　傲气　毛线　仓库　刚强　抄写　劳力　暗语　案例
　　　打印　杀气　压力　搬离　苞米　炕席　报备　草地　安宁　潮汐
（2）以"闭音"（前一音节）带"开音"（后一音节）达到"开音"稍闭。
　　　激发　计协　沮丧　孤傲　题跋　提防　辅导　库房　机房　臆想
　　　出发　笔套　徒长　泣杖　立方　出门　浴霸　鱼塘　苦熬　机械
（3）以"前音"（前一音节）带"后音"（后一音节）达到"后音"稍开。
　　　体高　鱼糕　时隔　体格　敌国　因果　银钩　斥责　难过　依靠
　　　谥号　此刻　立刻　碧空　抵扣　司库　石矿　余额　衣物　遗忘
（4）以"后音"（前一音节）带"前音"（后一音节）达到"前音"稍开。
　　　刚毅　钢笔　高地　告诫　隔壁　搁置　个别　更送　相似　共识
　　　古语　国宴　穿刺　耗力　贺礼　横笛　弘历　后裔　蝴蝶　刻意

四、吐字归音训练

（一）吐字归音的要领

吐字归音训练是用来体会和实现咬字器官对音节各部分的控制。需要达到字头部位准确、弹动轻快；字腹拉开立起、圆润饱满；字尾干净利索、趋向鲜明的要求。具体练习方法如下：

（1）口腔调整。

1）静态控制（相对保持长时间的状态）：打开口腔、力量集中。

2）动态调整（针对具体每个音节声韵调的调整控制）：吐字归音。

（2）"枣核型"发音状态（图9-1）。

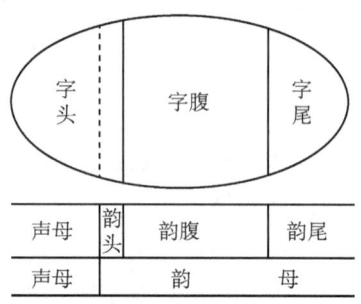

声母	韵头	韵腹	韵尾
声母		韵　　　母	

图9-1　音节"枣核型"发音示意图

吐字、立字、归音三个阶段的有机联系和相对独立的发音状态，就像一个两头尖中间胖的"枣核儿"，充分地把握吐字和归音的发音要领，就是体现枣核儿的两个尖儿，而立字正是体现"枣核儿"的中间部位。

（3）字头发音要领。

1）叼住（条件）：①部位准确（气流成阻部位要准确）；②保持气流受阻的部分力量强，保持时间长。

2）弹出（结果）：①去除阻碍快，同时保持吸气状态；②快速转移到韵母。

（4）字腹发音要领：拉开立起（立字饱满，主要元音发音时长要足够）。

（5）字尾发音要领：弱收到位，趋势鲜明（字尾仅为趋势，不发出声音）。

（二）声母、韵母拼合练习

下面是普通话21个声母和韵母 a（开）、i（齐）、u（合）、ü（撮）的拼合练习。第一要有一定力度，弹动轻快。第二要注意唇形，即开口音唇形自然，口咧不要过大；齐齿音口咧不要太扁、太窄；合口音不要噘唇；撮口音唇形不要太圆，只撮上唇两角。

（1）开口。

　　ba　pa　ma　fa　da　ta　na　la　ga　ka　ha　zha　cha　sha　ra　za

ca、sa

（2）齐齿。

bi pi mi di ti ni li ji qi xi

（3）合口。

bu pu mu fu du tu nu lu gu ku hu zhu chu shu ru cu su

（4）撮口。

nü lü jü qü xü

（5）综合。

ba bi bu　　pa pi pu　　ma mi mu　　fa fu　　da di du
ta ti tu　　na ni nu　　la li lu　　ga gu　　ka ku
ha hu　　jia ji jü　　qie qi qü　　xia xi xü
zha zhu　　cha chu　　sha shu　　ra ru　　za zu
ca cu　　sa su

（三）象声词练习

吧哒哒　滴溜溜　咕隆隆　乒乓乓　唰啦啦　哗啦啦　劈啪啪　当啷啷
嘀呖呖　轰隆隆　扑嗵嗵　淅沥沥　咕噜噜　扑腾腾　扑棱棱　花楞楞
呼啦啦　咣当当　叮咚咚　滴哒哒　扑哧哧　噗噜噜　咯吱吱　咯噔噔

思考题

1. 请说出播音员吐字的基本要求与衡量标准。
2. 口腔控制的作用有哪些？
3. 怎样做到"字正腔圆"？
4. 如何打开口腔？
5. 如何做到口腔的力量集中？
6. 什么是吐字归音？吐字归音的过程有哪些？
7. 怎么进行口腔调整？
8. "枣核型"发音状态是什么？请描述"枣核型"发音的过程。
9. 字头、字腹、字尾的发音要领是什么？
10. 口部操的训练分为几个部分？
11. 唇的练习有哪些？
12. 舌的练习有哪些？

第十章　播音员共鸣调节训练

共鸣，是指物体因共振而发声的现象。人的发音体所产生的共鸣，就是指声带振动时影响到邻近的器官或器官内部的空间所产生的音响效果。一个人的发音器官及共鸣腔体的构造由先天决定，因此其调节与控制相对困难。然而，只要经过科学的训练，并规范地掌握练习技巧，声音是可以通过扩大共鸣来改善的。因此，掌握共鸣调节方式是提高发声效率、改善声音质量的重要途径。

一、共鸣器官与共鸣的基本常识

基于发声的基本原理（详见第七章），完整的发音过程离不开成音系统，即共鸣。共鸣对于共鸣腔体的利用和调节，客观地扩大了声带本身发出的微弱的声音，同时也影响音色的变化。

（一）人体产生共鸣的条件

物理学中强调共鸣是共振的一种，即声音的共振现象就是共鸣。人体的共鸣器官所形成的声道主要起到扩大和美化声音的作用。人体产生共鸣需要具备三个要素：

第一，需要声源。人体发声的声源系统能够提供声源，即声带的振动所发出的喉原音。

第二，需要传播介质。人体发声的传播最佳介质是空气，人体的呼吸运动能够提供源源不断的气流。

第三，需要一定体积的物体空间。各种共鸣腔体提供了体积大小不同的空间。

要产生和谐的共鸣三个要素之间还需要满足两个必要条件：①物体空间的固有频率与发音体相近；②发音体处在物体空间内部且空间内充满空气。人体内部器官的构造完美地满足了以上条件。

（二）共鸣器官

共鸣器官包括全部发声系统的空腔：胸腔、喉腔、咽腔、口腔、鼻腔。按照共鸣器官内部体积大小是否能够自由改变，可以将共鸣腔体分为两类：

1）可调节腔体：口腔、喉腔、咽腔。
2）不可调节腔体：胸腔、鼻腔。

按照共鸣器官在人体中所处的位置又可以将其分为三类：

1）上部共鸣腔：上颚以上的腔体，也就是鼻腔（包括鼻窦、蝶窦、额窦）。

2）中部共鸣腔：上颚与喉头之间的腔体，包括口腔、口咽腔、喉咽腔。

3）下部共鸣腔：喉头以下的喉腔、胸腔。

由于咽腔位置比较特殊，与上部、中部共鸣腔相连，故将其与口腔相连的部分称为口咽腔，与鼻腔相连的部分称为鼻咽腔，与喉腔相连的部分称为喉咽腔。

在理解共鸣腔体时应注意以下两点：

1）共鸣腔体的"可调节"与"不可调节"是相对的。例如，胸廓的运动能够影响胸腔的容积，但相对于口腔开闭所带来的容积变化，胸腔可被视为不可调节腔体。而鼻腔虽然生理上形状和大小不能改变，但可以通过软腭的上下运动来适度调节。

2）高音越高越容易调动上部共鸣腔的共鸣，高音越低越容易调动下部共鸣腔的共鸣。中部共鸣腔由于可调节度大，最容易调动共鸣。

二、播音发声对共鸣训练的基本要求

由于受到工作环境和条件的影响，播音发声的共鸣要求，与其他艺术形式的共鸣方式相比，有其独特之处。它主要采用以口腔共鸣为主，胸腔共鸣为基础，辅以微量鼻腔共鸣的声道共鸣方式。对于播音与主持艺术语言的声道运用来说，情况同样如此。具体的声位要求，相较于其他语言艺术的声区运用，需要更加精细、规整和统一。播音发声的特点决定了其对共鸣的以下要求：一要泛音适量，二要声束集中，三要字音清晰，四要声音自然。在理解以上要求时，我们应注意以下几点。

1）播音发声以调动口腔共鸣为主。在人体所有的共鸣腔体中，口腔是可调节度最大的腔体，也是播音发声最重要的共鸣腔。加之咬字器官也位于口腔内，因此口腔共鸣需要重点训练（咬字器官训练详见第九章中吐字归音练习）。对口腔共鸣的理解可以这样描述：从听觉美感的角度出发，声束应当击中"硬腭前部"，也叫"声挂前腭"。感觉上，就像有一根充满弹性的声音柱，或者像一股清泉从小腹涌起，经胸部垂直向上，再通过口咽部位转而向前，沿着上颚的中纵线流畅地流动，最终"挂于"硬腭前部并透出口外。这样的发声方式，会让人感觉声音仿佛"挂"在硬腭的穹窿之上，声音因此显得明朗、润泽，发声时也更加省力。这个比喻既生动又富有启发性，形象地指出了播音员在表达过程中对声位控制的严格要求。

2）播音发声以调动胸腔共鸣为基础。在人体所有的共鸣腔体中，胸腔的容积是最大的，它对低频声音的共鸣作用最为显著。尽管胸腔不直接参与构音过程，不像口腔那样被誉为"语音的制造场"，但胸腔在扩大低声区音量方面的功能却非常显著。优秀的胸腔共鸣能够使声音听起来更加浑厚、饱满且结实。

3）播音发声以调动微量的鼻腔共鸣为辅助。由于普通话语音中存在鼻辅音，而鼻辅音的发音需要软腭下降、打开鼻腔通路，这就不可避免地产生了鼻腔共鸣。

鼻辅音中 m（双唇阻浊鼻音）、n（舌尖中阻浊鼻音）充当声母出现，而在韵母中 n、ng 充当韵尾组成了数量多达 16 个的前鼻音与后鼻音。除去普通话语音发音的需要，鼻腔共鸣也能够由声音冲击硬腭通过骨传导主动产生。但要注意的是，鼻腔共鸣不等于鼻音。微量的鼻腔共鸣能够使声音更加明亮、华丽，而过多的鼻音会影响语音的清晰度，有憋和堵的感觉。因此，鼻腔共鸣的训练应适度，且重点在于结合咽部的练习增强鼻咽腔的共鸣。

4）咽部的训练是实现播音发声共鸣协调的关键。咽腔也称咽管，因其容积大、管道长而著称，它巧妙地连接着口腔、鼻腔与喉腔。在播音发声中，我们尤其强调后咽壁的重要性，即强调发声时后颈部的发力，这常被形象地称为"声音的支点在后咽壁"。当口腔充分打开、软腭上升，并且后咽壁保持积极挺立的状态发声时，口咽腔与口腔协同作用，共同完成口腔共鸣的调节。相反，当软腭下降时，鼻咽腔与鼻腔则共同参与鼻腔共鸣的调节。此外，咽部还是连接胸腔共鸣、口腔共鸣与鼻腔共鸣的桥梁。如果咽部力量不足，那么在声音从低音滑动到高音的过程中，很可能出现声音的断层或不畅（详见第十一章喉部控制训练音高的变化练习）。因此，咽部的力量训练应当被视为重点训练内容之一。

三、共鸣的调动练习

共鸣是元音形成的基础，同时也深刻影响着声音的色彩，这种色彩超越了单纯的意义范畴。恰当地运用共鸣，能够显著改善声音的色彩，使其更加美化，从而赋予声音更丰富的表现力。共鸣腔体的合理运用，并非仅仅局限于腔体自身的控制技巧，它还需要情感的充分调动、吐字的精准配合、气息的坚实支撑，以及良好的听觉意识和判断能力。因此，共鸣控制与之前所学过的每一章节内容都存在着必然的联系，它们之间相互影响、相互制约，共同构成了声音艺术的完整体系。在具体的共鸣训练过程中，综合调整与灵活运用这些要素，是达成高效训练效果的前提。

（一）胸腔共鸣

在训练调动胸腔共鸣时，首先要认识到胸腔共鸣是伴随着语音时刻出现的。只需轻轻将手放在前胸，就能明显感受到胸腔的振动。特别是当使用低声区发音时，胸腔的振动会更为强烈。为了更容易地调动胸腔共鸣，可以选择开口度较大的元音进行练习，同时增大送气量并适当降低音高。值得注意的是，人体能够发出的最低音是气泡音，因此，我们可以从气泡音的位置出发，作为调动胸腔共鸣的基础练习点。此外，在普通话语音的四个声调中，上声调与去声调的调值都要下降到五度标记法中的 1 度，因此，选取带有上声调和去声调的字词进行练习，可以更有效地调动胸腔共鸣。

练好共鸣应该依托元音的练习，尤其是 a 音的练习。

（1）先寻找气泡音的发音感觉和位置，并以此为基础，做a音的拓展练习。同时，可以把手放在前胸感受胸腔的振动感。

（2）用较低的声音发［ga］音，注意声音不要过高。应着重感觉浑厚的声音，待声音稳定后，逐渐加大音量，声音由高到低，由实到虚，发长音。将手轻放于胸前，仔细体会声音在哪种情况下更容易产生胸腔共鸣。

（3）以胸腔共鸣作为重点练习，再结合上声和去声的双音节词组（特别注意1度音高的延伸）。例如：

感叹　散淡　泛滥　反演　拌饭　奋然　好感　翻案　漫谈　无憾

（4）练习遥条辙ao、iao和姑苏辙u的古诗词，注意加强韵脚的胸腔共鸣。

秋词（其一）
刘禹锡

自古逢秋悲寂寥，我言秋日胜春朝。
晴空一鹤排云上，便引诗情到碧霄。

静 夜 思
李 白

床前明月光，疑是地上霜。
举头望明月，低头思故乡。

竹 里 馆
王 维

独坐幽篁里，弹琴复长啸。
深林人不知，明月来相照。

悯 农
李 绅

锄禾日当午，汗滴禾下土。
谁知盘中餐，粒粒皆辛苦。

望 岳
杜 甫

岱宗夫如何？齐鲁青未了。
造化钟神秀，阴阳割昏晓。
荡胸生曾云，决眦入归鸟。
会当凌绝顶，一览众山小。

▲在训练胸腔共鸣时需要注意以下问题：

胸腔相对于口腔来说，是一个不可调节的腔体，其骨骼大小主要由生理决定，后天的训练只能尽可能地调动并增强胸腔共鸣。胸腔共鸣在正常说话中是无处不在的。一开始练习时，可以站立并将后背靠在墙上，或者坐在椅子上将后背靠在椅背上，通过叹气发低音的方式来感受胸腔共鸣。在练习过程中，需要特别注意喉部的放松。有不少男生为了刻意追求低沉的音色，通过压喉的方式将声音放低，误以为这样就调动了胸腔共鸣，但实际上这是一种不科学的练习方法。这种挤压前颈部产生的喉音不仅发音质量不高，音色非常沉闷，而且还会极大地加重声带的负担（详见第十一章喉部控制训练）。

（二）口腔共鸣

口腔是所有共鸣器官里最灵活的一个腔体，它会随着吐字归音时唇舌的变化而随时改变形状。同时，它也是最复杂的一个腔体，既依附于吐字归音而存在，又兼具共鸣器官和咬字器官的双重功能。关于打开口腔与吐字归音的训练，已在第九章中详细列出。此处，我们重点列举通过调动口腔共鸣来改善音色的练习方法。

1）唇齿靠近，以便提高声音的明亮度。发音时有些人习惯撅唇，音色大多较暗也不够清晰。可以尝试收紧双唇，使其贴近上下齿的方法以改善共鸣。可先用单元音进行练习，再用短句进行练习，比较此时发音与自己习惯性发音中的音色变化。

2）嘴角向上略微抬起，以消除消极的音色。一些学生发音时习惯嘴角下垂，这样并不善于表达积极、兴奋的感情。在实际训练中，可以结合"提颧肌"，让嘴角略微上抬，所发出的音色会有变化，也可先用单元音练习，再用短句进行练习，对不同的声音色彩进行对比。

3）改善u、ü、o的音色。一些学生在发带有u、ü、o音的字时，嘴唇突起过长，导致音色显得过暗且带有沉闷色彩。为了改善这一点，可以将唇齿靠近，减小突起，从而使音色得到相应改善。运用下列韵母做对比练习，比较其音色变化的情况。

ao　　iao　　iou　　iong　　u　　ua　　uai
uan　　uen　　uang　　ü　　üe　　üan　　ün

▲在训练口腔共鸣时需要注意以下问题：

提颧肌、打牙关、挺软腭、松下巴是调动口腔共鸣的基本状态。与胸腔共鸣的被动调动不同，口腔共鸣是通过积极主动地调整口腔开度、舌头位置、软腭升降、面部肌肉等方式来配合实现的。每个人都能通过后天的训练获得良好的口腔共鸣效果。在训练过程中，口腔共鸣需要紧密结合元音的发音来练习，如练习发 a 音。

（三）鼻腔共鸣

鼻腔共鸣作为播音发声的辅助共鸣，应进行合理适度的训练。以下列举最常见的哼鸣练习作为练习参考。

（1）在自如声区里找出最佳、最自如的音高定为"哼鸣"声"3"。

①音调：自如声区；②音位：高于鼻位；③发声：呈吸气状态；④声音支点：后咽壁；⑤气息支点：丹田；⑥声音形象：呈管状；⑦双唇闭拢，排除口腔气体，呈咽唾液状。

（2）哼鸣：3-2-|1--- ‖ 。

①反复两遍；②音位应高音向下，低音向上。

（3）返回哼鸣：3--- ‖ 。

（4）开口发声"ma"、"i"音，音位应吻合一开始哼鸣的音高：

①口大开，舌位降，打开后咽腔，似抬头张嘴的感觉；②状态积极，体态松弛，精力集中，以情带声，兴奋从容；③气息通畅自如，声音集中有力，面部表情自然，形之于色，动之以情。

▲在训练鼻腔共鸣时需要注意的问题：

鼻腔共鸣虽然能够极大地增加声音的明亮度和华丽感，但使用必须适度，尤其是要避免主要元音鼻音化。有的人说话时普遍带有鼻音，却误以为鼻音等同于鼻腔共鸣。鼻腔共鸣与鼻音的区别主要在于是否由发音人主动引发和控制。主动调动的为鼻腔共鸣，而不可控的、无意识的则为鼻音。这两者产生的声音在音色质量上有着明显的差异。

💡 思考题

1. 什么是人体的共鸣？
2. 共鸣调节的作用有哪些？
3. 播音发声中的共鸣腔体有哪些？
4. 播音发声对共鸣的要求是什么？
5. 如何感受胸腔共鸣？
6. 如何调动口腔共鸣？
7. 如何利用口腔共鸣改善音色？
8. 播音时什么情况下会用到鼻腔共鸣？
9. 为什么要适度地调动鼻腔共鸣？
10. 咽部在共鸣调节过程中发挥了哪些作用？

第十一章　喉部控制训练

喉部，作为人体发声系统的主要组成部分，是基础的振动装置。声带的振动体就位于喉部，是声源的核心。喉部的肌肉群细分为喉内肌与喉外肌，它们共同协作以调节声带的状态。此外，喉部的软骨结构，包括环状软骨、甲状软骨、构状软骨以及会厌软骨，对发声过程也起着直接且关键的作用。如图11-1、图11-2所示。

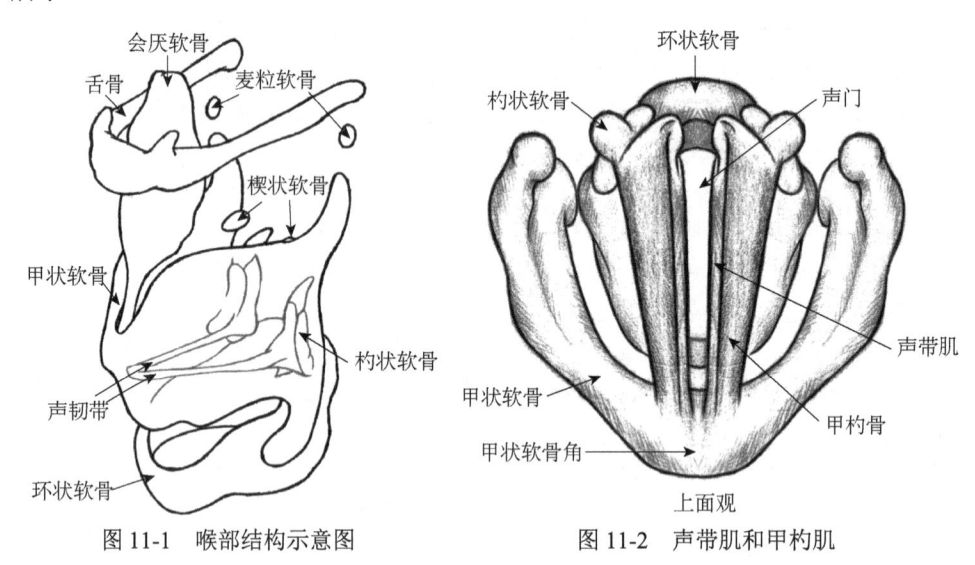

图 11-1　喉部结构示意图　　　图 11-2　声带肌和甲杓肌

喉部器官的具体结构非常复杂，可以简单理解为其是位于气管顶部的开关。呼吸时开关打开使空气进出流通，吞咽与憋气时开关关闭，阻隔空气与食物进入呼吸道，而发声时开关靠近，不像吞咽时关闭得那么紧密，而是在气流能够通过且相对放松的状态下自由振动后形成声波，完成声源的输出。如图11-3所示。

一、喉部控制的总体要求

喉是声音产生的源头，通常被人们称为"嗓子"。尽管它的部位"狭窄细小"，但在发声过程中却扮演着至关重要的角色。对于那些未经专业训练或不会正确用嗓的人来说，由于长期养成的不良用声习惯，他们在发声时往往会挤压喉部，这不仅会导致听觉效果不佳，还可能使喉部承受过大压力，进而引发病变。相反，一个有经验的发声者会根据自身的生理条件，运用恰当的方法，合理协调并提升

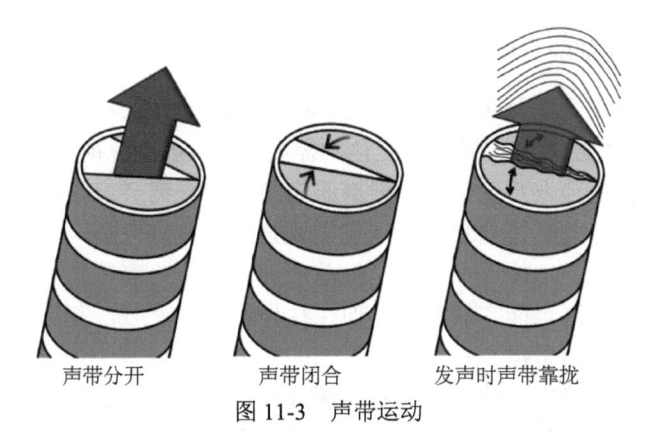

声带分开　　　声带闭合　　　发声时声带靠拢

图 11-3　声带运动

用声能力。尽管一个人的音色受到生理限制难以改变，但通过在合理用气、规范发音、调整共鸣等方面进行科学规范的训练，仍然可以使声音得到美化和改善。这样的训练不仅能美化声音，还能延长嗓音的使用寿命，预防病变，从而确保声带的健康。

播音员和主持人作为从事有声语言艺术的工作者，更应该科学地、规范地控制每一个发音器官。在"度"的把握上，不应超出质与量的合理范围，需要进行"相对"的理解与控制。

（一）注意喉头的相对控制

喉部训练中，我们需要注意喉头的相对稳定与相对放松。无论是相对稳定还是相对放松，实质上都是一种控制手段。从认识论的角度来看，对于任何事物的理解和把握都应当遵循"相对"的原则，在实际的发声过程中，喉部的控制亦不例外。试想，若喉部及声带肌肉受到过分挤压，必然因承受过大压力而受损，进而导致声音变得干涩、暗淡。

有些人盲目模仿自己喜爱的声音，为了营造丰富的胸腔共鸣，不惜采用压喉的方式，这些方法既不合理也不科学，在学习过程中应当坚决避免。唯有实现喉部的相对放松，才能使声带在气流的冲击下免受过多压力，从而在振动发声时充分发挥泛音的作用，使音色变得丰富而明亮。相对控制，实际上是与喉部完全不做控制的过度放松状态相对而言的。无论是实声、虚声还是虚实声，都是气流冲击声带振动的结果。气流冲击越强，声带越紧张，声音就越响亮；反之，气流冲击减弱，声带松弛，声音也就相对柔和。因此，喉部肌肉既不可过于松弛也不可过于紧张，唯有实现喉部的相对控制，方能更好地发挥其功能。

实际上，喉部肌肉的控制不仅受到平时不良习惯导致的声带闭合状态失调的影响，还与气息的合理运用密切相关。在追求喉部的相对稳定与放松时，我们必须在气息控制的基础上，结合吐字归音的技巧进行科学的控制训练，这样才能有效提升发音质量、丰富声音色彩，并延长声音的使用寿命。

（二）注重咽部的力量训练

艺术语言的表达是灵活多变的。为了满足丰富的情感表达需求，音高、音强、音长、音色都在不断地变化以适应表达的需要，这不可避免地加重了喉部的负担。如果长时间高强度地发声仅依赖于喉部肌肉的拉伸来调节声带，将不可避免地导致肌肉力量失控。尤其是当表达的语句需要强烈的情感色彩，需要提高音高时，表达者可能会不自觉地使用喉外肌拉扯前颈部，从而对声带施加压力，强迫声带闭合。虽然这种方法也能完成发声，但往往导致声音紧绷，发声质量不高，并且极大地增加了声带的负担。

要做到喉部的稳定与放松，就必须解放前颈部，特别是要克服使用喉外肌拉扯的发音习惯。而增强咽部肌肉的力量，让声音的支点转移到后咽壁，是解决前颈部紧张、喉头不稳定的最佳方法。咽腔与喉腔、口腔、鼻腔相连，是重要的共鸣腔。在发声过程中，后咽壁的积极挺直配合软腭的抬起，能够有效地扩大并稳定咽腔的容积，从而极大地改善声音质量。在实际训练过程中，时常提及的"后颈部发力"实际上就是在强调加强后咽壁的力量。

（三）把握虚实的合理运用

在播音员和主持人进行创作的过程中，声音色彩的变化主要体现为虚实的变化。实声是声带完全关闭时发出的声音，而虚声则是在声门相对松弛，气流能够通过适度开启的声带时所发出的声音。虚声的运用为播音时的语言表达增添了更为丰富的处理方式。然而，要注意的是，虚声的使用不宜过多，因为发虚声时声带并未完全闭合，导致气流的耗费较大，长时间使用虚声会增加呼吸器官与喉部肌肉的负担。因此，必须采取虚实声相互结合的方式，才能达到良好的播音效果。

换言之，在播音发声中，"实声为主，虚实结合"是基本的声音色彩原则，所有更为丰富的声音变化都是建立在这一基本色彩之上的。

二、嗓音变化训练

音高、音强、音长、音色是普通话的物理特性，而灵活自如地控制这几种声音特性则是播音员主持人在创作过程中必须掌握的重要创作手段。在广播电视节目中，由于播音稿件的内容、形式、风格以及受众对象各不相同，因此要求播音员的声音色彩也需随之变化，避免千人一面、千稿一腔、千篇一律的现象。为了适应各种稿件播音的需求，播音员必须训练出鲜明且丰富的声音色彩。

音色的虚实、明暗变化是由声门开合程度的变化所形成的。这种音色变化对于丰富语言表现力、准确表达情感色彩至关重要。通过相关的练习，学生需要培养对声带活动状态的正确感知，学会灵活运用不同的音色，以克服日常口语中可能存在的色彩单一、发声消极的习惯，从而增强自己的发声能力。

（一）音色的变化练习

（1）音色对比练习

用相同音高练习下列每个音，体会声带通过音色变化呈现出的不同状态。

两种音色对比练习

每个单元音都有两种音色变化，体会喉部在发柔和的虚声与明亮的实声两种状态时的不同感觉。

开口呼 a：（实声—虚声）　　合口呼 i：（实声—虚声）
齐齿呼 u：（实声—虚声）　　撮口呼 ü：（实声—虚声）

多种音色对比练习

要求每个音都有两种以上的变化，开始时运用虚、柔和与明亮的三种音色。随着练习的加强又可分成由最虚到最亮的多种不同音色。通过相关训练，锻炼自己对于音色的控制和把握能力。

a：（实声—虚实声—虚声）　　o：（实声—虚实声—虚声）
e：（实声—虚实声—虚声）　　i：（实声—虚实声—虚声）
u：（实声—虚实声—虚声）　　ü：（实声—虚实声—虚声）

（2）音色连续变化练习

在之前的练习部分，我们已经就多种音色变化进行了单独的练习。接下来，我们将针对常用的六个元音，在保持相同音高的不间断状态下，进行由虚到实以及由实到虚的音色变化练习。这一练习旨在增强声带对音色变化的控制能力。在练习过程中，请特别注意体会声门闭合状态的实际感觉。

由虚到实练习

深吸一口气，保持吸气时喉部的状态（此时声门打开），开始发音，声音逐渐由柔和到明亮，声门由打开转为关闭。练习过程中体会喉部的感觉。

a：（虚声—实声）　　o：（虚声—实声）
e：（虚声—实声）　　i：（虚声—实声）
u：（虚声—实声）　　ü：（虚声—实声）

由实到虚练习

深吸一口气，然后屏住气息，让声门保持在闭合状态，开始发音，此时声音是响亮的实声，再逐渐打开声门，体会声音由明亮到柔和的音色变化及喉部的感觉。

a：（实声—虚声）　　o：（实声—虚声）
e：（实声—虚声）　　i：（实声—虚声）
u：（实声—虚声）　　ü：（实声—虚声）

（3）复韵母和词的音色变化练习

在掌握单元音音色变化后，向整个音色变化过渡，使音色变化用于表达。

复韵母与鼻韵母音色变化练习

这一练习包括汉语普通话的复韵母与鼻韵母，要求每个韵母都有不同的音色变化，一般应能有三个层次的变化。

ai（虚声）	ai（虚实声）	ai（实声）
ei（虚声）	ei（虚实声）	ei（实声）
ao（虚声）	ao（虚实声）	ao（实声）
an（虚声）	an（虚实声）	an（实声）
en（虚声）	en（虚实声）	en（实声）
ang（虚声）	ang（虚实声）	ang（实声）
eng（虚声）	eng（虚实声）	eng（实声）
ia（虚声）	ia（虚实声）	ia（实声）
ie（虚声）	ie（虚实声）	ie（实声）
iao（虚声）	iao（虚实声）	iao（实声）
iou（虚声）	iou（虚实声）	iou（实声）
in（虚声）	in（虚实声）	in（实声）
iang（虚声）	iang（虚实声）	iang（实声）
ing（虚声）	ing（虚实声）	ing（实声）
ua（虚声）	ua（虚实声）	ua（实声）
uai（虚声）	uai（虚实声）	uai（实声）
uei（虚声）	uei（虚实声）	uei（实声）
uan（虚声）	uan（虚实声）	uan（实声）
uang（虚声）	uang（虚实声）	uang（实声）
üe（虚声）	üe（虚实声）	üe（实声）
üan（虚声）	üan（虚实声）	üan（实声）
ün（虚声）	ün（虚实声）	ün（实声）

词的音色变化练习

下列词中包括了汉语普通音节中的39个韵母，分别用虚声、虚实声和实声练习。注意韵母与声母结合时整个音节的音色变化，体会喉和发音器官的感觉。特别注意把握播音中常见的兼有虚实音色的柔和声音色彩。

双手	老翁	交通	迂回	填写	新鲜	亲切	良好	江涛	薄弱	讹诈
聆听	星空	淋浴	杜绝	花絮	挖掘	尔后	安插	门户	昂扬	帮忙
熬煎	傲慢	欧洲	偶然	旅行	把关	跋涉	播种	恶霸	钻石	篡改
温暖	敦厚	压重	繁华	恩赐	比赛	衣裳	雅致	遐想	挑衅	休息
飘荡	跌打	歇脚	秋季	编造	夺取	作战	乖巧	衰败	威胁	追随
鞋子	决策	蜷缩	劝说	功勋	询问	职业	自由	而且	芝麻	子弟

(4) 语句的音色变化练习

通过练习，学会在稿件播读中运用不同的音色，以提升发声能力。在练习过程中，请特别注意音色变化所带来的感情与意境的微妙变化。

诗词练习

分别用虚声、虚实声和实声三种音色变化播读下面三首诗，然后变换使用三种音色朗诵，达到音色变化能够随心所欲。

春夜喜雨
杜 甫

好雨知时节，当春乃发生。
随风潜入夜，润物细无声。
野径云俱黑，江船火独明。
晓看红湿处，花重锦官城。

出 塞
王之涣

黄河远上白云间，一片孤城万仞山，
羌笛何须怨杨柳，春风不度玉门关。

黄 鹤 楼
崔 颢

昔人已乘黄鹤去，此地空余黄鹤楼。
黄鹤一去不复返，白云千载空悠悠。
晴川历历汉阳树，芳草萋萋鹦鹉洲。
日暮乡关何处是？烟波江上使人愁。

片段练习

根据要求，用不同音色播读下面各段。注意音色应与要求一致。有单一音色发声习惯的学生尤其要注意不同音色控制的持久性。通过练习来矫正不良发声习惯。形成能自如变化的发声能力。

（偏虚、稍暗音色）

曲曲折折的荷塘上面，弥望的是田田的叶子。叶子出水很高，像亭亭的舞女的裙。层层的叶子中间，零星地点缀着些白花，有袅娜地开着的，有羞涩地打着朵儿的；正如一粒粒的明珠，又如碧天里的星星，又如刚出浴的美人。微风过处，送来缕缕清香，仿佛远处高楼上渺茫的歌声似的。这时候叶子与花也有一丝的颤动，像闪电般，霎时传过荷塘的那边去了。叶子本是肩并肩密密地挨着，这便宛然有了一道凝碧的波痕。叶子底下是脉脉的流水，遮住了，不能见一些颜色；而

叶子却更见风致了。(节选自《荷塘月色》——朱自清)

(偏实、明亮音色)

离开渔舟,走上堤岸,只见千百条水渠,像彩带似的把无边无际的田野,划成棋盘似的整齐方块,那沉甸甸的稻谷,像一垄垄金黄的珍珠;炸蕾吐艳的棉花,像一厢厢雪白的珍珠;婆娑起舞的莲蓬,却像一盘盘碧绿的珍珠;那大大小小的河港湖泊,机帆船穿织如梭,平坦的长坦公路上,拖拉机往来不断,到处是机声隆隆,水畅人欢。今日洞庭,诗意盎然,彩笔难绘,简直是一个用珍珠砌成的崭新世界。(节选自《珍珠赋》——谢璞)

(根据感情和意境变化,用不同音色播读)

一阵风把蜡烛吹灭了。月光照进窗子来,茅屋里的一切好像披上了银纱,显得格外清幽。贝多芬望了望站在他身旁的兄妹俩,借着清幽的月光,按起了琴键。

皮鞋匠静静地听着。他好像面对着大海,月亮正从水天相接的地方升起来。微波粼粼的海面上,霎时间洒满了银光。月亮越升越高,穿过一缕一缕轻纱似的微云。忽然,海面上刮起了大风,卷起了巨浪。被月光照得雪亮的浪花,一个连一个朝着岸边涌过来……皮鞋匠看看妹妹,月光正照在她那恬静的脸上,照着她睁得大大的眼睛,她仿佛也看到了,看到了她从来没有看到过的景象,月光照耀下的波涛汹涌的大海。(节选自《月光曲》——杨爽)

(二)音高的变化练习

音高是由声带长度的变化来控制的。通过音高的练习,可以增强声带伸缩的肌肉力量,从而控制声带长度的变化。在扩展音域的同时,也需要灵活运用音高的变化来增强语言的表现力。通过相关练习,我们可以找到适合于播音的常用音高。

(1)音域扩展练习

将声音向高低两个方向扩展,可以扩大音域范围。对于发音相对较低的学生,应将音域向高音方向扩展;而对于发音相对较高的学生,则应将音域向低音方向扩展。

1)由低到高扩展音域。将自如声区中较舒适的位置定为音阶1。用单元音a、i、u、ü作为练习音,发长音。再将声音逐渐升高,接着发音阶2、3、4、5……发音时要注意避免过亮的实声,尽量使用相对柔和的虚声。在升高音色时也应当循序渐进,将声音调整到一个不费力的状态下再继续往上升。练习时不可急于求成,以免对发音器官造成不必要的损害。

2)由高到低扩展音域。将自如声区中较舒适的位置定为音阶1。用单元音a、i、u、ü作为练习音,发长音。再将音阶7、6、5、4……逐步降低。每次练习时,将一个音调整到一个不费力的状态后,再继续往下降。声音下降时容易出现声门闭合过紧的喉音,在练习中应尽量避免。使声门稍微打开,尽量使用柔和音色,以避免对喉的伤害。

（2）确定适当音高

找出适合自己的音高，并将这一高度与自己习惯使用的音高进行比较，以检查是否存在习惯性发声偏高或偏低的问题。根据自己存在的问题，进一步进行针对性的改善训练。

语句练习

将音色由高到低进行调整，分为几个不同高度播读以下各个段子，然后进行对比。

1）江南好，风景旧曾谙：日出江花红胜火，春来江水绿如蓝。能不忆江南？

2）墙角数枝梅，凌寒独自开。遥知不是雪，为有暗香来。

3）孤芳自赏并不能代表美丽也不能说明绚烂，自以为不凡更不能象征英雄气概立地顶天。

4）追求生活的圆满是人生的美好愿望。然而，真正实现这个愿望又何其难呀？

5）既然你选择了一片洁白的云，就亮在湛蓝湛蓝的天空上，就亮在千千万万双眼睛里。

诗词练习

运用音高变化朗读下面这首词，注意声音高低起伏。

沁园春·雪
毛泽东

北国风光，千里冰封，万里雪飘。望长城内外，惟余莽莽；大河上下，顿失滔滔。山舞银蛇，原驰蜡象，欲与天公试比高。须晴日，看红装素裹，分外妖娆。江山如此多娇，引无数英雄竞折腰。惜秦皇汉武，略输文采；唐宗宋祖，稍逊风骚。一代天骄，成吉思汗，只识弯弓射大雕。俱往矣，数风流人物，还看今朝。

综合练习

用适当的音高播读下面段落，注意每个段落开始时的声音高度。

鸟的天堂
巴 金

我们吃过晚饭，热气已经退了。太阳落下了山坡，只留下一段灿烂的红霞在天边。

我们走过一条石子路，很快就到了河边。在河边大树下，我们发现了几只小船。我们陆续跳上一只船。

一个朋友解开了绳，拿起竹竿一拨，船缓缓地动了，向河中心移去。

河面很宽，白茫茫的水上没有一点波浪。船平静地在水面移动。三支桨有规律地在水里划，那声音就像一支乐曲。

在一个地方，河面变窄了。一簇簇树叶伸到水面上。树叶真绿得可爱。那是许多棵茂盛的榕树，看不出树干在什么地方。

当我说许多株榕树的时候，朋友们马上纠正我的错误。一个朋友说那只有一株榕树，另一个朋友说是两株。我见过不少榕树，这样大的还是第一次看见。

我们的船渐渐逼近榕树了。我有机会看清它的真面目，真是一株大树，枝干的数目不可计数。枝上又生根，有许多根直垂到地上，伸进泥土里。一部分树枝垂到水面。从远处看，就像一株大树卧在水面上。

榕树正在茂盛的时期，好像把它的全部生命力展示给我们看。那么多的绿叶，一簇堆在另一簇上面，不留一点缝隙。

那翠绿的颜色，明亮地照耀着我们的眼睛，似乎每一片绿叶上都有一个新的生命在颤动。这美丽的南国的树！

船在树下泊了片刻，岸上很湿，我们没有上去。朋友说这里是"鸟的天堂"，有许多鸟在这棵树上做巢，农民不许人去捉它们。我仿佛听见几只鸟扑翅的声音，等我注意去看，却不见一只鸟的影儿。只有无数的树根立在地上，像许多根木桩。土地是湿的，大概涨潮的时候河水会冲上岸去。鸟的天堂里没有一只鸟，我不禁这样想。船开了，一个朋友拨着桨，船缓缓地移向河中心。

第二天，我们划着船到一个朋友的家乡去。那是个有山有塔的地方。从学校出发，我们又经过那"鸟的天堂"。

这一次是在早晨。阳光照耀在水面上，也照在树梢，一切都显得非常明亮。我们又把船在树下泊了片刻。

起初周围是静寂的。后来忽然起了一声鸟叫。我们把手一拍，便看见一只大鸟飞了起来。接着又看见第二只，第三只。我们继续拍掌，树上就变得热闹了，到处都是鸟声，到处都是鸟影。大的，水的，花的，黑的，有的站在树枝上叫，有的飞起来，有的在扑翅膀。

我注意地看着，眼睛应接不暇，看清楚这只，又看漏了那只，看见了那只，第三只又飞走了。一只画眉鸟飞了出来，被我们的掌声一吓，又飞进了叶丛，站在一根小枝上兴奋地唱着，那歌声真好听。

小船向着高塔下面的乡村划去的时候，我回头看那被抛在后面的茂盛的榕树。我感到一点儿留恋。昨天是我的眼睛骗了我，那"鸟的天堂"的确是鸟的天堂啊！

（三）音强、音长的变化综合练习

（1）音量的改变练习

"ü、a"音的弹发练习

发音时，注意以轻、低起音，然后逐渐加高变强。再逐渐降低减弱。注意气息与声带的相互配合，体会共鸣控制。反复训练多次，将声音调整到畅通，高低、强弱活动自如的状态。

第十一章 喉部控制训练

"a"的环绕音练习

发音时，由低起，再螺旋上升，要控制好气息压力，尽量扩展音域，随着声音的升高，体会小腹与两肋对抗力量的变化，体会口腔内共鸣点似"指针后移"的感觉。此练习要循序渐进，量力而行，避免喊叫状态出现。

要求：练习时，保持一定音高（即共鸣位置不变，小声时音不低下来，大声时音不高上去）；感受气息控制，保证声音力度，声小不虚，声大不喊；防止轻声时用气过多，声音越轻，气息的控制就应越精细。

对话练习

甲：你，你怎么来了。

乙：这就是为什么你不让我来看你的原因，这就是你工作的地方，这就是你说的舞台，这就是一个地铁通道。

甲：对不起。

乙：为什么不告诉我。

甲：我不想你为我担心。

乙：这么苦，你干嘛非要留下。

甲：是因为我不想再让你们受苦，我想带爸妈到大城市养老，我想你生活得更好，我不想我们以后的孩子像我们一样一生下来就带着自卑。

乙：那你的梦想呢？北京这么大，你到哪里找啊！

此练习可先轻后响（即先近后远），也可先响后轻（即先远后近）。可原地练习，也可变换实际距离体会。可只改变音量，也可在改变音量的同时适当改变音高。注意保持声音位置和气息的支撑。

（2）音长的变化练习

1）用记录速度广播与用正常速度播音分别练习，体会字音音程长短的控制。

《决议》指出，一百年来，党领导人民进行伟大奋斗，在进取中突破，于挫折中奋起，从总结中提高，积累了宝贵的历史经验。这就是：坚持党的领导，坚持人民至上，坚持理论创新，坚持独立自主，坚持中国道路，坚持胸怀天下，坚持开拓创新，坚持敢于斗争，坚持统一战线，坚持自我革命。以上十个方面，是经过长期实践积累的宝贵经验，是党和人民共同创造的精神财富，必须倍加珍惜、长期坚持，并在新时代实践中不断丰富和发展。

2）快口练习：由一般速度的练习开始，逐渐加快。气息、吐字要配合好，气息通畅不紧，吐字清晰利落、感情有起伏扬抑的变化。

快口语段

给诸位，道大喜，播音专业真积极！真积极，练气息，每天我们六点起。六点起，到操场，"啊"音弹发来开嗓；还有那，白石塔、来龙去脉、吧嗒嗒；早上练，晚上练，为什么早晚不间断？都只为，打功底，争第一，为咱播音专业争口气！有稿播，无稿说，专业技能全掌握。练了声，来比赛，瞧咱师哥师姐多勤快；既勤快，又可爱，千万别说我们很"山寨"。不"山寨"，很实在，咱们实力都不赖，都不赖！

改革开放真是妙，南粤发展步步高。九市二区当排头，创新时代真是妙。珠江三角南天门，经济发展那叫好。开发南疆粤港澳，共产主义有一套。逢水架桥扔旧路，立章建制增收入。连接大湾经济带，推动发展有建树。承载梦想与希望，增强华夏新力量。海峡连接粤港澳，放飞星斗昆仑上。

扶贫好，振兴妙，一起来把扶贫道。精准脱贫攻坚战，中国特色是实干。一三年，扶贫前，贫困遍布千万千。西部有座大凉山，村庄建在悬崖前。沟壑纵横关隘险，水尽山穷蜀道难。青年男女打工去，留下老小守乡关。甘孜县，在四川。交通闭塞难发展，一山放过一山拦。雪山巍峨立天边，牛羊散步草原间。人心齐，泰山移，男女老少齐出力，要与老天比高低，精准扶贫大凉山，凉山脱贫成典范。川西风景美如画，旅游扶贫做规划。共同建起川藏线，千万村民造福遍。率兵带民奔富强，老当益壮不怕忙。促进城乡一体化，以工助农不放下。乡村振兴上日程，农村生活焕新生。创新机制抓脱贫，开拓振兴奔小康。

快口练习

要求内容清楚、快而不乱。吐字轻灵有力，气息不促。

生活，该是什么样子。有人说，要循规蹈矩；有人说，要忙碌不停；有人说，要不断向前；有人说，要慢慢探寻。而我说，有音乐就能起舞，一个人也能狂欢，世界都围着我转，忙碌也能享受陪伴。生活，就该这样，听凭内心，追求自我，无穷畅想，无限热爱。我的生活，听我的！专注智能生活，让生活听我所说，懂我所想，由我掌控。它属于未来，却已在你我身边，让生活，听我的。

茫茫人海中，每个人都为了自己而四处奔波，难道这就是我们唯一的前进方向吗？不！让我们为荣耀干杯，为绅士风度得以长久流传，为心怀他人并乐于伸出援手。为恪守承诺干杯！为我们中的勇士，为真正懂得何为人生财富，为共同拥有这种行为方式，在世俗中脱颖而出干杯！为我们干杯！

岁月中，我们听见时代流淌的声音。轻盈的脚踏声，伴随着我们成长；清脆的铃声，推动着生活变迁；美好的静谧，填满了儿时时光；美妙的歌声，承载着青春记忆；经典的音像，带来了欢声与笑语；无声的照片，记录了岁月的改变；科技的声音，拉近了我们的距离；熟悉的声音，勾起了难忘的回忆。越来越多的声音，见证时代发展，伴随我们走向美好新生活。聆听美好声音，庆祝中华人民共和国成立70周年。

我睁开眼睛，忐忑而又期待地触摸这个世界。倏尔一瞬，星辰连接大海，历史交织未来，信仰连同远方，一刻不停地向我涌来，喜悦、忧伤、感动、幸福，人性的闪光，思考的力量。我撕破黑暗，与光明相遇；我泪如雨下，如佛陀般顿悟；我抛开执念，如海鸟般翱翔。在这里，连结亿万个未知，与伟大的灵魂对话，收获更广袤的生命。在阅读，在经历。

每个人都是一座山，世上最难攀越的山，其实是自己。往上走，即便一小步，也有新高度。人生就像登山。很多时候遥看目标，似乎高不可攀，其实，每向前一步，我们也就距离目标更近一步。每个人不管多么平凡，只要真诚付出努力，都能够到达比想象更高的高度。人生没有爬不过的山，重要的是行动。认准目标之后，便脚踏实地向前。每一步，都是人生的新高度。

三、咽部力量训练

咽部形状狭长，与口、鼻、喉相连，组成了发声通道，使得声带振动后产生的声音能够顺利地到达各个共鸣腔体（图11-4），咽部肌肉的力量对发声质量至关重要。

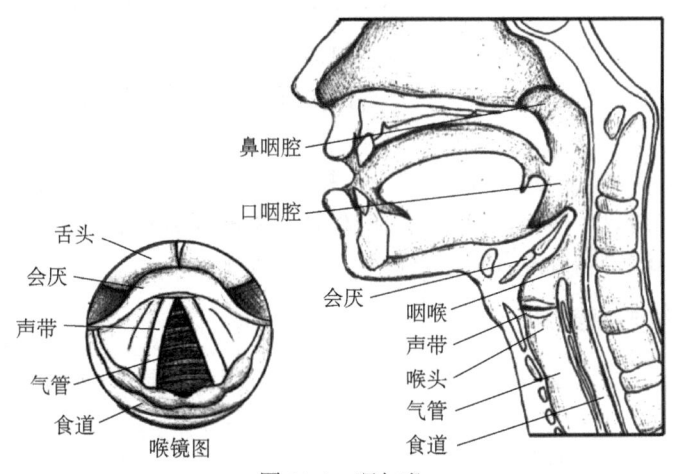

图 11-4　咽与喉

加强咽部力量能够构建良好的发音管道，有效减轻喉部肌肉的负担，进而帮助实现喉部的稳定与放松。以下是四个常见且易于上手的咽部力量练习。

（一）气泡音练习

气流吹动左右声带引起声带闭合而发出"咕嘟""咕嘟"类似气泡一样的声音被称为气泡音。咽音的最低音都出自于气泡音。气泡音能够由大气泡到小气泡，进而由十分密集的"气泡音"引出转向口咽、鼻咽共鸣发音。

（1）气泡音的作用

1）用声前做"气泡音"练习能很快地调动声带进入工作状态，起到用声前准备活动的作用。

2）用声后做"气泡音"练习能较快地使声带消除疲劳，起到用声后保养按摩声带的作用。

3）在大量用声之后，如果突然感到平时非常自如的气泡音变得不自如，甚至无法发出，这通常说明声带已经处于极度疲劳的状态。此时，最好采用"噤声"休息的方法来让疲劳的声带及时得到调整和恢复。

4）坚持进行气泡音的练习对声带出现的多种疾病，包括水肿、淤血、息肉及小结等，均能起到一定的辅助治疗和康复作用。

5）"气泡音"的最高音是"鼻咽音"的最低音，"鼻咽音"的最低音则是"气泡音"的最高音。因此，如果能够十分自如地将"气泡音"转化为"鼻咽音"，这说明已经基本上掌握了正确的发声方法。

（2）气泡音的练习方法

放松面部、舌位、前颈部以及胸部的肌肉群，将注意力集中在气息的支撑上。尽管气息量不大，但它应具备较强的密度，集中且有力。当这样有一定密度的气息吹动声带时，便会产生十分清晰的气泡音。每天晚上，躺在床上入睡之前与早晨醒来之后，由于身体状态格外松弛，这时比较容易找到气泡音。另外，也可以在气息的支撑下，通过练习夸大去声，由5逐渐下降至1（最低音），来掌握并发出"气泡音"。

有些初学者难以找到"气泡音"，这主要是因为甲状骨与舌骨接触过紧，甚至卡紧不能松动所致。然而，只要练习时保持正确的姿势和恰当的用力方法，就相对容易找到并练习到气泡音，直至达到自如的程度。

（二）抬头张嘴练习

抬头张嘴在第九章口腔控制中已有涉及，以下列举抬头张嘴的作用以及练习方法。

（1）抬头张嘴的作用

抬头张嘴是科学发声的重要基础练习之一。长期坚持练习可以改变并美化音色，提高发声能力，同时保护声带免受损伤。采用正确的练习姿势和准确的用力方法进行抬头张嘴练习，有助于治疗慢性咽炎。若再能配合其他练习手段，则能进一步使嘶哑的喉咙得到休整，并逐渐使嗓音完全恢复。

（2）抬头张嘴的练习方法

在练习"抬头张嘴"时，应注意以下问题：

1）放松下巴：想象抬头时（后咽壁用力并向后脊椎用力靠拢），使嘴慢慢地、体验性地张开。

2）状态吸气：在练习抬头张嘴的整个过程之中，均应保持吸气状态。

3）口大开，舌位降，打开后咽腔。如图11-5所示。

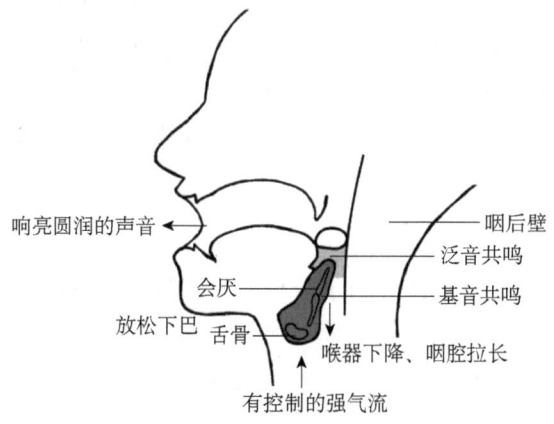

图 11-5 抬头张嘴咽喉状态示意图

抬头张嘴在练习时可采用分段练习的方法。

坐姿练习

身体端坐在固定的凳子上，将放松的下巴以点状姿态轻轻放置在固定的支点上（固定支点的高度应与发声位置的高度相匹配，以不影响发声状态为原则）。此时，应抬头望向天花板，并缓慢地将嘴张开（注意，不要刻意去想张嘴的动作，而是想象抬头带动嘴部自然张开）。在抬头并慢慢张开嘴的过程中，务必确保下巴不施加任何向下的压力于固定支点，也不得离开该支点，同时避免下巴出现向前移动或向后退缩的现象（下巴应始终保持放松状态，轻轻靠在固定支点上）。坚持每天使用正确的姿势和方法进行练习，每次练习时间控制在 30 分钟左右即可。如图 11-6 所示。

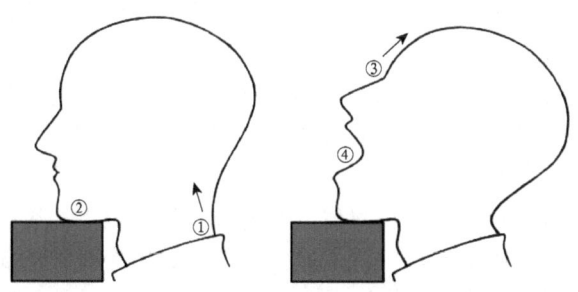

①头部稍微前倾；②将下巴放在固定的支点上；
③放松下巴；咽后壁用力向后脊椎靠拢；抬头将嘴打开；
④嘴大开下巴不下压、不离开、不前移、不后退地固定在支点上

图 11-6 抬头张嘴坐姿练习示意图

站姿练习

完成坐姿练习后，转入站姿练习。练习时，确保下巴处于松弛状态，避免紧张、发硬、外伸或外凸。口腔开度以下巴放松不紧张为原则，身体可微微前倾。

为检查下巴状态，可将双手拇指置于下巴下方，感受是否有紧张、僵硬、外顶或内缩现象；同时，食指轻触下巴上方，辅助固定下巴并确认其放松。练习动作包括：固定下巴、抬头望天、后颈用力、伸出舌头，以及配合气息的一吸一呼、嘴巴的一张一闭、舌头的一伸一缩。所有动作需协调自如，相互间默契融合。建议每天练习十组，每组包含30—50次循环。

（三）震摇下巴和甩动舌头

震摇下巴和甩动舌头的练习对于放松前颈部肌肉、增强后颈部力量具有显著帮助。甩下巴的练习在第九章口腔控制训练中已有涉及，以下列举震摇下巴与甩动舌头的注意事项与练习方法。如图11-7所示。

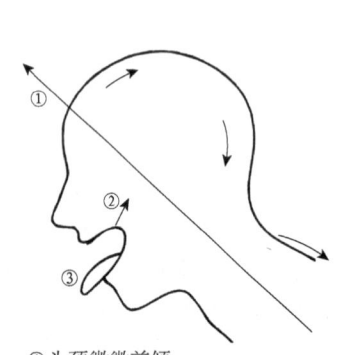

①头颈微微前倾；
②抬头张嘴张开；
③舌头自然伸出，状态吸气，放松下巴，呈微笑状，甩动舌头

（下巴、舌头一齐左右快速甩动）

图11-7 "震摇下巴"和"甩动舌头"示意图

（1）抬头张嘴，稳定甲状骨，抬高舌骨，使舌头能达到灵活自如的程度。然后以后颈部、颈椎骨为轴心，以下巴为前导，进行左右甩动。此时，舌头应非常松弛、十分灵活地被动地左右甩动。在震摇下巴和甩动舌头的过程中一定要注意以后颈部、颈椎骨为轴心，这样才能避免在"震摇下巴"和"甩动舌头"的过程中出现头昏的现象。

（2）双肩、双臂放松。只有在双肩、双臂放松的情况下，震摇下巴和甩动舌头才可能灵活自如，否则双肩、双臂的紧张将会导致整个身体的僵化，震摇下巴和甩动舌头就不可能自如灵活地甩动。

（3）双腿站立，双腿的开度与双肩齐平，整个身体微微前倾。双肩、双臂放松，以后颈部为轴心，在吸气状态下进行练习。

（4）震摇下巴和甩动舌头可以分四个步骤完成。

第一步：单独练习震摇下巴；

第二步：震摇下巴自如之后再单独练习甩动舌头；

第三步：单独练习震摇下巴和甩动舌头完成之后，两者可以同时在一个动作中完成，直到一次能连续、灵活自如地完成3分钟才算合格。

第四步：在进行震摇下巴和甩动舌头的练习时，同时发出"嘿哈、嘿哈"的声音。这种声音应该是结实、圆润、明亮的，具有管状声音的特征。

（四）鼻咽音训练

（1）鼻咽音练习的要求

鼻咽音是结实、明亮、集中、高音位、高穿透力、闭嘴发出来的声音，发出来的"鼻咽音"是否正确也最容易进行判断。正确发出鼻咽音的要求如下：

①声音形象：管状；　　②声音位置：高于鼻位；
③声音支点：后咽壁；　　④气息支点：丹田；
⑤发声状态：吸气；　　⑥面部状态：微笑；
⑦放松部位：下巴、舌部；⑧起音部位：自如声区；
⑨排除口腔气体，发出结实的"鼻咽音"。

（2）鼻咽音的练习方法

1）保持正确的站姿，闭合口腔，上下齿微合，放松下巴和舌部。在吸气状态下，轻轻排除口腔内的气体，同时保持面部微笑。接着，将会厌周围咽部（包括喉咽、口咽、鼻咽）调节成管状，以便通过基音管发出结实、明亮、集中且高于鼻位的鼻咽音。

2）必须使用胸腹式联合呼吸，保持良好的精神状态，使气息充足。声音应从高位置发出，防止声音停留在嘴里或鼻子里，避免出现不流动、不通畅、发闷、暗淡、空洞的声音。

3）在练习鼻咽音的过程中，应特别注意气息的流动。气息应在丹田的支撑下，从后腰部的下方顺着后脊椎直上至高于鼻位的位置，然后反射到两眉宇之间发出声音。

4）首先发出大气泡音，由大气泡音上升至小气泡音，再由小气泡音上升至哼鸣音，最后由哼鸣音上升至鼻咽音。反之，从最高点的鼻咽音下滑至最低点的大气泡音，也应该同样通畅自如。但是，鼻咽音并不完全等同于哼鸣音。鼻咽音的发声位置高于哼鸣音，对气息的支撑力度也大于哼鸣音。鼻咽音的声音结实、明亮、高亢、集中的程度，也大于哼鸣音所体现出来的程度。因此，鼻咽音与哼鸣音在使用方面也不完全相同：鼻咽音主要用于上部共鸣，而哼鸣音主要用于调动中部共鸣。它们是一对"好兄弟"，分工不同但方法相似，需要灵活应用，自如表达。如图11-8所示。

四、喉部控制综合练习

在朗读下面四段寓言、童话故事时，要通过声音的前后、大小、强弱、高低、宽窄、明暗、刚柔、虚实等音色对比，来塑造动物的形象和性格，做到有声有色。

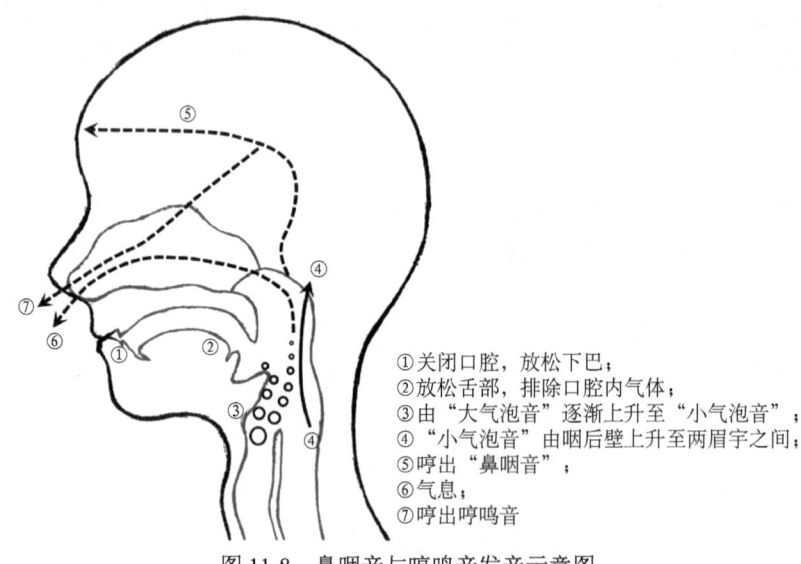

① 关闭口腔，放松下巴；
② 放松舌部，排除口腔内气体；
③ 由"大气泡音"逐渐上升至"小气泡音"；
④ "小气泡音"由咽后壁上升至两眉宇之间；
⑤ 哼出"鼻咽音"；
⑥ 气息；
⑦ 哼出哼鸣音

图 11-8　鼻咽音与哼鸣音发音示意图

鹅

　　鹅对满院儿的家禽说，"从今后，咱们要互相学习，特别是我，有啥缺点大家尽管提，不要客气。"

　　"请你闲着没事儿别大喊大叫，吵得大家伙儿不得休息"。"唔，我生来就是大嗓门儿，大家捂着耳朵也能解决问题。""我也来提醒你一声，吃起东西来可不能只顾自己。""哎，胃口大不能算缺点，何况大家没养成礼让的风气。""还有你的飞翔术并不高明，可总吹嘘天鹅要来请教你。""提意见也得有个分寸，不要纠缠那些鸡毛蒜皮。""有一回，你拉着小鸡的耳朵，说再提意见就把它拖下水。""我不过跟它开了个玩笑，这算什么批评，简直是打击！"

　　有些人拿着批评的武器，只是为了装饰自己，千万不要碰到它的痛处，轻轻地搔痒倒还可以。

猫和公鸡

　　一只猫抓到一只公鸡，并想方设法找出一个借口好吃掉他，因为不吃鸡是猫的一贯传统，而她也知道自己不应该吃鸡。最后，猫说："你总在夜晚打鸣，让人们不能好好睡觉，所以，我要吃掉你。"但是，公鸡却辩解说，自己为了人们的利益而叫醒他们，可使人们按时起床工作，若是没有了鸡，人们就无法准时起床工作了。"有点道理，"猫回答说，"不过，不管他们能不能准时开始工作，我总不能没有饭吃。"于是，猫就吃掉了公鸡。猫和公鸡这篇寓言故事，告诉了我们所有的坏人在做坏事之前都会找到一个好的借口的。

猫的理由

捕鼠夹"啪"的一声，夹住一只老鼠。猫在一旁见了惊讶地睁大眼睛。

"好家伙，这是啥玩意儿？"猫啧啧称赞："我抓老鼠还要折腾好一会，你这么干净利索地就把老鼠给逮住了？"

"你好，我是捕鼠夹。"捕鼠夹很友善地和猫打招呼。

"捕鼠夹？怪新鲜的名字，你是干什么的？"猫好奇地问。

"我的用途嘛——"捕鼠夹不紧不慢地解释："就是专门捕捉老鼠的。"

"胡说！"猫一听跳了起来："捕鼠自古以来就是由我老猫独家经营，你算什么东西也想来凑热闹，快滚一边去！"

"可是，这不明明捕到老鼠了？"捕鼠夹指着被夹住的老鼠大感不解："你捕鼠我也捕鼠，咱俩目标一致，齐心协力为人类除害不是挺好的吗？"

"你好我可不好！就算你能夹住一两只老鼠，也不是正牌货！"猫盛气凌人横加制止："今后不准你再捕捉老鼠了！"

"你太霸道了，还讲不讲理呀？"捕鼠夹愤愤不平地责问。

"谁说我不讲理呀？是你不识趣！"猫盯着捕鼠夹振振有词地说："你去查查历史档案，从古至今有哪一本书上记载除我老猫外还有谁涉足捕鼠业的？那看门狗偶尔抓了一两只老鼠，人类就群起而攻之，斥为'狗拿耗子，多管闲事'，更何况你呢？再说了，只有我老猫捕鼠，主人才会倚重我，如今你对我的祖传生意垂涎三尺，想来抢我的饭碗，那我以后靠啥营生？"

不由再分说，猫一口衔起捕鼠夹，毫不客气地将它扔进深水沟里去了。所以至今，人类离不开养猫来捕鼠除害。

五官争地位

眉毛、眼睛、嘴巴、鼻子、耳朵五种器官，各有各的能耐，各有各的灵气，有一天，它们之间发生了激烈的争论，互不服气。

嘴巴对鼻子说："人所有的食物、营养，都是通过我才被接纳的，我的功劳最显著。而你，有什么本领，位置竟然居于我的上面？"

鼻子哼了一下，说："这你就不清楚了吧？我能辨香味臭味，只有先经过我的辨别，才能决定什么东西可以进到嘴里，什么东西不能进到嘴里，我的作用比你大多了，位置当然也就应在你之上！"嘴巴一时语塞，不出声了。

鼻子越说似乎越有道理，似乎真的是自己功劳最大，于是它不满意自己居眼睛之下，它冲着眼睛说："你有什么本事，竟然摆在我的上头？"眼睛被激怒了，它瞧都不瞧鼻子一眼，说："我能观察美丑，瞭望四方，人的信息有85%都通过我获得，什么辨别香臭、接纳食物，那都只是小事情，跟我的能耐比起来，全部不值一提！我居你们之上，是天经地义！"

说完，眼睛傲慢地往上一翻，发现有眉毛在自己的上面，于是它非常生气。

眼睛对眉毛说："喂，你是什么东西？你凭什么竟然在我的上面？"眉毛也不示弱，得意地一扬，说："是呀，我为什么就偏偏高居你们各位之上呢？你们想想，如果把我摆在眼睛、鼻子、嘴巴之下，那可就滑稽了，那不知道整个脸该放哪儿啦！"

没想到，耳朵终于沉不住气了，它也说："各位刚才的争论我都听见了。要论能耐，我决不在你们之下，要说功劳，我的功劳也不小。我耳听八方，辨别动静。说起来我最委屈，你们不管高低，总还摆在脸上显眼的地方，而我却连脸都上不了，我能服气吗？"

五官争位，正是那些妄自尊大，只顾争权夺利而不顾全局的人的写照。

思考题

1. 为什么说喉是声音产生的源头？
2. 请解释喉部控制的重要性。
3. 什么是喉部的相对控制？
4. 怎样提高发音质量？
5. 如何灵活地运用音高、音强、音长、音色？
6. 如何丰富声音色彩？
7. 怎样做到"实声为主，虚实结合"？
8. 为什么要增强咽部的力量？
9. 加强咽部力量的练习有哪些？要领是什么？
10. 如何运用不同的音色增强自身的发声能力？

第十二章 播音员声音弹性的训练

一、声音弹性的基本内容和要求

(一)声音弹性的基本内容

弹性,是指物体在外力作用下发生的形变,又在外力失去时恢复原状的性质。我们这里所指的人的声音弹性,是指声音对于人们变化着的思想感情的适应能力,或者说声音随着感情变化而展现出的伸缩性、可变性。要了解声音弹性,首先要明确声音弹性的特点。

(1)声音弹性是以播音主持的稿件内容为依据的。声音往往只是情感表达的形式和手段,艺术语言的表达过程就是根据内容进行理解,从而产生具体感受并外化成相应的声音形式的过程。即:"理解稿件-具体感受-形之于声-及于受众"。

(2)声音弹性所反映的声音变化体现在音强、音高、音长、音色这四个物理要素上。有声语言的运用是在思想感情支配下声音形式产生变化的结果。由于节目内容、语言传播的目的和语言环境的不同,表达方式、声音物理性质的运用以及弹性的实现等都会有所不同。

(3)声音弹性所反映的声音变化是通过比较而呈现出来的。有高才有低,有实才有虚,有明才有暗,有快才有慢。很多优秀的主持人会根据节目内容充分发挥有声语言的节奏特点,较好地体现出声音弹性的对比色彩。

(4)声音弹性所反映的声音变化还体现在声音运用的丰富性上。声音的高低、强弱、明暗、虚实、快慢、刚柔、厚薄的变化都不是单一的。节目内容的丰富性决定了外化稿件内容的声音形式,一个优秀播音员的声音会体现出多层次、多变化的细腻的声音弹性特点。

播音员在创作中,思想感情是随着节目内容的进展而不断运动变化的。这种思想感情的运动状态是播音创作的内在动力,它要求气息、声音随之而运动变化,以体现出所感受到的一切。这实际上就是播音的表达过程。为了达到正确理解与准确表达的统一,达到思想感情和尽可能完美的语言技巧的统一,达到语言形式与体现劳动成果的统一,并用声音创造劳动价值,这就要求声音要有极强的适应能力和"造型"能力。声音弹性与发音过程中的各个阶段都有着密切的联系,每一个环节都对声音弹性的产生有着重要影响。它是气息控制,口腔的静、动态控制及用声状况综合运用的结果。

（二）声音弹性的基本要求

声音弹性就像是一个"万花筒"，可以变幻出多姿多彩的声音形式。然而，即使具备了制作"万花筒"的技能，如果没有良好的材料，"万花筒"也不能成形。因此，要获取良好的声音弹性，需要具备以下必要的主观条件：

（1）获取声音弹性的条件——感情。感情就像是"万花筒"的颜色，也是变化声音色彩的内在依据。

（2）获取声音弹性的动力——气息。气息是"万花筒"的动力，也是变化声音色彩的基础。

（3）获取声音弹性的保证——情、声、气协调。这是"万花筒"变幻的机制，也是变化声音色彩的基本要求。

（4）要提高声音弹性就必须在发声的各个环节上留有余地。在人的意识控制下，才能有"万花之美"。

人的情感世界是复杂且多样的。感情色彩有喜、怒、哀、乐之分；态度则有肯定、否定、赞扬、批评之别，其中又存在分寸与火候的差异。以"喜、怒"为例，喜有欣喜、欢喜、大喜、狂喜甚至悲喜交加等；怒有愠怒、愤怒、大怒、暴怒甚至狂怒等。这些情绪、情感上的细微变化，不仅使得言语、行为产生反应，同时声音色彩也随之发生高低、强弱、明暗、虚实、快慢、刚柔、厚薄的变化。声音色彩只有在感情色彩的作用下才能做到浓淡相宜，呈现出它的可变性、对比性、层次性。因此，提高"见文生情，情之所至，以情带声，声情并茂"的用声能力，是播音发声训练的终极目标。

二、声音要素的对比训练

（一）高与低的训练

高与低是声音的纵向变化。根据不同的训练内容，调动自身情感，控制和运用气息进行声音高低起伏的训练，认真体会在情感作用下，气息对生理器官的作用。

例：（低）乌云越来越暗，越来越低，向海面直压下来，（高）而波浪一边唱歌，一边冲向高空，去迎接那雷声。

（二）强与弱的训练

强与弱是声音的横向变化。在不同内容的练习中体会情感的处理方式，同时注意结合气息的训练，利用松紧状态的调整改变声音形式。

例：（弱）假如我是一束阳光，（强）我愿发出强烈的光热；
（弱）假如我是一滴清泉，（强）我愿解除大地的干渴。

（三）明与暗的训练

明与暗是声音相对"横向"变化的结果，即音高基本保持不变，而随着情感语气的变化,在气息控制、声带松紧以及用声位置前后的调整中,实现声音色彩的转换。

例:(暗)冬天的山村,到了夜里就万籁俱寂,只听得雪花簌簌地不断往下落,树木的枯枝被雪压断了,偶尔咯吱一声响。

大雪整整下了一夜。(明)今天早晨,天放晴了,太阳出来了。推开门一看,嗬!好大的雪啊!山川、河流、树木、房屋,全都罩上了一层厚厚的雪,万里江山,变成了粉妆玉砌的世界。

(四)快与慢的训练

快与慢之间也是相辅相成的关系,"快"中有"慢","慢"里带"快"。在不同内容的情感变换中,练习时注意结合气息长短和强弱的控制。

例:(慢)傍晚时候,上灯了,一点点黄晕的光,烘托出一片安静而和平的夜。在乡下,小路上,石桥边,有撑着伞慢慢走着的人,地里还有工作的农民,披着蓑戴着笠。他们的房屋稀稀疏疏的,在雨里静默着。

(快)天上的风筝渐渐多了,地上的孩子也多了。城里乡下,家家户户,老老小小,也赶趟似的,一个个都出来了。舒活舒活筋骨,抖擞抖擞精神,各做各的一份事儿去。"一年之计在于春"。刚起头儿,有的是功夫,有的是希望。

(五)松与紧的训练

松与紧的变化主要体现在对吐字力度的控制和调整上,并且伴随着音量和音长的变化。不论是哪一类表达文体,都存在着不同程度的松与紧的变化。

例:(松)我打猎回来,沿着花园的林荫路走着,狗跑在我的前面。

(紧)忽然,狗放慢脚步,蹑足潜行,好像嗅到了前边有什么野物。

三、声音色彩基调的变化练习

(一)清新典雅,舒展自如

以下的三段练习材料,内容清新、舒展,表达了对大自然的赞美之情,在练习时声音柔美、情深意长,可用偏小的音量。

春天,大地从寒冬里苏醒复活过来,被人们砍割过的陈旧的草木桩上,又茁壮地抽出了嫩芽。不用人工栽培,它们就在风吹雨浇和阳光的抚照下,生长起来。这时,遍野是望不到边的绿海,衬托着红的、白的、黄的、紫的……种种野生花卉,一阵湿润的微风吹来,那浓郁的花粉青草的气息,直向人心里钻。无论谁,都会把嘴张大,深深地呼吸,像痛饮甘露似的感到陶醉,清爽。(节选自冯德英《苦菜花》)

从未见过开得这样盛的藤萝,只见一片辉煌的淡紫色,像一条瀑布,从空中垂下，不见其发端，也不见其终极。只是深深浅浅的紫，仿佛在流动，在欢笑，在不停地生长。紫色的大条幅上，泛着点点银光，就像迸溅的水花。仔细看时，才知那是每一朵紫花中的最浅淡的部分，在和阳光互相挑逗。（节选自《紫藤萝瀑布》——宗璞）

路的两旁都有浅渠，流着清水；渠旁便是稻田：田埂上往往种着薏米，一穗穗的垂着绿珠。往西望，可以看见雪。近处的山峰碧绿，远处的山峰雪白，在晨光下，绿的变为明翠，白的略带些玫瑰色，使人想一下子飞到那高远的地方去。（节选自《青蓉略记》——老舍）

（二）激情歌颂，潇洒飘逸

声音运用时刚柔并济，咬字力度较强，语速偏慢，注意重音的突出；气息深入厚实，变化自如；有内心的赞颂与尊敬，同时带有力量和鼓舞的感情色彩。

唐诗里的长安，有着山水相依的明朗，有着冰心玉壶的清爽，更有着诗情画意的曼妙，唐诗给长安的厚重历史添上了浓浓的诗意。或许长安会因了唐诗而被后来人牢牢记住，或许唐诗也是因了长安而更加丰润饱满。徜徉在唐诗平仄有序的韵律中，长安在我们的眼里越发的灵动起来。

长安，"春风得意马蹄疾"的长安；长安，"绝胜烟柳满皇都"的长安；长安，"满城尽带黄金甲"的长安！

这就是唐诗里的长安，是我梦回故园的长安，是我魂魄相依的长安。我在唐诗的字里行间再次读懂了你，长安。（节选自《唐诗里的长安》——碑林路人）

（三）慷慨陈词，一身正气

下面的练习材料内容庄严肃穆，富含说理，带有反问和斥责的色彩，态度坚定刚毅。在表达时，声音应刚健有力，以实声为主；吐字应颗粒圆润饱满，气息需沉稳、扎实。

《别了，司徒雷登》片段
毛泽东

多少一点困难怕什么。封锁吧，封锁十年八年，中国的一切问题都解决了。中国人死都不怕，还怕困难吗？老子说过："民不畏死，奈何以死惧之。"美帝国主义及其走狗蒋介石反动派，对于我们，不但"以死惧之"，而且实行叫我们死。闻一多等人之外，还在过去的三年内，用美国的卡宾枪、机关枪、迫击炮、火箭炮、榴弹炮、坦克和飞机炸弹，杀死了数百万中国人。这种情况已近尾声了，他们打了败仗了，不是他们杀过来而是我们杀过去了，他们快要完蛋了。留给我们多少一点困难，封锁、失业、灾荒、通货膨胀、物价上升之类，确实是困难，但是，比起过去三年来已经松了一口气了。过去三年的一关也闯过了，难道不能克服这点困难吗？没有美国就不能活命吗？

《最后一次讲演》片段
闻一多

特务们，你们想想，你们还有几天？你们完了，快完了！你们以为打伤几个，杀死几个，就可以了事，就可以把人民吓倒了吗？其实广大的人民是打不尽的，杀不完的！要是这样可以的话，世界上早没有人了。

你们杀死一个李公朴，会有千百万个李公朴站起来！你们将失去千百万的人民！你们看着我们人少，没有力量？告诉你们，我们的力量大得很，强得很！

（四）深沉内敛，心静致远

以下内容柔和、安静。声音偏虚、暗、平和；吐字清晰，节奏稍慢；气息深入、均匀、注意较弱的气息控制。

《雪夜》片段

我抬头看雪。渐渐地竟然发现，在昏黄的路灯下看雪真是一件很神圣的事情。本来，还有许多骇人的思想正陪着雪被流放而来要寒彻这个世界。可是，风和灯光将这一切全都改变了。其实，风依旧是冷的，徐徐一动也让人寒意乍起；灯光还是昏暗的，像被冻住了一样，凝在夜幕下。只是，被风吹拂着飞舞在灯光下的雪，看起来是那样快乐。它闪闪发亮，金光耀眼，临空蹈虚，唱啊，跳啊，像是上天专门派下来感动凡人的天使，怡然可爱，清雅动人。风和灯光，徐迎缓送，举轻若重，小心翼翼地安抚着每一片雪花，让它们不再狂躁，渐渐纯洁。

《荷塘月色》片段
朱自清

荷塘的四面，远远近近，高高低低都是树，而杨柳最多。这些树将一片荷塘重重围住；只在小路一旁，漏着几段空隙，像是特为月光留下的。树色一例是阴阴的，乍看像一团烟雾；但杨柳的丰姿，便在烟雾里也辨得出。树梢上隐隐约约的是一带远山，只有些大意罢了。树缝里也漏着一两点路灯光，没精打采的，是渴睡人的眼。这时候最热闹的，要数树上的蝉声与水里的蛙声；但热闹是它们的，我什么也没有。

（五）沉重忧郁，压抑悲痛

下面文字的内容带有极强烈的悲痛、哀伤的色彩。用声时声音较弱，低沉偏虚；节奏偏慢，缓缓送出字音；断断续续发音，气有时叹息，有时颤抖。

片段1：
从不向灾难俯首的中华民族，今天，为自己的同胞低下了高贵的头。
此时，此刻，此地，中华民族失去了笑容！
举国同悼，天地含悲，草木失色，山河呜咽……

国旗低垂，汽笛呜咽。公元2008年5月19日，中国用最庄严的仪式，为在四川汶川大地震中远行的生命送行。

14时28分，凄婉的警报声、汽笛声、喇叭声准时在中国大地的各个角落鸣响，声震长空。

从北国草原，到南方边陲，从一座座城市，到一个个乡村，从一个个车间，到震区的废墟……

在汶川、茂县……废墟上，年轻的士兵和救援队员，这些刚强如铁的7尺男儿，无法遏制地任由泪水无声流下……

——《中国环球日报网》2008.5.20

片段2：

26日晚间，"3·21"东航航班飞行事故国家应急处置指挥部确认，"3·21"东航MU5735航班上123名乘客和9名机组人员已全部遇难。今天（3月27日）"3·21"东航MU5735航空器飞行事故遇难者集体哀悼活动在事发地搜救现场举行，对遇难者表示哀悼。国务委员王勇参加哀悼活动。14时许，哀悼活动开始，全场鸣笛，"3·21"东航MU5735航空器飞行事故国家应急处置指挥部全体人员、事故现场搜救人员等面向遇难飞机方向肃穆而立，默哀三分钟，以此寄托对遇难者的哀思。

——《新闻联播》2022.3.27

（六）幽默风趣，热情率真

文字内容愉悦、兴奋，要求发声时声音靠前、音高柔和适度；口腔呈松弛状态，舌头灵活有力；气息富于变化，感情舒缓且激昂。

龙在空中任意飞舞戏耍，当所有人意识到皮皮鲁不会有如此高超的技艺时，他们愣了。

不知是谁最先反应过来，大喊了一声："这条龙活了！"人们不能相信这个判断，可眼前的事实又使人不得不相信。所有的人都分别在自己身上的不同部位捏了一把，不是梦！

记者们发疯似地跑向公用电话亭，抢着往自己的报社、电台发消息；作家们尽量仔细地观察龙的每一个细微动作，以便回去写报告文学；商人们开动计算机一样的大脑，迅速盘算着这条活龙的价值；老年人认为自己能看见真龙是好兆头；年轻人觉得这预示着自己事业的腾飞。（节选自《皮皮鲁的风筝》——郑渊洁）

（七）热情洋溢，欢呼雀跃

赞扬、慷慨、奋发的感情色彩。以实声为主、激昂高亢、豪迈开阔。具有气魄；咬字力度强，口腔开度较大，清晰明亮；气息扎实、沉稳，强弱控制变化较大；节奏鲜明、斗志昂扬。

片段1：

现在进入补时三分钟，中国队以新的方式卷土重来，一脚回传，突入禁区，没有越位，现在王珊珊把球传给了肖裕仪，双方现在已经到了禁区前沿，射门，球进了，球进了！命悬一线之时绝处逢生！中国队20号肖裕仪在最后的补时三分钟送出了一脚穿透力极强的身后球，随着哨声响起，中国队3∶2绝杀韩国！这也是中国队时隔16年再夺亚洲杯冠军，让我们为中国女足欢呼吧！

——2022年女足亚洲杯夺冠解说词

片段2：

今天是你的生日，我的中国。在这个不同寻常的节日，相信每一位中华儿女都会从心底里说一句，我爱你，中国。70年风雨兼程，天安门广场上的红飘带寓意着红色基因连接历史、现实与未来。今天的天安门广场是世界瞩目的中心，今天的中国正前所未有地靠近世界舞台中心。长安街上，人民军队精神抖擞，这支曾经穿草鞋、拿梭镖走上征途的队伍，现在已经拥有自己的航母和新一代隐身战机，正阔步迈向世界一流军队。此时此刻，4名上将，2名中将，100多名少将，近15000名官兵列队完毕，等待接受统帅的检阅，接受祖国和人民的检阅。

——2019国庆70周年阅兵解说词

（八）启迪引导，发人深省

下面的内容主要是引导和启迪，要求以实声为主，柔和亲切；态度热情、积极、向上；吐字颗粒饱满、明亮清晰；气息平和舒缓，深入均匀。

片段1：

孩子，我希望你自始至终都是一个理想主义者。你可以是农民，可以是工程师，可以是演员，可以是流浪汉，但你必须是个理想主义者。童年，我们讲英雄故事给你听，并不是一定要你成为英雄，而是希望你具有纯正的品格。少年，我们让你接触诗歌、绘画、音乐，是为了让你的心灵填满高尚的情趣。这些高尚的情趣会支撑你的一生，使你在最严酷的冬天也不会忘记玫瑰的芳香。（节选自《写给未来的你》——余光中）

片段2：

保尔说得好："人最宝贵的是生命，生命每个人只有一次，人的一生应这样度过：回忆往事时，他不会因虚度年华而悔恨，也不会因为生活庸俗而羞愧；临死的时候，他能够说：我的整个生命和全部精力，都献给了世界上最壮丽的事业——为解放全人类而斗争。"（节选自《钢铁是怎样炼成的》——[苏]奥斯特洛夫斯基）

（九）立场坚定，坚毅昂扬

下面的文字主要表达了中国人为着向往光明，为着那份希望，坚定不移、执着追求的信念和绝不动摇的信心。要求用声时柔中带刚，信心十足，坚强不屈。

多少一点困难怕什么。封锁吧，封锁十年八年，中国的一切问题都解决了。中国人死都不怕，还怕困难吗？老子说过："民不畏死，奈何以死惧之。"美帝国主义及其走狗蒋介石反动派，对于我们，不但"以死惧之"，而且实行叫我们死。闻一多等人之外，还在过去的三年内，用美国的卡宾枪、机关枪、迫击炮、火箭炮、榴弹炮、坦克和飞机炸弹，杀死了数百万中国人。这种情况已近尾声了，他们打了败仗了，不是他们杀过来而是我们杀过去了，他们快要完蛋了。留给我们多少一点困难，封锁、失业、灾荒、通货膨胀、物价上升之类，确实是困难，但是，比起过去三年来已经松了一口气了。过去三年的一关也闯过了，难道不能克服这点困难吗？没有美国就不能活命吗？（节选自《别了，司徒雷登》——毛泽东）

（十）亲切和善，流畅自然

下面的稿件在练习时要求语气自然、流畅、亲切、口语化。以实声为主，略弱、柔和；吐字清晰自如，气息较弱、灵活多样、舒缓平和。

立春过后，大地渐渐从沉睡中苏醒过来。冰雪融化，草木萌发，各种花次第开放。再过两个月，燕子翩然归来。不久，布谷鸟也来了。于是转入炎热的夏季，这是植物孕育果实的时期。到了秋天，果实成熟，植物的叶子渐渐变黄，在秋风中簌簌地落下来。北雁南飞，活跃在田间草际的昆虫也都销声匿迹。到处呈现一片衰草连天的景象，准备迎接风雪载途的寒冬。在地球上温带和亚热带区域里，年年如是，周而复始。

几千年来，劳动人民注意了草木荣枯、候鸟去来等自然现象同气候的关系，据以安排农事。杏花开了，就好像大自然在传语要赶快耕地；桃花开了，又好像在暗示要赶快种谷子。布谷鸟开始唱歌，劳动人民懂得它在唱什么："阿公阿婆，割麦插禾。"这样看来，花香鸟语，草长莺飞，都是大自然的语言。（节选自《大自然的语言》——竺可桢）

（十一）庄重严肃，郑重其事

新闻稿件的内容庄重、严肃。要求用声时以实声为主、声音偏厚、音色偏高；态度严正明朗；吐字力度较强，干脆利落、明亮清晰、颗粒饱满；节奏鲜明、快慢有序。

今天上午，第八批109位在韩中国人民志愿军烈士遗骸在沈阳抗美援朝烈士陵园安葬。上午10时，军乐队奏响《思念曲》。在解放军战士持枪护卫下，礼兵护送志愿军烈士棺椁缓缓步入现场，全场奏唱中华人民共和国国歌。

全体人员向志愿军烈士三鞠躬，27名礼兵鸣枪12响，向英烈致以崇高的敬意。随着《思念曲》再次低回奏响，礼兵们抬起志愿军烈士棺椁，绕广场半周，缓缓走向安葬地宫。全场人员凝视着烈士棺椁，送别英雄。

——《新闻联播》2021.9.3

（十二）告诫批评，教化训导

在这两条消息中，我们要讲求事实、说道理、合理进行批评教育。用声时主要以实声为主，音色居中、叙述清晰、刚柔并济，气量有小幅变化，吐字力度较强、态度鲜明、坚定。

片段1：

在刚刚过去的"五一"假期，中国旅游市场释放出惊人能量。景区客流"爆棚"，车站人流如织，吃饭要等位、打卡要排队……红火的假日经济，是消费恢复的生动写照，也是经济韧性和潜力的有力证明。正如彭博社所言，疫情防控平稳转段后的首个5天假期里，流动中国展现出的"流量"和"热度"受到国际社会密切关注。从涌动的人潮和旺盛的消费需求里，世界感受到一个活力满满的中国，捕捉到中国经济持续向好的积极信号，也对全球经济未来有了更多乐观预期。

——《新华社》2023.5.5

片段2：

新华网消息：经办一起故意伤害案，安徽蚌埠一名派出所副所长却利用职权接受双方当事人的吃请与贿赂，使欠钱不还、群殴债主的某建筑公司项目经理等人逃脱刑罚。日前，检察机关以涉嫌徇私枉法罪和受贿罪将其批捕。

去年2月，蚌埠居民方某找该市一建筑公司项目部负责人马某追要欠款，钱没要到，却遭到马某和其几个朋友的殴打，致使方某左眼眼眶内侧壁骨折。接到报案后，马某等4人以涉嫌故意伤害罪被警方立案侦查，但经办的辖区派出所副所长郑某却利用职权多次收受贿赂、徇私枉法，使本不复杂的案件脱离了法制轨道。

今年初，蚌埠市蚌山区检察院接到群众举报，对郑某进行立案查处。日前，郑某以涉嫌构成徇私枉法罪和受贿罪，被检察机关依法批准逮捕。

——《新闻联播》2013.4.6

（十三）义愤填膺，慷慨激昂

以下几段内容的感情激昂愤慨。因此，要求声音刚健厚实，多采用胸腔共鸣；吐字力度偏强，字正腔圆；个别语句咬字偏紧；气息扎实、深厚，富于变化。

满 江 红

岳 飞

怒发冲冠，凭栏处，潇潇雨歇。
抬望眼，仰天长啸，壮怀激烈。
三十功名尘与土，八千里路云和月。
莫等闲，白了少年头，空悲切。
靖康耻，犹未雪；臣子恨，何时灭！
驾长车，踏破贺兰山缺；

壮志饥餐胡虏肉,笑谈渴饮匈奴血。
待从头,收拾旧山河,朝天阙。

我爱这土地
艾 青

假如我是一只鸟,
我也应该用嘶哑的喉咙歌唱:
这被暴风雨所打击着的土地,
这永远汹涌着我们的悲愤的河流,
这无止息地吹刮着的激怒的风,
和那来自林间的无比温柔的黎明……
——然后我死了,
连羽毛也腐烂在土地里面。
为什么我的眼里常含泪水?
因为我对这土地爱得深沉……

思考题

1. 什么是声音弹性?
2. 声音弹性的特点有哪些?
3. 如何理解"理解稿件-具体感受-形之于声-及于受众"?
4. 声音弹性反映出的声音变化有哪些?
5. 什么是声音弹性中的"造型"能力?
6. 获取声音弹性的条件、动力和保证是什么?
7. 声音弹性与情感变化的关系?
8. 怎样理解"见文生情,情之所至,以情带声,声情并茂"?

第十三章 综合练习部分

一、语段、短文

（1）东方山后的天上，几片浓云似的薄如轻绡的边际，衬上了浅红的彩霞；过了一阵，山峰映红了；又停了一会，火样的圆轮从湛蓝的天海涌出了半边，慢慢地完全显露了它的庞大的金身，通红的火焰照彻了大地；红光又逐渐地化为了纯白的强光。白天开始了。（节选自《山乡巨变》下册——周立波）

（2）天上那层灰气已散，不甚憋闷了，可是阳光也更厉害了许多：没人敢抬头看太阳在哪里，只觉得到处都闪眼，空中，屋顶上，墙壁上，地上，都白亮亮的，白里透着点红；由上至下整个的像一面极大的火镜，每一条光都像火镜的焦点，晒得东西要发火。在这个白光里，每一个颜色都刺目，每一个声响都难听，每一种气味都混合着由地上蒸发出来的腥臭。街上仿佛已没了人，道路好像忽然加宽了许多，空旷而没有一点凉气，白花花的令人害怕。（节选自《骆驼祥子》——老舍）

（3）夜的确美丽。墨色的天空布满了棋子似的星星。我找着了猎户星。中间的三颗斜斜地排成一根短线，外面四角各有一颗明星，四颗星中带红色的猎户甲星显得特别明亮。这七颗星是我的老朋友。每一次繁星在我的头上闪耀时，我都可以在不同的地方找着它们。啊，永恒的星！（节选自《春天里的秋天》——巴金）

（4）这日走到河西务地方，一个铜盆大的落日，只留得半个在地平线上，颜色恰似初升的淡红西瓜一般，回光返照，在几家野店的屋脊上，煞是好看。（节选自《孽海花》——曾朴）

（5）太阳已没入树林后面，它投出来的几条温暖的光线，火线一般贯穿树林，给松树的树梢灌上一片灿烂的黄金。随后，光线一条一条地消失了；最后一条还留半晌，像一支细针似地穿透茂密的树枝；可是，这一条也不见了。万物失去了自己的形状，所有的东西都溶成一片灰色，随后又溶成一片黑色。（节选自《奥勃洛莫夫》——［俄］冈察洛夫）

（6）不是年青的为年老的写记念，而在这三十年中，却使我目睹许多青年的血，层层淤积起来，将我埋得不能呼吸，我只能用这样的笔墨，写几句文章，算是从泥土中挖一个小孔，自己延口残喘，这是怎样的世界呢。夜正长，路也正长，我不如忘却，不说的好罢。但我知道，即使不是我，将来总会有记起他们，再说他们的时候的。（节选自《为了忘却的记念》——鲁迅）

（7）当两位朋友到达寓所的时候，天色已经微明。太阳还没有升起，可是空气里却已弥漫着破晓时的寒气,草上也已掩盖了灰色的露水;早起的云雀在那半明半暗的云空高啭着歌喉,而在遥远的、遥远的天际,则有着一颗巨大的最后的晨星正凝视着,有如一只孤寂的眼睛。(节选自《前夜》——[俄]屠格涅夫)

(8)没有蓝天的深邃,可以有白云的飘逸;没有大海的壮阔,可以有小溪的优雅;没有原野的芬芳,可以有小草的翠绿!生活中没有旁观者的席位,我们总能找到自己的位置,自己的光源,自己的声音。我们有美的胸襟,我们才活得坦然;我们活得坦然,生活才会给我们快乐的体验。(节选自《清心源》28期刊首语)

(9)东方一带,隐隐地,晨曦在开展着。那鲜红的朝霞,也布满在黑云的后面而寻着出路。晨风也吹来了,鼓动着欲明的天气,震动着飘摇的市招,发出微微的低音的歌唱。天气由晨风而变冷了。同时,许多路上的黑影也各在那里变化,慢慢地露出物象的轮廓来。鸟儿也睡醒了,从树上发出各种的叫鸣。并且,在街道的远处,这头到那头,都可以听到一些脚步的声音,那北京城特备的推粪车,也"轧轧轧"地在不平的马路上响着。各种都象征着——等待着黎明的到来。(节选自《光明在我们的前面》——胡也频)

(10)家乡的端午,很多风俗和外地一样。系百索子。五色的丝线拧成小绳,系在手腕上。丝线是掉色的,洗脸时沾了水,手腕上就印得红一道绿一道的。做香角子。丝线缠住小粽子,里头装了香面,一个一个串起来,挂在帐钩上。贴五毒。红纸剪成五毒,贴在门坎上。贴符。这符是城隍庙送来的。城隍庙的老道士还是我的寄名干爹,他每年端午节前就派小道士送符来,还有两把小纸扇。符送来了,就贴在堂屋的门楣上。一尺来长的黄色、蓝色的纸条,上面用朱笔画些莫名其妙的道道,这就能辟么?喝雄黄酒。用酒和的雄黄在孩子的额头上画一个王字,这是很多地方都有的。(节选自《端午的鸭蛋》——汪曾祺)

(11)绝大的一轮旭日从东面江上蒙蒙地升了起来,江面上荡漾在那里的一江朝雾,减薄了几分浓味。澄蓝的天上疏疏落落,有几处只淡洒着数方极薄的晴云,有的白得像新摘的棉花,有的微红似美妇人脸上的醉酡的颜色。一缕寒风,把江心的雾网吹开,白茫茫的水面,便露显出三两只叶样的渔船来。(节选自《纸币的跳跃》——郁达夫)

(12)只见园中月色比外面更觉明朗,满地下重重树影,杳无人声,甚是凄凉寂静。只听得"唿唿"的一声风过,吹的那树枝上落叶,满园中"唰唰唰"的作响,树枝上"吱娄娄"的发哨,将那些寒鸦宿鸟都掠飞起来。(节选自《红楼梦》——曹雪芹)

(13)秋天的后半夜,月亮下去了,太阳还没有出,只剩下一片乌蓝的天;除了夜游的东西,什么都睡着。……街上黑沉沉的一无所有,只有一条灰白的路,看得分明。(节选自《呐喊》——鲁迅)

(14)漆黑的夜空,像浸透的墨汁。细雨飘零的云层缝隙中,间或透出点点红色绿色的灯火。那是夜航的运输机从云层中掠过,夜航灯就像红绿的流星,一纵

即逝。(节选自《红岩》——罗广斌、杨益言)

(15)时间快到十点,街上没有人了。最后几个邻居一个一个都回进了屋子,只听见铺子关门的声音,玻璃窗内的灯映了映眼睛,熄了。还有一两处亮着的,接着也熄掉了。四下里静悄悄的……空气静止,天河缓缓的在那里转移。一座烟突的上空,大熊星和小熊星的车轴在滚动;群星点缀着淡绿的天,像一朵朵的翠菊。本区教堂的大钟敲着十一点,别的教堂在四周遥遥呼应,有的是清脆的声音,有的是迟钝的声音,家家户户的时钟也传出重浊的音调,其中还有喉音嘶嗄的鹧鸪声。(节选自《约翰·克利斯朵夫》——[法]罗曼·罗兰)

(16)天下只有两种人:当我们手中拥有一串葡萄时,一种人会先挑最好的吃,另一种人则会把最好的留在最后再吃。照理说,第一种人应该高兴,因为他每吃一颗都是手中那串葡萄里最好的;第二种人应该悲观。不过事实上却适得其反,缘故是第二种人还有希望,第一种人只有回忆。(节选自《围城》——钱钟书)

(17)在春季漫长的白天,蛤蟆滩除了这里或那里有些挖荸荠和掐野菜的,地里没人。雁群已经嗷嗷告别了汤河,飞过陕北的土山上空,到内蒙古去了。长腿长嘴的白鹤、青鹳和鹭鸶,由于汤河水混,都钻到稻地的水渠里和烂浆稻地里,埋头捉小鱼和虫子去了。日头用温暖的光芒,照拂着稻地里复种的一片翠绿的青稞。在官渠岸南首,桃园里,赤条条的桃树枝,由于含苞待放的蓓蕾而变了色——由浅而深。人们为了护墓,压在坟堆上的迎春花,现在已经开得一片黄灿灿了。(节选自《创业史》——柳青)

(18)春天。枯黄的原野变绿了。新绿的叶子在枯枝上长出来。阳光温柔地对着每个人微笑,鸟儿在歌唱飞翔。花开放着,红的花、白的花、紫的花。星闪耀着,红的星、黄的星、白的星。蔚蓝的天,自由的风,梦一般美丽的爱情。(节选自《巴金中篇小说选》——巴金)

(19)初夏,北方乡村的原野是活跃而美丽的。天上白云缓缓地飘着,广阔的大地上三三两两的农民辛勤地劳动着。柔嫩的柳丝低垂在静谧的小河边上。河边的顽童破坏了小河的安静:"看呀!看呀!""泥鳅!这个小蛤蟆!"叫声笑声飘散在鲜花盛开的早晨,使人不禁深深感到了春天的欢乐。(节选自《青春之歌》——杨沫)

(20)北方,白雪飘飘;南方,细雨蒙蒙。我的祝福洒在雪花中;你的祈愿飘在细雨里。欢乐总是太短,留不住的是清晨一样的时光;寂寞总是太长,挥不去的是雾一样的忧伤。你接受了幸福,也就接受了痛苦。你选择了清醒,也就选择了糊涂。你选择了奋斗,也就选择了坎坷。(节选自《高中作文素材积累:经典语段(九)》)

(21)六月十五日那天,天热得发了狂。太阳刚一出来,地上已像下了火。一些似云非云,似雾非雾的灰气低低地浮在空中,使人觉得憋气……街上的柳树像病了似的,叶子挂着一层灰土在枝上打着卷;枝条一动也懒得动的,无精打采地低垂着。马路上一个水滴也没有，干巴巴地发着些白光。便道上尘土飞起多高，与天上的灰气联接起来，结成一片毒恶的灰沙阵，烫着行人的脸。处处干燥，处处烫手，处处憋闷，整个老城像烧透了的砖窑，使人喘不过气来。（节选自《骆驼祥子》——老舍）

（22）草地变成金色，秋天的花朵露出它们苍白的花瓣。雏菊现在很少用白色的眼睛戳破草坪，人们只看见淡紫色的花托。遍地都是黄色，树阴的叶子变得稀疏，色调变成浓重。阳光已经较为倾斜，让橙黄色的和倏忽的微光，以及闪亮的长的痕迹溜进树林里面；这些痕迹很快就消逝，好像向你告别的妇人的拖在地上的袍子一样。（节选自《农民》——[法]巴尔扎克）

（23）突然，西北大山头上一阵怪啸的咆哮。大家一齐惊骇地向啸声望去，只见山顶上一排大树摇摇晃晃，树枝格格地截断。接着便是一股狂风卷腾起来的雪雾，像一条无比大的雪龙，狂舞在林间；它腾腾落落，左翻右展，绞头摔尾，朝小分队扑来。林缝里狂喷着雪粉，打在脸上，像石子一样……小分队冒着飞砂一样硬的狂风暴雪，在摔了无数的跟头以后，爬上山顶……小分队刚才路过的地带，地形已完全改变了，没了山背，也没了山沟。山沟全被雪填平了，和山背一样高，成了一片平平的雪修的大广场；山沟里的树，连梢也不见了……（节选自《林海雪原》——曲波）

（24）在这种深夜里，地球也像冻死了一样。水透的空气成了有抵抗力的，成了可以摸得着的，使人非常难于熬受……它有咬龁力、钻透力、干燥力和屠杀力，把这类的力量施于种种草木、昆虫以至小的鸟雀，使那些鸟雀自己从树枝上落到坚硬的泥土上，并且也在同样的严寒的紧紧拘束下，像泥土一般地成了坚硬的。（节选自《爱情》——[法]莫泊桑）

（25）已经到了冬天了。……人行道上的积雪和尘沙混在一起，被践踏成坚实的硬块。马路两旁堆着累累的积雪，由于气温上升的缘故，这些雪堆渐渐变成灰色，松软起来，表面也融成一道道的小沟。街道潮湿、泥泞，从灰色的三角尾顶上往下滴着溶雪。（节选自《布登勃洛克一家》——[德]托马斯·曼）

（26）易于刮风的北平的天气，在空中，又充满着野兽的哮吼的声音了。天是灰黄的，暗暗的，混沌而且沉滞。所有的尘土、沙粒，以及人和兽的干粪，都飞了起来，在没有太阳光彩的空间弥漫着。许多纸片，许多枯叶，许多积雪，许多秽坑里的小物件，彼此混合着像各种鸟类模样，飞来飞去，在各家的瓦檐上打圈。那赤裸裸的，至多只挂着一些残叶的树枝，便藤鞭似的飞舞了，又像是鞭着空气中的什么似的。在马路上一切行人都低着头，掩着脸，上身向前屁股向后地弯着腰，困难地走路。拉着人的洋车，虽然车轮子都是能动的，却好像不曾前进的样子。一切卖馒头、烙饼的布篷子都不见了，只剩那些长方形的木板子和板凳歪倒在地上，并且连一只野狗也没有。汽车喇叭的声音也少极了，似乎这时并不是人类的世界。（节选自《胡也频选集》——胡也频）

（27）月光经过鞍形的山脊、山口、山峡，射出来，那些树木、岩石、山峰的黑影，被月光烘托得分外黑，分外浓，分外阴惨……青烟一般的新月的光辉，到处倾泻起来，倾泻到悬崖断壁上、山坡上、白岩角上，倾泻到像手臂一样伸展着的树枝上，或者是被裂缝侵蚀成的断岩上。一切都分明、清晰，一切都成了活生生的了。（节选自《铁流》——[苏]绥拉菲摩维支）

（28）我们头上顶着青天，天上布满了星星。我们常常仰卧在木筏上，看着天上的星星，并且讨论着它们是造的呢，还是偶然冒出来的。——吉姆非说它们是造的，可是我认为它们是偶然冒出来的；我想如果要造那么多星星，那得费多大的工夫？吉姆说，月亮可以把它们下出来。对了，这个说法似乎很有道理……因为我们看见过青蛙一次下的子，也差不多有这么许多，当然月亮也能下出那么多星星来。我们还常常看那些掉下来的星星，看着它们闪出一道亮光落下去。吉姆认为，它们都是变坏了，所以才由窝里扔出去。（节选自《哈克贝利•芬历险记》——[美]马克•吐温）

（29）每逢他遇到新朋友，或是接见属员，他的大眼会像看见个奇怪的东西似的，极明极大极傻地瞪那么一会儿，腮上的肉往下坠，然后腮上的肉慢慢往上收缩，大眼睛里一层一层的增厚笑意，最后成为个很妩媚的微笑。微笑过后，他才开口说话，舌头稍微团着些，使语声圆柔而稍带着点娇憨，显出天真可爱。这个，哪怕是个冰人儿，也会被他马上给感动过来。（节选自《且说屋里》——老舍）

（30）夏天的色彩是金黄的。按绘画的观点，这大约有其中的道理。春之色为冷的绿，如碧波，如嫩竹贮满希望之情；秋之色为热的赤，如夕阳，如红叶，标志着事物的终极。夏正当春华秋实之间，自然应了这中性的黄色——收获之已有而希望还未尽，正是一个承前启后、生命交替的旺季。（节选自《夏感》——梁衡）

（31）凡是认识央金的人，都说她是个又笨又丑的姑娘；这说法倒也有根据，因为她那扁圆的脸上总是带有几分呆滞，仿佛从来不曾有过什么欢乐，也从来不曾有过什么悲伤。不过，这也并不是绝对的，你如果仔细注视她的眼睛，那么在它那又黑又深的地方，便会发现有一种压抑和孤独的神色。（节选自《央金》——刘克）

（32）一个穷孩子，睡倒在路边，不幸的他，病了！而且病的是急性的痧症。他全身抽筋，肩膀左一耸、右一耸，两腿也左一伸、右一伸。脸色青的和烤熟的茄子一样，唇黑，眼闭着无光。有时，虽眨眨地向环立在他四周的群众一眼，好似代替他已不能说话的口子求乞一般，但接着蹙一蹙眉头，叫声"啊唷"，又似睡去一样的了。眼泪附在眼睑上不曾滴下，两颊附着两窝泥块，他似要用手去抓，但五指似烧熟的蟹脚一般，还颤抖得厉害。……总之，他像一只垃圾堆里的死老鼠，他除了叫声"啊唷"，和喉中有时"嗡嗡"以外，他竟和死去没有两样了。（节选自《人间杂记》——柔石）

（33）他的两眼是呆呆向前面的空处在直视的，无论坐着立着的时候，从旁边看将起来，总好像他是在注视着什么的样子，你只须静守着他五分钟的时间，他在这五分钟之内，脸上会一时变喜，一时变忧的变好几回，并且在这中间，不管他旁边有没有人在，他会一个人和人家谈话似的高声独语起来，有时候简直会同小孩子似的哗的一声高哭出来，眼泪流满了两颊，流上了他的两簇卷曲黄黑的胡子，他也不想去擦一擦，所以亮晶的泪滴，老是同珍珠似的挂在他的胡子角上的。（节选自《在寒风里》——郁达夫）

（34）健康的身体是灵魂的客厅，病弱的身体是灵魂的监狱。乐观的人，在每一次忧患中，都能看到一个机会，而悲观的人，则在每一个机会中，都将看到某种忧患。当你寻找欢乐，欢乐反而逃走，当你躲避欢乐，欢乐却又跟着你跑。（节选自《弗朗西斯·培根语录》）

（35）麦克柯诺尔完全变了样子。他满脸通红，一直红到发根，鼻翼由于内心激动张得大大的，额上冒出豆大的汗珠，一条深深的皱纹从紧咬着的嘴唇向气势汹汹地往前突出的下巴伸展过去。……眼里闪烁着一股无法遏制的怒火，这种怒火通常只有赌台旁边的赌徒才有……（节选自《象棋的故事》——[奥]茨威格）

（36）真的猛士，敢于直面惨淡的人生，敢于正视淋漓的鲜血。这是怎样的哀痛者和幸福者？然而造化又常常为庸人设计，以时间的流驶，来洗涤旧迹，仅使留下淡红的血色和微漠的悲哀。在这淡红的血色和微漠的悲哀中，又给人暂得偷生，维持着这似人非人的世界。我不知道这样的世界何时是一个尽头！（节选自《纪念刘和珍君》——鲁迅）

（37）很难再找到一个像他这样忠于职守的人。说他热心服务，还嫌说得轻了；不，他简直是怀着爱心服务。他在抄写中看到了一片变化多端和赏心悦目的世界。愉快之情流露在他的脸上；有几个字母是他特别心爱的，一写到它们，他就神魂颠倒起来：又是笑，又是眨巴眼睛，又是牵动嘴唇，因此一看他的脸，仿佛就可以猜出他笔下描出的每一个字母。（节选自《果戈里小说选》——[俄]果戈里）

（38）站在院子里的那个人是马凤兰。她头发乱着，衣裳襟儿敞着，眼角上带着眵目糊，一边朝里走，一边在脸上做功夫——她想做出各种各样的笑模样来，一种一种地试着来，哪一种最能打动人，就使哪一种。（节选自《艳阳天》——浩然）

（39）生活如酒，或芳香，或浓烈，或沉郁，或清淡，因为诚信，它变得醇厚；生活如歌，或高昂，或低沉，或悲戚，或欢快，因为诚信，它变得悦耳；生活如画，或明丽，或黯淡，或素雅，或浓艳，因为诚信，它变得美丽。（节选自《诚信是金》——杨璐菲）

（40）突然间，王爵夫人好看的脸上那愤怒的松鼠一般的表情，变成一种娇媚可怜的恐惧相了。她那美丽的眼睛斜起来看她丈夫的脸，她自己的脸上现出怯弱的讨饶的神情，一头急急地但软弱地摇着下垂的尾巴时的狗的神情。（节选自《战争与和平》——[俄]列夫·托尔斯泰）

第十三章 综合练习部分

（41）这人身体高大，半务农半是工匠，他扎了一条肥大的皮围裙，一直搭到左肩上，腹部鼓起来，皮裙里边装着一把锤子，一块红手帕，一个火药壶以及各种各样的物什，像装在口袋里一样，由一条腰带兜住。他朝后仰着头，衬衣大敞着口，露出赛似公牛的白净脖颈。他长着两道浓眉，一脸很重的黑髯须，一对金鱼眼睛，下颏儿尖尖的，还有一种难以描绘的在自家家中的神态。（节选自《悲惨世界》——[法]雨果）

（42）两个月的时光，他就似乎换了一副模样。原来的嫩皮细肉变得又黑又粗糙；浓密的黑发像毡片一样散乱地贴在额头。由于活苦重，饭量骤然增大，身体看起来明显地壮大了许多。两只手被石头和铁棍磨得生硬；右手背有点伤，贴着一块又黑又脏的胶布。目光似乎失去了往日的光亮，像不起波浪的水潭一般沉静；上唇上的那一撮髭须似乎也更明显了。从那松散的腿胯可以看出，他已经成为地道的揽工汉子，和别的工匠混在一起，完全看不出差别。（节选自《平凡的世界》——路遥）

（43）假如生命是花，当它盛开的时候是美好的，当花枯落时也是美好的，我要把生命的花瓣一瓣一瓣的撒在人生的旅途上；假如生命是树，我要把生命的根须一心一意地扎向大地的深处，哪怕脚下是坚硬的岩石，也要锲而不舍地将根须钻进石缝，汲取生活的源泉。（节选自《生命》——赵丽宏）

（44）大部分时候我妈独自一人生活。在阿克哈拉村，她的日常安保措施如下：在房子后墙上多挖一个后门，一旦有坏人闯入，就从后门撤退；若坏人追了上来，就顺着预先靠在后门外的梯子爬上屋顶；若是坏人也跟着爬上来，就用预先放在屋顶上的榔头敲他的头……此外，还有椅垫下藏刀子，门背后放石灰等诸多细节她老人家国产连续剧看太多了。（节选自《孤独》——李娟）

（45）她那时正微低着头在看她的英语读本上的图片。漂亮的面容正似乎是风水先生手中的藤杖，它能使四面潜伏着的美立即显露出来。柔和的阳光在那一刹那间似乎已变成了有知觉的生物；秋天也似乎忽然具有了一定的形象。像太阳约束着一切行星一样，这女孩使得天空、大气、光线和她身边的一切都围绕着她活动，而她自己却颟顸地、沉默地坐在那里，看着一本教科书上的图片。（节选自《沉船》——[印度]泰戈尔）

（46）约翰·里德是个十四岁的小学生，比我大四岁，因为我才十岁。论年龄，他长得又大又胖，但肤色灰青，一副病态。脸盘阔，五官粗，四肢肥，手脚大。还喜欢暴食，落得个肝火很旺，目光迟钝，两颊松弛。这阵子，他本该呆在学校里，可是他妈把他领了回来，住上一两个月，说是因为"身体虚弱"。但他老师迈尔斯先生却断言，要是家里少送些糕点糖果去，他会什么都很好。做母亲的心里却讨厌这么刻薄的话，而倾向于一种更随和的想法，认为约翰是过于用功，或许还因为想家，才弄得那么面色蜡黄的。（节选自《简爱》——[英]夏洛蒂·勃朗特）

（47）我不禁对那老渔民望了几眼。老渔民长得高大坚固，留着一把花白胡子。

瞧他那眉目神气，就像秋天的高空一样，又清朗，又深沉。老渔民说完话，不等姑娘们搭言，早回到船上，大声说笑着，动手收拾着满船烂银似的新鲜鱼儿。（节选自《雪浪花》——杨朔）

（48）那老妇人的状貌没有什么特点，额上虽然已画了好几条皱纹，还不见得怎么衰老。只是她的眼睛有点怪，深陷的眼眶里，红筋连连牵牵的，发亮；放大的瞳子注视着孩子的脸，定定的，凄然失神。（节选自《祝福》——鲁迅）

（49）邓稼先则是一个最不要引人注目的人物。和他谈话几分钟就看出他是忠厚平实的人。他真诚坦白，从不骄人。他没有小心眼儿，一生喜欢"纯"字所代表的品格。在我所认识的知识分子当中，包括中国人和外国人，他是最具有中国农民的朴实气质的人。（节选自《邓稼先》——杨振宁）

（50）我坐在仓篷顶上，望着前边隐隐约约淡云一样的群山。外乡人也许觉得那不过是一列屏风似的没有特征的远山；但，任何一个山脊、峰顶、深坞、险谷，不拘是横看或是侧窥，都那么生动活泼的各个显出它们互异的风姿。（节选自《山水间》——王虹）

（51）不必说碧绿的菜畦，光滑的石井栏，高大的皂荚树，紫红的桑椹，也不必说鸣蝉在树叶里长吟，肥胖的黄蜂伏在菜花上，轻捷的叫天子忽然从草间直窜向云霄里去了。单是周围的短短的泥墙根一带，就有无限趣味。油蛉在这里低唱，蟋蟀们在这里弹琴。翻开断砖来，有时会遇见蜈蚣；还有斑蝥，倘若用手指按住它的脊梁，便会拍的一声，从后窍喷出一阵烟雾。（节选自《从百草园到三味书屋》——鲁迅）

（52）小时候，我无论对什么花，都不懂得欣赏。父亲总是指指点点地告诉我，这是梅花，那是木兰花……但我除了记些名字外并不喜欢。我喜欢的是桂花。桂花树的样子笨笨的，不像梅树那样有姿态。不开花时只见到满树的叶子；开花时，仔细地在树丛里寻找，才能看到那些小花。可是桂花的香气，太迷人了。（节选自《桂花雨》——琦君）

（53）不逢北国之秋，已将近十余年了。在南方，每年到了秋天，总要想起陶然亭的芦花，钓鱼台的柳影，西山的虫唱，玉泉的夜月，潭柘寺的钟声。在北平，即使不出门去吧，就是在皇城人海之中，租人家一椽破屋来住着，早晨起来，泡一碗浓茶，向院子一坐，你也能看得到很高很高的碧绿的天色，听得到青天下驯鸽的飞声。（节选自《故都的秋》——郁达夫）

（54）我开始欣赏鸟，是在四川。黎明时，窗外是一片鸟啭，不是吱吱喳喳的麻雀，不是呱呱噪啼的乌鸦，那一片声音是清脆的，是嘹亮的，有的一声长叫，包括着六七个音阶，有的只是一个声音，圆润而不觉其单调，有时是独奏，有时是合唱，简直是一派和谐的交响乐。不知有多少个春天的早晨这样的鸟声把我从梦境唤起。（节选自《鸟》——梁实秋）

（55）闻名中外的黄山风景区在我国安徽省南部。那里景色秀丽神奇，尤其是那些怪石，有趣极了。就说"仙桃石"吧，它好像从天上飞下来的一个大桃子，落在山顶的石盘上。在一座陡峭的山峰上，有一只"猴"它两只胳膊抱着腿，一动不动的蹲在山头，望着翻滚的云海。这就是有趣的"猴子观海"。"仙人指路"就更有趣了！远远望去，真像一位仙人站在高高的山峰上，伸着手臂指向前方。（节选自《黄山奇石》——于永正）

（56）没有花的绿地是寂寞的。我对驾车同行的小吕说。小吕听了，将车子停住，把我领到路边一片非常开阔的草地上，让我蹲下来扒开草好好看看。我用手拨开草一看，原来青草下边藏着满满一层小花，白的、黄的、紫的；纯洁、娇小、鲜亮；这么多、这么密、这么辽阔！它们比青草只矮几厘米，躲在草下边，好像只要一使劲儿，就会齐刷刷地冒出来……（节选自《花的勇气》——冯骥才）

（57）荷兰，是水之国，花之国，也是牧场之国。一条条运河之间的绿色低地上，黑白花牛，白头黑牛，白腰蓝嘴黑牛，在低头吃草。有的牛背上盖着防潮的毛毡。牛群吃草时非常专注，有时站立不动，仿佛正在思考着什么。牛犊的模样像贵夫人，仪态端庄。老牛好似牛群的家长，无比尊严。极目远眺，四周全是碧绿的丝绒般的草原和黑白两色的花牛。这就是真正的荷兰。（节选自《牧场之国》——[捷]卡雷尔·恰佩克）

（58）有时，我们会觉得生命是一种痛苦的煎熬，当它最充分地展示黑暗、龌龊、卑鄙、虚伪一面的时候；有时我们会觉得生命是一种欢乐的享受，当它展示出光明、纯洁、崇高、真诚一面的时候。生命似乎永远是在这样两极之间交错延伸的，在它延伸的每一个区段里，似乎总是喜剧与悲剧同生，苦难与幸福共存。（节选自《生命的暗示》——欧阳斌）

（59）前几天，田野里还是鹅黄嫩绿，芽苞初放。转眼间，到处都是浓阴。金黄的油菜花谢了，结出了密密的嫩荚；黑白相间的蚕豆花谢了，长出了小指头似的豆荚；雪白的萝卜花谢了，结出了一蓬蓬的种子。麦田换上了耀眼的浅黄色新装，每根麦秆都擎起了丰满的穗儿，那齐刷刷的麦芒，犹如乐谱上的线条，一个麦穗儿，就是一个跳动的音符。湖边的草又肥又嫩，只消用手拉拉，竹篮很快就装满了。（节选自《麦哨》——陈益）

（60）在西门外的桥上，便看见一溪活水，清浅、鲜洁，由南向北流着。这就是由趵突泉流出来的。假如没有这泉，济南定会丢失一半的美。

泉太好了。泉池是差不多见方的，三个泉口偏西，北边便是条小溪，流向西门去。看那三个大泉，一年四季，昼夜不停，老那么翻滚。你立定呆呆地看三分钟，便觉得自然的伟大，使你再不敢正眼去看。永远那么纯洁，永远那么活泼，永远那么鲜明，冒，冒，冒，好像永远不感到疲乏，只有自然有这样的力量。（节选自《趵突泉》——老舍）

（61）父亲还没来得及整理他新辟的菜园，一场暴雨说来就来了。那天，父亲正在吃午饭，把碗一丢，抓起铁锹就冲进了暴雨中……可是，山坡菜地里那薄薄的一层泥土，已经被大雨冲了个一干二净，露出大块大块狰狞的岩石。父亲没有气馁，他在坡地的边缘砌了一道矮墙，再从山脚下把土一筐一筐挑上去，盖住了那可怖的岩石。父亲的双肩红肿，脚板也磨起了泡。看着新菜园终于被开出来了，父亲笑了。（节选自《父亲的菜园》——王树槐）

（62）当我们想成为城里人时，城里人却在想成为歌唱家。我们并不是生活在土地上，事实上我们生活在时间里。田野、街道、河流、房屋是我们置身时间之中的伙伴。时间将我们推移向前或者向后，并且改变着我们的模样。（节选自《在细雨中呼喊》——余华）

（63）信任是一种充满人类理性，放射人格光芒的心灵春风。对被信任者来说，得到信任是一种莫大的欣慰，是一种无形的精神支柱。有了信任，人生才有亲密无间的友谊；有了信任，人们才能在风雨中同舟共济；有了信任，人们才会在同心同德的真诚中合作，不断孕育追求卓越人生的目标和勇气。（节选自《飞鸟集》——[印度]泰戈尔）

（64）爱是最美好的人间四月天，生命便是爱。春风吹着一树花开，生命就是一树花开，或安静或热烈，或寂寞或璀璨。日子，就在岁月的年轮中渐次厚重，那些天真的、跃动的、抑或沉思的灵魂，就在繁华与喧嚣中，被刻上深深浅浅、或浓或淡的印痕。（节选自《生命是一树花开》——余秋雨）

（65）夜梦极可怪。见一淡绿百合花，颈弱而花柔，花身略有斑点青渍，倚立门边微微动摇。在不可知的地方好像有极熟悉的声音在招呼："你看看好，应当有一粒星子在花中。仔细看看。"于是伸手触之。花微抖，如有所怯。亦复微笑，如有所恃。因轻轻摇触那个花柄，花蒂，花瓣。近花处几片叶子全落了。如闻叹息，低而分明。（节选自《生命》——沈从文）

（66）春天，像一篇巨制的骈俪文；而夏天，像一首绝句。已有许久，未曾去关心蝉音。耳朵忙着听车声，听综艺节目的敲打声，听售票小姐不耐烦的声音，听朋友的附在耳朵旁，低低哑哑的秘密声……应该找一条清澈洁净的河水洗洗我的耳朵，因为我听不见蝉声。（节选自《夏天，像一首绝句》——三毛）

（67）我什么都没忘，但是有些事只适合收藏，不能说，也不能想，却又不能忘。它们不能变成语言，它们无法变成语言，一旦变成语言就不再是它们了。它们是一片朦胧的温馨与寂寥，是一片成熟的希望与绝望，它们的领地只有两处：心与坟墓。比如说邮票，有些是用于寄信的，有些仅仅是为了收藏。（节选自《我与地坛》——史铁生）

（68）当地平线上出现了第一个黑点，当更多的黑点成为线，成为队，而且当微风把铃铛的柔声，叮当，叮当，送到你的耳鼓，而最后，当那些昂然高步的骆驼，排成整齐的方阵，安详然而坚定地愈行愈近，当骆驼队中领队驼所掌的那一杆长方形猩红大旗耀入你的眼帘，而且大小叮当的谐和的合奏充满了你的耳管，——这时间，也许你不出声，但是你的心里会涌上了这样的感想的：多么

庄严，多么妩媚呀！（节选自《风景谈》——茅盾）

（69）时间好比一把锋利的小刀，若用得不恰当，会在美丽的面孔上刻下深深的纹路，使旺盛的青春月复一月，年复一年地消磨掉；但是，使用恰当的话，它却能将一块普通的石头琢刻成宏伟的雕像。（节选自《心愿》——张爱玲）

（70）院子是东西长而南北短的一个长条，所以南北房不能相对；假若相对起来，院子便被挤成一条缝，而颇像轮船上房舱中间的走道了。南房两间，是紧靠着街门，而北房五间面对着的是南院墙。两间东房是院子的东尽头：东房北边有块小空地，是厕所。南院墙外是一家老香烛店的晒佛香的场院，有几株柳树，幸而有这几株树，否则祁家的南院墙外便什么也没有，倒好像是火车站上的房子，出了门便是野地了。（节选自《四世同堂》——老舍）

（71）荷塘的四面，远远近近，高高低低都是树，而杨柳最多。这些树将一片荷塘重重围住；只在小路一旁，漏着几段空隙，像是特为月光留下的。树色一例是阴阴的，乍看像一团烟雾；但杨柳的丰姿，便在烟雾里也辨得出。树梢上隐隐约约的是一带远山，只有些大意罢了。树缝里也漏着一两点路灯光，没精打采的，是渴睡人的眼。这时候最热闹的，要数树上的蝉声与水里的蛙声；但热闹是他们的，我什么也没有。（节选自《荷塘月色》——朱自清）

（72）天上那层灰气已散，不甚憋闷了，可阳光也更厉害了许多；没人敢抬头看太阳在哪里，只觉到处都闪眼，空中，屋顶上，墙壁上，地下都白亮亮的，白里透着点红；由上至下整个的像一面极大的火镜，每一条光都像火镜的焦点，晒得东西要发火。在这白光里，每一个颜色都刺目，每一个声响都难听，每一种气味都混合着由地上蒸发出来的腥臭，街上仿佛已没了人，道路好像忽然加宽了许多，空旷而没有一点凉气，白花花的令人害怕。（节选自《骆驼祥子》——老舍）

（73）一个春天的月牙在天上挂着。我看出来它的美来。天是暗蓝的，没有一点云。那个月牙清亮而温柔，把一些软光儿轻轻送到柳枝上。院中有点小风，带着南边的花香，把柳条的影子吹到墙角有光的地方来；又吹到无光的地方去；光不强，影儿不重，风微微的吹，都是温柔，什么都是有点睡意，可又要轻轻地活动着。（节选自《月牙儿》——老舍）

（74）原来这房里的一切，都是新堂堂，亮锃锃的，平顶天花板白得耀眼，四周的墙，用青漆漆了一人高，再往上就刷刷白，地板暗红闪光，照出人影子来，紫檀色五斗橱，嫩黄色写字台，更有两张出奇的矮凳，比太师椅还大，里外包着皮，也叫不出名字来，再看床上，垫的是花床单，盖的是新被子，雪白的被底，崭新的绸面，刮刮叫三层新。陈奂生不由自主地立刻在被窝里缩成一团，他知道自己身上（特别是脚）不大干净，生怕弄脏了被子……（节选自《陈奂生上城》——高晓声）

（75）六月十五日那天，天热得发了狂。太阳刚一出来，地上已经像下了火，一些似云非云似雾非雾的灰气低低地浮在空中，使人觉得憋气……街上的柳树像病了似的，叶子挂着层灰土在枝上打着卷；枝条一动也懒得动，无精打采地低垂着。马路上一个水点也没有，干巴巴地发着些白光。便道上尘土飞起多高，跟天上的灰气联接起来，结成一片毒恶的灰沙阵，烫着行人的脸。处处干燥，处处烫手，处处憋闷，整个老城像烧透了的砖窑，使人喘不过气来。狗趴在地上吐出红舌头，骡马的鼻孔张得特别的大，小贩们不敢吆喝，柏油路晒化了，甚至于铺户门前的铜牌好像也要晒化。（节选自《骆驼祥子》——老舍）

（76）真的，这样迷人的景色恐怕哪儿也见不着，我们的下面是科依索尔谷地，谷地里贯穿着阿拉格瓦河和另一条河，仿佛两根银线；淡蓝色的迷雾在谷地上流动着，受到温暖的曙光的照耀，向附近的峡谷飘去；左右都是白雪皑皑、灌木丛生的山脊，一个比一个高，它们互相交错，绵延不绝；远方是同样的山岭，但没有两个山岩形状彼此相似，而山上的积雪又那么喜气洋洋、那么光辉灿烂地闪耀着玫瑰红的色彩，使人真想在这儿待上一辈子；太阳稍稍从暗蓝色的山岭后面露出脸来。只有看惯这种景色的眼睛才能把山岭同阴云分辨出来。（节选自《当代英雄》——[俄]莱蒙托夫）

（77）大雨像一片巨大的瀑布，从西北的海滨横扫着昌潍平原，遮天盖地地卷了过来。雷在低低的云层中间轰响着，震得人耳朵嗡嗡地响。闪电，时而用它那耀眼的蓝光，划破了黑沉沉的天空，照出了在暴风雨中狂乱地摇摆着的田禾，一条条金线似的鞭打着大地的雨点和那在大雨中吃力地迈动着脚步的人影。一刹那间，电光消失了，天地又合成了一体，一切又被无边无际的黑暗吞没了。对面不见人影，四周听不到别的声音，只有震耳的雷声和大雨滂沱的噪声。（节选自《黎明的河边》——峻青）

（78）我想听见风从很远处刮来的声音，听见树叶和草屑撞到墙上的声音，听见那根拴牛的榆木桩直戳戳划破天空的声音。什么都没有。只有空气，空空地跑过去。像黑暗中没有偷到东西的一个贼。西边韩三家院子只剩下几堵破墙，东边李家的房子倒塌在乱草里，风从荒野到荒野，穿过我们家空荡荡的院子。再没有那扇一开一合的院门，像个笨人掰着手指一下一下地数着风。再没有圈棚上的高高草垛，让每一场风都撕走一些，再撕走一些，把呜呜的撕草声留在夜里。（节选自《只剩下风》——刘亮程）

（79）父亲在世时，每逢过年我就会得到一盏灯。那不是寻常的灯。从门外的雪地上捡回一个罐头瓶，然后将一瓢开水倒进瓶里，啪的一声，瓶底均匀地落下来，灯罩便诞生了，再用废棉花将它擦得亮亮的。灯的底座是木制的，有花纹，从底座中心钉透一颗钉子，把半截红烛固定在上面。待到夜幕降临时，点燃蜡烛，再小心翼翼地落下灯罩。我提着这盏灯，觉得自己风光无限。（节选自《那盏叫父亲的灯》——迟子建）

（80）你提到我们少年时代常坐在淡水河口看夕阳斜落，然后月亮自水面冉冉上升的景象。你说："我们常常边饮酒边赋歌，边看月亮从水面浮起，把月光与月影投射在河上，水的波浪常把月色拉长又挤扁。当时只是觉得有趣，甚至痴迷得醉了。没想到出国多年,有一次在密西西比河水中观月,与我们的年少时光相叠。故国山川如水中之月、镜中之花,挤扁又拉长,最后连年轻的岁月也成为镜花水月了。"(节选自《生平一瓣香》——林清玄)

(81)我不敢说生命是什么,我只能说生命像什么。生命像向东流的一江春水,他从最高处发源,冰雪是他的前身。他聚集起许多细流,合成一股有力的洪涛,向下奔注,他曲折地穿过了悬崖峭壁,冲倒了层沙积土,挟卷着滚滚的沙石,快乐勇敢地流走,一路上他享受着他所遭遇的一切。有时候他遇到巉岩前阻,他愤激地奔腾了起来,怒吼着,回旋着,前波后浪地起伏催逼,直到冲倒了这危崖,他才心平气和地一泻千里。(节选自《谈生命》——冰心)

(82)信仰是人生杠杆的支撑点,具备这个支撑点,才可能成为一个强而有力的人;信仰是事业的大门,没有正确的信仰,注定做不出伟大的事业。劳动是一切知识的源泉,只有辛勤的劳动,才能点燃智慧的熊熊大火;劳动是事业的阶梯,没有辛勤的劳动,不可能攀登上事业成功的巅峰。(节选自《鲁迅经典语录》)

(83)名人和凡人差别在什么地方呢?名人用过的东西就是文物了,凡人用过的东西就是废物;名人做一点错事,写起来叫名人逸事,凡人做错了事,谈起来就说他是犯傻;名人强词夺理,叫作雄辩,凡人强词夺理就是狡辩了;名人打扮得不修边幅,叫作艺术家的气质,凡人不修边幅,就是流里流气。(节选自《名人也是普通人》——王选)

(84)我对栀子花怀有特殊的感情,这样的感情缘于我的乡下生活。我童年最香的记忆,是有关栀子花的。那时,乡下人家的院子里,都栽有一小棵栀子树的,也无需特别管理,只要一抔泥土,就长得枝叶葱茏了。(节选自《栀子花开》——丁立梅)

(85)秋天,树叶黄了,枯了,快要脱落了。枯黄的叶子离开了枝头,在风中飞舞着,怀着对金秋季节无比眷恋的心情离去。假如我是落叶,我愿意很快地落在地上,又很快地被水溶化,然后钻进又黑又香的泥土里,尽情地拥抱这些又大又小又粗又细的树根……。(节选自《落叶》——柯蓝)

(86)为什么天地这般复杂地把风约束在中间?硬的东西把它挡住,软的东西把它牵绕住。不管它怎样猛烈地吹,吹过遮天的山峰,洒脱缭绕的树林,扫过辽阔的海洋,终逃不到天地以外去。或者为此,风一辈子不能平静,和人的感情一样。(节选自《风》——杨绛)

(87)这人世间,有些路是非要单独一个人去面对单独一个人去跋涉的,路再长再远,夜再黑再暗,也得独自默默地走下去。

年轻的你只如云影掠过,而你微笑的面容极浅极淡。遂翻开那发黄的扉页,命运将它装订得极为拙劣。含着泪我一读再读,却不得不承认,青春是一本太仓促的书。在长长的一生里,欢乐总是乍现就凋落,走得最急的都是最美的时光。(节选自《生命里永远有一种等待》——席慕蓉)

（88）闲暇时为自己沏了一杯新茶，透明的玻璃杯中，叶青水绿，清新爽口，宛如水洗翡翠，伴随着水雾的轻盈升腾，清幽的茶香也随之弥漫缥缈，似有若无。倘刻意去闻，它若隐若现不留痕迹，不经意间，却清香宜人、沁人心脾。（节选自《茶味》——林清玄）

（89）西天上正铺着一片金灿灿的晚霞，把老泰山的脸映得红彤彤的。老人收起磨刀石，放到独轮车上，跟我道了别，推起了小车走了几步，又停下，弯腰从路边摘了枝野菊花，插到车上，才又推着车慢慢走了，一直走向火红的霞光里去，他走了，他在海边对几个姑娘讲的话都回荡在我的心上。我觉得，老泰山恰似一朵浪花，跟无数浪花集到一起，形成这个时代的大浪潮，激扬飞溅，早已把旧日的江山变了个样儿，正在勤勤恳恳地塑造着人民的江山。（节选自《雪浪花》——杨朔）

（90）已经接近傍晚了，空气中有一种预报大雷雨消息的特别的闷热。太阳已经很低，白杨树的树梢也染上了一层浅红。可是在那紧紧包住树枝的傍晚的阴影里，不动的高高的白杨树却显得更密、更高了……树上面的天也阴暗了，变成了天鹅绒的样子，好像离地面更近了似的。远远的在什么地方，有人讲话；在更远的地方，不过是在另一个方向，有人唱歌。声音都很低，都很深沉，而且也好像浸透了闷热。（节选自《阿尔希普爷爷和廖恩卡》——[苏]高尔基）

（91）一阵狂风卷过，寒气阵阵袭来，伫立在签子门边的余新江浑身发冷，禁不住颤抖了一下，屋瓦上响起了哗哗哗的声音，击打在人的心上。是暴雨？这声音比暴雨更响，更加嘈杂，更加猛烈。"冰雹！"余新江听见有人悄声喊着，他也侧耳听那屋瓦上的响声。在沉静的寒气里，在霹打屋顶的冰雹急响中，忽然听出一种隆隆的轰鸣。这声音夹杂在冰雹之中，时大时小。余新江渐渐想起，刚才在冰雹之前的狂风呼啸中，似乎也曾听到这种响声，只是不如现在这样清晰，这样接近，因为他专注地观察敌人，所以未曾引起注意。这隆隆的轰鸣，是风雪中的雷声么？余新江暗自猜想着：在这隆冬季节，不该出现雷鸣啊！这难道是敌人在爆破工厂，毁灭山城了么？忽然，余新江冰冷的脸上，露出狂喜，他的手心激动得冒出了汗水。他突然一转身，面对着全室的人，眼里不可抑制地涌出滚烫的泪水。"听！炮声，解放军的炮声！"（节选自《红岩》——罗广斌、杨益言）

（92）黑暗的旧中国，地是黑沉沉的地，天是黑沉沉的天。灾难深重的人民哪，你身上带着沉重的锁链，头上压着三座大山。你一次又一次的呼喊，一次又一次地战斗，可是啊，夜漫漫，路漫漫，长夜难明赤县天……

亲爱的同志啊！你可曾记得，在那战火纷飞的黎明，在那风雪弥漫的夜晚，我们是怎样的向往啊！向往着胜利的一天。

这一天终于来到了！看哪，人人脸上挂着喜悦的眼泪，个个兴高采烈。流水发出欢笑，山岗也显得年轻，他们在倾听，倾听，倾听这个震撼世界的声音：中

华人民共和国诞生了！中国人民从此站起来了！（节选自大型音乐舞蹈史诗《东方红》——总导演：周恩来）

二、现代诗

天上的街市
郭沫若

远远的街灯明了，好像闪着无数的明星。
天上的明星现了，好像点着无数的街灯。
我想那缥缈的空中，定然有美丽的街市。
街市上陈列的一些物品，定然是世上没有的珍奇。
你看，那浅浅的天河，定然是不甚宽广。
那隔着河的牛郎织女，定能够骑着牛儿来往。
我想他们此刻，定然在天街闲游。
不信，请看那朵流星，是他们提着灯笼在走。

星　空
郭沫若

啊，闪烁不定的星辰哟！
你们有的是鲜红的血痕，有的是净朗的泪晶——
在你们那可怜的幽光之中含蓄了多少深沉的苦闷！
我看见一只带了箭的雁鹅，啊！它是个受了伤的勇士，
它偃卧在这莽莽的沙场之时，仰望着那闪闪的幽光，
也感受了无穷的安慰。
眼不可见的我的师哟！
我努力地效法了你的精神：
把我的眼泪，把我的赤心，
编成了一个易朽的珠环，捧来在你脚下献我悃忱。

偶　然
徐志摩

我是天空里的一片云，偶尔投影在你的波心，
你不必讶异，更无须欢喜，在转瞬间消失了的踪影。
你我相逢在黑夜的海上，
你有你的，我有我的，方向，
你记得也好，最好你忘掉，
在这交会时互放的光亮。

无怨的青春
席慕蓉

在年轻的时候，如果你爱上了一个人，
请你，请你一定要温柔地对待他。
不管你们相爱的时间有多长或多短，
若你们能始终温柔地相待，那么，
所有的时刻都将是一种无瑕的美丽。
若不得不分离，也要好好地说声再见，
也要在心里存着感谢，感谢他给了你一份记忆。
长大了以后，你才会知道，在蓦然回首的刹那，
没有怨恨的青春才会了无遗憾，
如山冈上那轮静静的满月。

青　春
席慕蓉

所有的结局都已写好，
所有的泪水也都已启程，
却忽然忘了是怎么样的一个开始，
在那个古老的不再回来的夏日。
无论我如何地去追索，
年轻的你只如云影掠过，
而你微笑的面容极浅极淡，
逐渐隐没在日落后的群岚，
遂翻开那发黄的扉页，
命运将它装订得极为拙劣，
含著泪，我一读再读，
却不得不承认，
青春是一本太仓促的书。

感　谢
汪国真

让我怎样感谢你，当我走向你的时候，
我原想收获一缕春风，你却给了我整个春天，
让我怎样感谢你，当我走向你的时候，
我原想捧起一簇浪花，你却给了我整个海洋，
让我怎样感谢你，当我走向你的时候，

我原想撷取一枚红叶，你却给了我整个枫林，
让我怎样感谢你，当我走向你的时候，
我原想亲吻一朵雪花，你却给了我银色的世界！

热 爱 生 命
汪国真

我不去想是否能够成功，
既然选择了远方，便只顾风雨兼程。
我不去想能否赢得爱情，
既然钟情于玫瑰，就勇敢地吐露真诚。
我不去想身后会不会袭来寒风冷雨，
既然目标是地平线，留给世界的只能是背影，
我不去想未来是平坦还是泥泞，只要热爱生命，
一切，都在意料之中。

秋日的思念
汪国真

你的身影离我很远很远，
声音却长响在我的耳畔。
每一个白天和夜晚，
在我的心头，都生长着一片长绿的思念。
如果我邻近大海，
会为你带回一簇美丽的珊瑚，
让它装点你洁净的小屋。
如果我傍着高山，
会为你采来一束盛开的杜鹃，
让春天在你书案前展露笑靥。
既然这里是北方，
既然现在是秋天，
那么，我就为你采摘下红叶片片。
我已暮年的老师啊，这火红火红的枫叶，
不正是你的品格，你的情操，你的容颜。

南方和北方
汪国真

南方的水，温柔明丽，北方的山，豁达粗犷，

两行飞转的轮子，曾载我几度南来北往。
我出生在南方，心热恋着我生长的北方，
我爱北方汉子的性格，像北方秋季的天空——天高气爽，
我爱北方姑娘的容颜，像北方冬天的雪花——皎洁漂亮，
呵，我的北方，
我生长在北方，心，常常思念我出生的南方，
我赞美南方的土地，镶嵌着数不清的鱼米之乡，
我赞美南方的山水，曾孕育了多少风流千古的秀女和才郎，
呵，我的南方，
我爱北方，也爱南方，我赞美南方，也赞美北方，
长江两岸的泥土和山水呵，都像母亲一样亲切、慈祥！

面朝大海　春暖花开
海　子

从明天起，做一个幸福的人，
喂马、劈柴，周游世界，
从明天起，关心粮食和蔬菜，
我有一所房子，面朝大海，春暖花开，
从明天起，和每一个亲人通信，
告诉他们我的幸福，
那幸福的闪电告诉我的，
我将告诉每一个人，
给每一条河每一座山取一个温暖的名字，
陌生人，我也为你祝福，
愿你有一个灿烂的前程，
愿你有情人终成眷属，
愿你在尘世获得幸福，
而我只愿面朝大海，春暖花开。

十八岁畅想曲
共青团北京市委中学部

十八支蜡烛，被轻轻吹灭，深情的注视，留给昨夜未眠的青春。
今天的我们，被阳光召唤，奔腾的热情，汇成明天引吭的高歌。
历史的又一个驿站，有十八岁的憧憬，十八岁刚刚发芽的梦；
有十八岁绽开的美丽，十八岁缤纷的向往，
向着展现在眼前的七彩之路，说一声——

十八岁，让我们上路！
初升的太阳，再次温暖地披上肩头，
我们的臂膀，已经长成茂盛的丛林，
阳光如风掠过，勃勃的朝气延伸天际。
十八岁，让我们追逐太阳，
我们的心呀，有太阳的炽烈，太阳的光亮，太阳的宽广。
也许我们会长成为一棵大树，伟岸挺拔，坚定崇高；
也许我们会萌发成一株小草，默默无闻，芬芳满野；
也许我们会站立为一道青山，巍峨绵延，风光无边；
也许我们会平躺为一片原野，深沉博大，殷实富饶……
十八岁，张开你的双臂，担负起更坚实的人生重任；
十八岁，挺起你的胸膛，怀抱更广博的精彩世纪！

你的名字

纪　弦

用了世界上最轻最轻的声音，
轻轻地唤你的名字每夜每夜。
写你的名字，画你的名字，
而梦见的是你的发光的名字：
如日，如星，你的名字。
如灯，如钻石，你的名字。
如缤纷的火花，如闪电，你的名字。
如原始森林的燃烧，你的名字。
刻你的名字！刻你的名字在树上。
刻你的名字在不凋的生命树上。
当这植物长成了参天的古木时，
啊啊，多好，多好，
你的名字也大起来。
大起来了，你的名字。
亮起来了，你的名字。
于是，轻轻轻轻轻轻轻地呼唤你的名字。

一片槐树叶

纪　弦

这是全世界最美的一片，

最珍奇，最可贵的一片，
而又是最使人伤心，最使人流泪的一片，
薄薄的，干的，浅灰黄色的槐树叶。
忘了是在江南，江北，
是在哪一个城市，哪一个园子中捡来的了，
被夹在一册古老的诗集里，
多年来，竟没有些微的损坏。
蝉翼般轻轻滑落的槐树叶，
细看时，还沾着那些故国的泥土啊，
故国哟，要到何年何月何日，
才能让我再回到你的怀抱里。
去享受一个世界最愉快的，
飘着淡淡的槐花香的季节。

相信未来

食　指

当蜘蛛网无情地查封了我的炉台，当灰烬的余烟叹息着贫困的悲哀，
我依然固执地铺平失望的灰烬，用美丽的雪花写下：相信未来！
当我的紫葡萄化为深秋的露水，当我的鲜花依偎在别人的情怀，
我依然固执地用凝霜的枯藤，在凄凉的大地上写下：相信未来！
我要用手指那涌向天边的排浪，我要用手掌那托住太阳的大海，
摇曳着曙光那支温暖漂亮的笔杆，用孩子的笔体写下：相信未来！
我之所以坚定地相信未来，是我相信未来人们的眼睛，
她有拨开历史风尘的睫毛，她有看透岁月篇章的瞳孔，
不管人们对于我们腐烂的皮肉，那些迷途的惆怅、失败的苦痛，
是寄予感动的热泪、深切的同情，还是给以轻蔑的微笑、辛辣的嘲讽，
我坚信人们对于我们的脊骨，那无数次的探索、迷途、失败和成功，
一定会给予热情、客观、公正的评定，
是的，我焦急地等待着他们的评定，朋友，坚定地相信未来吧，
相信不屈不挠的努力，相信战胜死亡的年轻，
相信未来、热爱生命，相信未来、热爱生命！

莲　灯

林徽因

如果我的心是一朵莲花，

正中擎出一支点亮的蜡,
荧荧虽则单是那一剪光,
我也要它骄傲地捧出辉煌。
不怕它只是我个人的莲灯,
照不见前后崎岖的人生——
浮沉它依附着人海的浪涛
明暗自成了它内心的秘奥。
单是那光一闪花一朵——
像一叶轻舸驶出了江河——
宛转它漂随命运的波涌
等候那阵阵风向远处推送。
算做一次过客在宇宙里,
认识这玲珑的生从容的死,
这飘忽的途程也就是个——
也就是个美丽美丽的梦。

岸

北 岛

陪伴着现在和以往,
岸,举着一根高高的芦苇,
四下眺望。
是你,
守护着每一个波浪,
守护着迷人的泡沫和星星,
当呜咽的月亮,
吹起古老的船歌,
多么忧伤。
我是岸,
我是渔港,
我伸展着手臂,
等待穷孩子的小船,
载回一盏盏灯光。

宣 告

北 岛

也许最后的时刻到了,

我没有留下遗嘱，
只留下笔，给我的母亲，
我并不是英雄，
在没有英雄的年代里，
我只想做一个人。
宁静的地平线，
分开了生者和死者的行列，
我只能选择天空，
决不跪在地上，
以显出刽子手们的高大，
好阻挡自由的风，
从星星的弹孔里，
将流出血红的黎明。

父亲的信仰

易殿选

父亲的信仰，是褐色的，
就像那片土地一样；
因此他自信，
他知道，那片土地
会如期吐出，绿色的希望。
父亲的信仰，是金色的，
就像天上的太阳一样；
因此他热情，
他知道，那轮太阳
会忠实地送来，灿烂的时光。
父亲的信仰，是黄色的，
就像我的肢体一样；
因此他满足，
他知道，我的身上
带着他的形象，他的幻想。

在山的那边

王家新

小时候，我常伏在窗口痴想，

山那边是什么呢?
妈妈给我说过:海,
哦,山那边是海吗?
于是,怀着一种隐秘的想望,
有一天我终于爬上了那个山顶,
可是,我却几乎是哭着回来了,
在山的那边,依然是山,
山那边的山啊,铁青着脸,
给我的幻想打了一个零分!
妈妈,那个海呢?
在山的那边,是海!
是用信念凝成的海,
今天啊,我竟没想到,
一颗从小飘来的种子,
却在我的心中扎下了深根,
是的,我曾一次又一次地失望过,
当我爬上那一座座诱惑着我的山顶,
但我又一次次鼓起信心向前走去,
因为我听到海依然在远方为我喧腾,
那雪白的海潮啊,夜夜奔来,
一次次浸湿了我枯干的心灵……
在山的那边,是海吗?
是的!人们啊,请相信,
在不停地翻过无数座山后,
在一次次地战胜失望之后,
你终会攀上这样一座山顶,
而在这座山的那边,就是海呀,
是一个全新的世界,
在一瞬间照亮你的眼睛……

流　　星

佘婷娜

流星划破天际,
是夜神之剑割裂了天空,
预示着,
只有把过去彻底地遗忘,

才能使灵魂重生，
流星——昨天的完结，
未来的起始点。
流星滑落天际，
是一株绚丽的流苏燃烧了夜空，
就如同美好的感情总伴着伤痛，
那是爱的鉴证，
人生最灿烂的花火，
流星——刹那间的毁灭，
造就了永恒的美丽，
流星划过天际，
那是恋人眼泪汇成的银河！

囚　歌
叶　挺

为人进出的门紧锁着，
为狗爬出的洞敞开着，
一个声音高叫着：
爬出来吧，给你自由！
我渴望着自由，
但也深知道——
人的躯体哪能由狗的洞子爬出！
我只能期待着，
那一天——
地下的烈火冲腾，
把这活棺材和我一齐烧掉，
我应该在烈火和热血中得到永生！

我的"自白"书
陈　然

任脚下响着沉重的铁镣，
任你把皮鞭举得高高，
我不需要什么"自白"，
哪怕胸口对着带血的刺刀！
人，不能低下高贵的头，
只有怕死鬼才乞求"自由"；

毒刑拷打算得了什么？
死亡也无法叫我开口！
对着死亡我放声大笑，
魔鬼的宫殿在笑声中动摇；
这就是我——一个共产党员的"自白"，
高唱凯歌埋葬蒋家王朝！

丰碑的传说
王潇豪

今夜，翻过六十七张历史厚重的扉页，
应该记得，那段带有刺骨朔风的峥嵘岁月，
沿着风雨飘摇的红色轨迹，
一种金戈铁马般的呐喊，开始在我的耳膜边一点点萌生。
那时的天穹不曾苏醒，那时的土地布满伤痕，
那时的面孔只剩下麻木，徘徊于亡国灭种的边缘，
我最最挚爱的兄弟姐妹，以先锋的姿态，
连同悲昂壮烈的呼吸，叩问灵魂，
从北平从天津从东北，从年轻的心脏，
迸发出长夜不息的响雷，洞穿了无数炽热的胸腔，
不愿做奴隶的人们，起来！起来！站起来！
你可看见地下奔涌的岩浆，亘古昭示着铿锵的誓言，
还我河山，
在这个太阳升起的国度里，一场关于血与火的虔诚洗礼升华，
以浩气锤炼飒飒长剑，以碧血铸就巍巍丰碑！

我骄傲，我是中国人
王怀让

在无数蓝色的眼睛和褐色的眼睛之中，我有着一双宝石般的黑色眼睛，我骄傲，我是中国人！

在无数白色的皮肤和黑色的皮肤之中，我有着大地般黄色的皮肤，我骄傲，我是中国人！

我是中国人——黄土高原是我挺起的胸脯，黄河流水是我沸腾的血液，长城是我扬起的手臂，泰山是我站立的脚跟。

我是中国人——我的祖先最早走出森林，我的祖先最早开始耕耘，我是指南针、印刷术的后裔，我是圆周率、地动仪的子孙。

我是中国人——在我的民族中，不光有史册上万古不朽的孔夫子、司马迁、

李自成、孙中山,还有那文学史上万古不朽的花木兰、林黛玉、孙悟空、鲁智深,我骄傲,我是中国人!

我是中国人——在我的国土上,不光有雷电轰击不倒的长白雪山、黄山劲松,还有那风雨不灭的井冈传统、延安精神!我骄傲,我是中国人!

我是中国人——我那黄河一样粗犷的声音,不光响彻在联合国的大厦里,大声发表着中国的议论,也响彻在奥林匹克的赛场上,大声高喊着"中国得分"!当掌声把五星红旗送上蓝天,我骄傲,我是中国人!

我是中国人——我那长城一样的巨大手臂,不光把采油钻杆钻进外国人预言打不出石油的地心,也把神舟飞船送上祖先们梦里也没有到过的太空,当五大洲倾听东方声音的时候,我骄傲,我是中国人!

我是中国人——我是莫高窟壁画的传人,让那翩翩欲飞的壁画与我们同往。我们就是飞天,飞天就是我们,我骄傲,我是中国人!

我用残损的手掌
戴望舒

我用残损的手掌摸索这广大的土地:
这一角已变成灰烬,
那一角只是血和泥;
这一片湖该是我的家乡,
(春天,堤上繁花如锦幛,
嫩柳枝折断有奇异的芬芳)
我触到荇藻和水的微凉;
这长白山的雪峰冷到彻骨,
这黄河的水夹泥沙在指间滑出;
江南的水田,
你当年新生的禾草是那么细,
那么软……现在只有蓬蒿;
岭南的荔枝花寂寞地憔悴,
尽那边,
我蘸着南海没有渔船的苦水……
无形的手掌掠过无限的江山,
手指沾了血和灰,
手掌沾了阴暗,
只有那辽远的一角依然完整,
温暖,明朗,坚固而蓬勃生春。
在那上面,我用残损的手掌轻抚,

像恋人的柔发，婴孩手中乳。
我把全部的力量运在手掌贴在上面，
寄与爱和一切希望，
因为只有那里是太阳，是春，
将驱逐阴暗，带来苏生，
因为只有那里我们不像牲口一样活，
蝼蚁一样死……
那里，
永恒的中国！

挑起太阳的人

陈　阳

一个民族的觉醒从这里开始，
一个古老的传说在这里延续，
一轮崭新的太阳在这里升起，
一个共和国的诞生在这里孕育。
是的，你们从地平线上走来，挑着太阳，带着一身的疲惫，
你们又从地平线上消失，留在身后的，是无数深深的足迹，
——哦，那是历史的书页上，用鲜血凝就的诗句。
听老人们说，你们是一群雄狮的儿女，
为将太阳挑到天边，为了迎来东方的黎明，
你们的脚步，从来就不曾停息。
我不认识，
屹立于雪峰之上的军需处长，
也不认识，
为寻找落伍的小同志而掩埋在沼泽地里的老红军战士，
可沧桑的岁月，
又怎能抹去这段历史的印迹，
——黎明前那个风雪交加的夜晚，
你们满怀对未来的憧憬，悄然而去……
啊，历史的丰碑，
刻写着你们惊天动地的英雄业绩，
你们挑走了大山，迎来了黎明，
却将那轮崭新的太阳，
留给了后辈子孙儿女，
你们用鲜血铸就的丰碑将永垂丹青！

独 木
席慕蓉

喜欢坐火车，喜欢一站一站地慢慢南下或者北上，喜欢在旅途中间的我。

只因为，在旅途的中间，我就可以不属于任何起点或者终点，不属于任何地方和任何人，在这个单独的时刻里，我只需要属于我自己就够了。所有该尽的义务，该背负的责任，所有该去争夺或是退让的事物，所有人世间的牵牵绊绊都被隔在铁轨的两端，而我，在车厢里的我是无所欲求的。

在那个时刻里，我唯一要做也唯一可做的事，只是安静地坐在窗边，观看着窗外景物的变换而已。窗外景物断在变换，山峦与河谷绵延而过，我看见在那些成林的树丛里，每一棵树都长得又细又长，为了争取阳光，它们用尽一切委婉的方法来生长。走过一大片稻田，在田野的中间，我也看见了一棵孤独的树，因为孤独，所以能恣意地伸展着枝叶，长得像一把又大又粗又圆的伞。

在现实生活里，我知道，我应该学习迁就与忍让，就像那些密林中的树木一样。可是，在心灵的原野上，请让我，让我能长在一棵广受日照的大树。我也知道，在这之前，我必须先要学习独立，在心灵最深处，学习着不向任何人寻求依附。

日
巴 金

为着追求光和热，将身子扑向灯火，终于死在灯下，或者浸在油中，飞蛾是值得赞美的。在最后的一瞬间它得到光，也得到热了。

我怀念上古的夸父，他追赶日影，渴死在旸谷。

为着追求光和热，人宁愿舍弃自己的生命。生命是可爱的。但寒冷的、寂寞的生，却不如轰轰烈烈的死。

没有了光和热，这人间不是会成为黑暗的寒冷世界吗？

倘使有一双翅膀，我甘愿做人间的飞蛾。我要飞向火热的日球，让我在眼前一阵光、身内一阵热的当儿，失去知觉，而化作一阵烟，一撮灰。

如 果
柯 兰

如果我是一滴水，我要从小溪流到小河，又从小河流进海洋，我要走向集体，我不愿意一个人存在。

如果我是一滴水，我要融化在小溪，融化在小河，最后又融化在海洋里。我知道我和成千上万的弟兄凝结在一起，严寒不能冰冻我，太阳也不能把我晒干。

如果我是一滴水，我要从小溪冲进小河，又从小河冲进海洋，我生活在海洋里多么广阔。成千上万的弟兄在一起奔流，奔向一个方向，斗争起来多有力量，建设起来又多美满！

三、台词、小说片段

我的一九一九
顾维钧台词片段

在我正式发言之前，先给大家看一样东西，在进入会场之前，牧野先生为了讨好我，争得中国山东省的特权，把这块金表送给了我。牧野男爵愤怒了，他真的愤怒了，姑且算是我偷了他的金表，那么我倒想请问牧野男爵，你们日本在全世界面前偷了中国的一个山东省，山东省的三千六百万人民，该不该愤怒？四万万中国人该不该愤怒！我想请问日本的这个行为，算不算是盗窃！是不是无耻啊，是不是极端的无耻？！山东是中国文化的摇篮，中国的圣者孔子和孟子就诞生在这片土地上，孔子……孔子犹如西方的耶稣，山东是中国的，不论从经济上，还是战略上，还是宗教文化方面，中国不能失去山东，就像西方不能失去耶路撒冷！

在 柏 林
[美]奥莱尔

一列火车缓慢地驶出柏林，车厢里尽是妇女和孩子，几乎看不到一个健壮的男子。在一节车厢里，坐着一位头发灰白的战时后备役老兵，坐在他身旁的是个身体虚弱而多病的老妇人。显然她在独自沉思，旅客们听到她在数着："一、二、三……"声音盖过了车轮的"咔嚓咔嚓"声。停顿了一会儿，她又不时重复数起来。两个小姑娘看到这种奇特的举动，指手画脚，不假思索地笑起来。那个后备役老兵狠狠扫了她们一眼，随即车厢里平静了。

"一、二、三……"这个神志不清的老妇人重复数着。两个小姑娘再次傻笑起来。这时，那位灰白头发的后备役老兵挺了挺身板，开口了。

"小姐，"他说，"当我告诉你们这位可怜夫人就是我的妻子时，你们大概不会再笑了。我们刚刚失去了三个儿子，他们是在战争中死去的。现在轮到我自己上前线了。在我走之前，我总得把他们的母亲送进疯人院啊。"车厢里一片寂静，静得可怕。

参考文献

国家语言文字工作委员会普通话水平测试中心编制. 2004. 普通话水平测试实施纲要. 北京：商务印书馆.

黄伯荣，廖旭东. 2007. 现代汉语. 北京：高等教育出版社.

王岩平. 2022. 播音与主持艺术入门教程（第2版）. 武汉：武汉大学出版社.

吴宏毅. 2002. 实用播音教程（第一册）. 北京：中国传媒大学出版社.

张颂. 2003. 中国播音学. 北京：中国传媒大学出版社.

赵秀环. 2008. 播音主持艺术语言基本功训练教程. 北京：中国传媒大学出版社.

中国传媒大学播音主持艺术学院. 2014. 播音主持语音与发声. 北京：中国传媒大学出版社.

西奥多·戴蒙. 2021. 嗓音解剖：供歌手、声乐教练和言语治疗师使用的解剖图册. 钱倩，陈臻，主译. 北京：北京科学技术出版社.

附录　综合练习材料

材料 1

　　那是力争上游的一种树,笔直的干,笔直的枝。它的干呢,通常是丈把高,像是加以人工似的,一丈以内,绝无旁枝;它所有的桠枝呢,一律向上,而且紧紧靠拢,也像是加以人工似的,成为一束,绝无横斜逸出;它的宽大的叶子也是片片向上,几乎没有斜生的,更不用说倒垂了;它的皮,光滑而有银色的晕圈,微微泛出淡青色。这是虽在北方的风雪的压迫下却保持着倔强挺立的一种树!哪怕只有碗来粗细罢,它却努力向上发展,高到丈许,两丈,参天耸立,不折不挠,对抗着西北风。

　　这就是白杨树,西北极普通的一种树,然而决不是平凡的树!

　　它没有婆娑的姿态,没有屈曲盘旋的虬枝,也许你要说它不美丽,——如果美是专指"婆娑"或"横斜逸出"之类而言,那么,白杨树算不得树中的好女子;但是它却是伟岸,正直,朴质,严肃,也不缺乏温和,更不用提它的坚强不屈与挺拔,它是树中的伟丈夫!当你在积雪初融的高原上走过,看见平坦的大地上傲然挺立这么一株或一排白杨树,难道你就只觉得树只是树,难道你就不想到它的朴质,严肃,坚强不屈,至少也象征了北方的农民;难道你竟一点也不联想到,在敌后的广大土地上,到处有坚强不屈,就像这白杨树一样傲然挺立的守卫他们家乡的哨兵!难道你又不更远一点想到这样枝枝叶叶靠紧团结,力求上进的白杨树,宛然象征了今天在华北平原纵横决荡用血写出新中国历史的那种精神和意志。

——节选自茅盾《白杨礼赞》

材料 2

　　两个同龄的年轻人同时受雇于一家店铺,并且拿同样的薪水。

　　可是一段时间后,叫阿诺德的那个小伙子青云直上,而那个叫布鲁诺的小伙子却仍在原地踏步。布鲁诺很不满意老板的不公正待遇。终于有一天他到老板那儿发牢骚了。老板一边耐心地听着他的抱怨,一边在心里盘算着怎样向他解释清楚他和阿诺德之间的差别。

　　"布鲁诺先生,"老板开口说话了,"您现在到集市上去一下,看看今天早上有什么卖的。"

　　布鲁诺从集市上回来向老板汇报说,今早集市上只有一个农民拉了一车土豆在卖。

"有多少？"老板问。

布鲁诺赶快戴上帽子又跑到集上，然后回来告诉老板一共四十袋土豆。

"价格是多少？"

布鲁诺又第三次跑到集上问来了价格。

"好吧，"老板对他说，"现在请您坐到这把椅子上一句话也不要说，看看阿诺德怎么说。"

阿诺德很快就从集市上回来了。向老板汇报说到现在为止只有一个农民在卖土豆，一共四十口袋，价格是多少多少；土豆质量很不错，他带回来一个让老板看看。这个农民一个钟头以后还会弄来几箱西红柿，据他看价格非常公道。昨天他们铺子的西红柿卖得很快，库存已经不多了。他想这么便宜的西红柿，老板肯定会要进一些的，所以他不仅带回了一个西红柿做样品，而且把那个农民也带来了，他现在正在外面等回话呢。

此时老板转向了布鲁诺，说："现在您肯定知道为什么阿诺德的薪水比您高了吧！"

——节选自张健鹏、胡足青主编《故事时代》中《差别》

材料3

我常常遗憾我家门前的那块丑石：它黑黝黝地卧在那里，牛似的模样；谁也不知道是什么时候留在这里的，谁也不去理会它。只是麦收时节，门前摊了麦子，奶奶总是说：这块丑石，多占地面呀，抽空把它搬走吧。

它不像汉白玉那样的细腻，可以刻字雕花，也不像大青石那样的光滑，可以供来浣纱捶布。它静静地卧在那里，院边的槐荫没有庇覆它，花儿也不再在它身边生长。荒草便繁衍出来，枝蔓上下，慢慢地，它竟锈上了绿苔、黑斑。我们这些做孩子的，也讨厌起它来，曾合伙要搬走它，但力气又不足；虽时时咒骂它，嫌弃它，也无可奈何，只好任它留在那里了。

终有一日，村子里来了一个天文学家。他在我家门前路过，突然发现了这块石头，眼光立即就拉直了。他再没有离开，就住了下来；以后又来了好些人，都说这是一块陨石，从天上落下来已经有二三百年了，是一件了不起的东西。不久便来了车，小心翼翼地将它运走了。

这使我们都很惊奇！这又怪又丑的石头，原来是天上的啊！它补过天，在天上发过热，闪过光，我们的先祖或许仰望过它，它给了他们光明，向往，憧憬；而它落下来了，在污土里，荒草里，一躺就是几百年了！

我感到自己的无知，也感到了丑石的伟大；我甚至怨恨它这么多年竟会默默地忍受着这一切，而我又立即深深地感到它那种不屈于误解、寂寞地生存的伟大。

——节选自贾平凹《丑石》

材料4

在达瑞八岁的时候，有一天他想去看电影。因为没有钱，他想是向爸妈要钱，还是自己挣钱。最后他选择了后者。他自己调制了一种汽水，向过路的行人出售。可那时正是寒冷的冬天，没有人买，只有两个人例外——他的爸爸和妈妈。

他偶然有一个和非常成功的商人谈话的机会。当他对商人讲述了自己的"破产史"后，商人给了他两个重要的建议：一是尝试为别人解决一个难题；二是把精力集中在你知道的、你会的和你拥有的东西上。

这两个建议很关键。因为对于一个八岁的孩子而言，他不会做的事情很多。于是他穿过大街小巷，不住地思考：人们会有什么难题，他又如何利用这个机会？

一天，吃早饭时父亲让达瑞去取报纸。美国的送报员总是把报纸从花园篱笆的一个特制的管子里塞进来。假如你想穿着睡衣舒舒服服地吃早饭和看报纸，就必须离开温暖的房间，冒着寒风，到花园去取。虽然路短，但十分麻烦。

当达瑞为父亲取报纸的时候，一个主意诞生了。当天他就按响邻居的门铃，对他们说，每个月只需付给他一美元，他就每天早上把报纸塞到他们的房门底下。大多数人都同意了，很快他有了七十多个顾客。一个月后，当他拿到自己赚的钱时，觉得自己简直是飞上了天。

很快他又有了新的机会，他让他的顾客每天把垃圾袋放在门前，然后由他早上运到垃圾桶里，每个月加一美元。之后他还想出了许多孩子赚钱的办法，并把它集结成书，书名为《儿童挣钱的二百五十个主意》。为此，达瑞十二岁时就成了畅销书作家，十五岁有了自己的谈话节目，十七岁就拥有了几百万美元。

——节选自费舍尔《达瑞的故事》

材料5

这是入冬以来，胶东半岛上第一场雪。

雪纷纷扬扬，下得很大。开始还伴着一阵儿小雨，不久就只见大片大片的雪花，从彤云密布的天空中飘落下来。地面上一会儿就白了。冬天的山村，到了夜里就万籁俱寂，只听得雪花簌簌地不断往下落，树木的枯枝被雪压断了，偶尔咯吱一声响。

大雪整整下了一夜。今天早晨，天放晴了，太阳出来了。推开门一看，嗬！好大的雪啊！山川、河流、树木、房屋，全都罩上了一层厚厚的雪，万里江山，变成了粉妆玉砌的世界。落光了叶子的柳树上挂满了毛茸茸亮晶晶的银条儿；而那些冬夏常青的松树和柏树上，则挂满了蓬松松沉甸甸的雪球儿。一阵风吹来，树枝轻轻地摇晃，美丽的银条儿和雪球儿簌簌地落下来，玉屑似的雪末儿随风飘扬，映着清晨的阳光，显出一道道五光十色的彩虹。

大街上的积雪足有一尺多深，人踩上去，脚底下发出咯吱咯吱的响声。一群群孩子在雪地里堆雪人，掷雪球儿。那欢乐的叫喊声，把树枝上的雪都震落下来了。

俗话说，"瑞雪兆丰年"。这个话有充分的科学根据，并不是一句迷信的成语。寒冬大雪，可以冻死一部分越冬的害虫；融化了的水渗进土层深处，又能供应庄稼生长的需要。我相信这一场十分及时的大雪，一定会促进明年春季作物，尤其是小麦的丰收。有经验的老农把雪比做是"麦子的棉被"。冬天"棉被"盖得越厚，明春麦子就长得越好，所以又有这样一句谚语："冬天麦盖三层被，来年枕着馒头睡。"

我想，这就是人们为什么把及时的大雪称为"瑞雪"的道理吧。

——节选自峻青《第一场雪》

材料6

一天，爸爸下班回到家已经很晚了，他很累也有点儿烦，他发现五岁的儿子靠在门旁正等着他。

"爸，我可以问您一个问题吗？"

"什么问题？""爸，您一小时可以赚多少钱？""这与你无关，你为什么问这个问题？"父亲生气地说。

"我只是想知道，请告诉我，您一小时赚多少钱？"小孩儿哀求道。"假如你一定要知道的话，我一小时赚二十美金。"

"哦，"小孩儿低下了头，接着又说，"爸，可以借我十美金吗？"父亲发怒了："如果你只是要借钱去买毫无意义的玩具的话，给我回到你的房间睡觉去。好好想想为什么你会那么自私。我每天辛苦工作，没时间和你玩儿小孩子的游戏。"

小孩儿默默地回到自己的房间关上门。

父亲坐下来还在生气。后来，他平静下来了。心想他可能对孩子太凶了——或许孩子真的很想买什么东西，再说他平时很少要过钱。

父亲走进孩子的房间："你睡了吗？""爸，还没有，我还醒着。"孩子回答。

"我刚才可能对你太凶了，"父亲说。"我不应该发那么大的火儿——这是你要的十美金。""爸，谢谢您。"孩子高兴地从枕头下拿出一些被弄皱的钞票，慢慢地数着。

"为什么你已经有钱了还要？"父亲不解地问。

"因为原来不够，但现在凑够了。"孩子回答："爸，我现在有二十美金了，我可以向您买一个小时的时间吗？明天请早一点儿回家——我想和您一起吃晚餐。"

——节选自唐继柳编译《二十美金的价值》

材料7

假日到河滩上转转，看见许多孩子在放风筝。一根根长长的引线，一头系在天上，一头系在地上，孩子同风筝都在天与地之间悠荡，连心也被悠荡得恍恍惚惚了，好像又回到了童年。

儿时放的风筝，大多是自己的长辈或家人编扎的，几根削得很薄的篾，用细纱线扎成各种鸟兽的造型，糊上雪白的纸片，再用彩笔勾勒出面孔与翅膀的图案。通常扎得最多的是"老雕""美人儿""花蝴蝶"等。

我们家前院就有位叔叔，擅扎风筝，远近闻名。他扎的风筝不只体型好看，色彩艳丽，放飞得高远，还在风筝上绷一叶用蒲苇削成的膜片，经风一吹，发出"嗡嗡"的声响，仿佛是风筝的歌唱，在蓝天下播扬，给开阔的天地增添了无尽的韵味，给驰荡的童心带来几分疯狂。

我们那条胡同的左邻右舍的孩子们放的风筝几乎都是叔叔编扎的。他的风筝不卖钱，谁上门去要，就给谁，他乐意自己贴钱买材料。

后来，这位叔叔去了海外，放风筝也渐与孩子们远离了。不过年年叔叔给家乡写信，总不忘提起儿时的放风筝。香港回归之后，他在家信中说到，他这只被故乡放飞到海外的风筝，尽管飘荡游弋，经沐风雨，可那线头儿一直在故乡和亲人手中牵着，如今飘得太累了，也该要回归到家乡和亲人身边来了。

是的。我想，不光是叔叔，我们每个人都是风筝，在妈妈手中牵着，从小放到大，再从家乡放到祖国最需要的地方去啊！

——节选自李恒瑞《风筝畅想曲》

材料8

爸不懂得怎样表达爱，使我们一家人融洽相处的是我妈。他只是每天上班下班，而妈则把我们做过的错事开列清单，然后由他来责骂我们。

有一次我偷了一块糖果，他要我把它送回去，告诉卖糖的说是我偷来的，说我愿意替他拆箱卸货作为赔偿。但妈妈却明白我只是个孩子。

我在运动场打秋千跌断了腿，在前往医院途中一直抱着我的，是我妈。爸把汽车停在急诊室门口，他们叫他驶开，说那空位是留给紧急车辆停放的。爸听了便叫嚷道："你以为这是什么车？旅游车？"

在我生日会上，爸总是显得有些不大相称。他只是忙于吹气球，布置餐桌，做杂务。把插着蜡烛的蛋糕推过来让我吹的，是我妈。

我翻阅照相册时，人们总是问："你爸爸是什么样子的？"天晓得！他老是忙着替别人拍照。妈和我笑容可掬地一起拍的照片，多得不可胜数。

我记得妈有一次叫他教我骑自行车。我叫他别放手，但他却说是应该放手的时候了。我摔倒之后，妈跑过来扶我，爸却挥手要她走开。我当时生气极了，决心要给他点儿颜色看。于是我马上爬上自行车，而且自己骑给他看。他只是微笑。

我念大学时，所有的家信都是妈写的。他除了寄支票外，还寄过一封短束给我，说因为我没有在草坪上踢足球了，所以他的草坪长得很美。

每次我打电话回家，他似乎都想跟我说话，但结果总是说："我叫你妈来接。"

我结婚时，掉眼泪的是我妈。他只是大声擤了一下鼻子，便走出房间。

我从小到大都听他说："你到哪里去？什么时候回家？汽车有没有汽油？不，不准去。"爸完全不知道怎样表达爱。除非……

会不会是他已经表达了而我却未能察觉？

——选自[美]艾尔玛·邦贝克《父亲的爱》

材料9

一个大问题一直盘踞在我脑袋里：

世界杯怎么会有如此巨大的吸引力？除去足球本身的魅力之外，还有什么超乎其上而更伟大的东西？

近来观看世界杯，忽然从中得到了答案：是由于一种无上崇高的精神情感——国家荣誉感！

地球上的人都会有国家的概念，但未必时时都有国家的感情。往往人到异国，思念家乡，心怀故国，这国家概念就变得有血有肉，爱国之情来得非常具体。而现代社会，科技昌达，信息快捷，事事上网，世界真是太小太小，国家的界限似乎也不那么清晰了。再说足球正在快速世界化，平日里各国球员频繁转会，往来随意，致使越来越多的国家联赛都具有国际的因素。球员们不论国籍，只效力于自己的俱乐部，他们比赛时的激情中完全没有爱国主义的因子。

然而，到了世界杯大赛，天下大变。各国球员都回国效力，穿上与光荣的国旗同样色彩的服装。在每一场比赛前，还高唱国歌以宣誓对自己祖国的挚爱与忠诚。一种血缘情感开始在全身的血管里燃烧起来，而且立刻热血沸腾。

在历史时代，国家间经常发生对抗，好男儿戎装卫国。国家的荣誉往往需要以自己的生命去换取。但在和平时代，唯有这种国家之间大规模对抗性的大赛，才可以唤起那种遥远而神圣的情感，那就是：为祖国而战！

——节选自冯骥才《国家荣誉感》

材料10

读小学的时候，我的外祖母去世了。外祖母生前最疼爱我，我无法排除自己的忧伤，每天在学校的操场上一圈儿又一圈儿地跑着，跑得累倒在地上，扑在草坪上痛哭。

那哀痛的日子，断断续续地持续了很久，爸爸妈妈也不知道如何安慰我。他们知道与其骗我说外祖母睡着了，还不如对我说实话：外祖母永远不会回来了。

"什么是永远不会回来呢？"我问着。

"所有时间里的事物，都永远不会回来了。你的昨天过去，它就永远变成昨天，你不能再回到昨天。爸爸以前也和你一样小，现在也不能回到你这么小的童年了；有一天你会长大，你会像外祖母一样老；有一天你度过了你的时间，就永远不会回来了。"爸爸说。

爸爸等于给我一个谜语，这谜语比课本上的"日历挂在墙壁，一天撕去一页，使我心里着急"和"一寸光阴一寸金，寸金难买寸光阴"还让我感到可怕；也比作文本上的"光阴似箭，日月如梭"更让我觉得有一种说不出的滋味。

时间过得那么飞快，使我的小心眼儿里不只是着急，还有悲伤。有一天我放学回家，看到太阳快落山了，就下决心说："我要比太阳更快地回家。"我狂奔回去，站在庭院前喘气的时候，看到太阳还露着半边脸，我高兴得跳跃起来，那一天我跑赢了太阳。以后我就时常做那样的游戏，有时和太阳赛跑，有时和西北风比快，有时一个暑假才能做完的作业，我十天就做完了；那时我三年级，常常把哥哥五年级的作业拿来做。每一次比赛胜过时间，我就快乐得不知道怎么形容。

如果将来我有什么要教给我的孩子，我会告诉他：假若你一直和时间比赛，你就可以成功！

——节选自林清玄《和时间赛跑》

材料11

三十年代初，胡适在北京大学任教授。讲课时他常常对白话文大加称赞，引起一些只喜欢文言文而不喜欢白话文的学生的不满。

一次，胡适正讲得得意的时候，一位姓魏的学生突然站了起来，生气地问："胡先生，难道说白话文就毫无缺点吗？"胡适微笑着回答说："没有。"那位学生更加激动了："肯定有！白话文废话太多，打电报用字多，花钱多。"胡适的目光顿时变亮了。轻声地解释说："不一定吧！前几天有位朋友给我打来电报，请我去政府部门工作，我决定不去，就回电拒绝了。复电是用白话写的，看来也很省字。请同学们根据我这个意思，用文言文写一个回电，看看究竟是白话文省字，还是文言文省字？"胡教授刚说完，同学们立刻认真地写了起来。

十五分钟过去，胡适让同学举手，报告用字的数目，然后挑了一份用字最少的文言电报稿，电文是这样写的：

"才疏学浅，恐难胜任，不堪从命。"白话文的意思是：学问不深，恐怕很难担任这个工作，不能服从安排。

胡适说，这份写得确实不错，仅用了十二个字。但我的白话电报却只用了五个字：

"干不了，谢谢！"

胡适又解释说："干不了"就有才疏学浅、恐难胜任的意思；"谢谢"既对朋友的介绍表示感谢，又有拒绝的意思。所以，废话多不多，并不看它是文言文还是白话文，只要注意选用字词，白话文是可以比文言文更省字的。

——节选自陈灼主编《实用汉语中级教程》（上）中《胡适的白话电报》

材料12

很久以前，在一个漆黑的秋天的夜晚，我泛舟在西伯利亚一条阴森森的河上。船到一个转弯处，只见前面黑黢黢的山峰下面一星火光蓦地一闪。

火光又明又亮，好像就在眼前……

"好啦，谢天谢地！"我高兴地说，"马上就到过夜的地方啦！"

船夫扭头朝身后的火光望了一眼，又不以为然地划起桨来。

"远着呢！"

我不相信他的话，因为火光冲破朦胧的夜色，明明在那儿闪烁。不过船夫是对的，事实上，火光的确还远着呢。

这些黑夜的火光的特点是：驱散黑暗，闪闪发亮，近在眼前，令人神往。乍一看，再划几下就到了……其实却还远着呢！……

我们在漆黑如墨的河上又划了很久。一个个峡谷和悬崖，迎面驶来，又向后移去，仿佛消失在茫茫的远方，而火光却依然停在前头，闪闪发亮，令人神往——依然是这么近，又依然是那么远……

现在，无论是这条被悬崖峭壁的阴影笼罩的漆黑的河流，还是那一星明亮的火光，都经常浮现在我的脑际，在这以前和在这以后，曾有许多火光，似乎近在咫尺，不止使我一人心驰神往。可是生活之河却仍然在那阴森森的两岸之间流着，而火光也依旧非常遥远。因此，必须加劲划桨……

然而，火光啊……毕竟……毕竟就在前头！

——节选自[俄]柯罗连科《火光》，张铁夫译

材料13

对于一个在北平住惯的人，像我，冬天要是不刮风，便觉得是奇迹；济南的冬天是没有风声的。对于一个刚由伦敦回来的人，像我，冬天要能看得见日光，便觉得是怪事；济南的冬天是响晴的。自然，在热带的地方，日光永远是那么毒，响亮的天气，反有点儿叫人害怕。可是，在北方的冬天，而能有温晴的天气，济南真得算个宝地。

设若单单是有阳光，那也算不了出奇。请闭上眼睛想：一个老城，有山有水，

全在蓝天下很暖和安适地睡着，只等春风来把它们唤醒，这是不是理想的境界？小山整把济南围了个圈儿，只有北边缺着点儿口儿。这一圈小山在冬天特别可爱，好像是把济南放在一个小摇篮里，他们全安静不动地低声地说："你们放心吧，这儿准保暖和。"真的，济南的人们在冬天是面上含笑的。他们一看那些小山，心中便觉得有了着落，有了依靠。他们由天上看到山上，便不觉地想起："明天也许就是春天了吧？这样的温暖，今天夜里山草也许就绿起来了吧？"就是这点儿幻想不能一时实现，他们也并不着急，因为有这样慈善的冬天，干啥还希望别的呢！

最妙的是下点小雪呀。看吧，山上的矮松越发的青黑，树尖儿上顶着一髻儿白花，好像日本看护妇。山尖儿全白了，给蓝天镶上一道银边。山坡上，有的地方雪厚点儿，有的地方草色还露着；这样，一道儿白，一道儿暗黄，给山们穿上一件带水纹的花衣；看着看着，这件花衣好像被风儿吹动，叫你希望看见一点儿更美的山的肌肤。等到快日落的时候，微黄的阳光斜射在山腰上，那点儿薄雪好像忽然害了羞，微微露出点儿粉色。就是下小雪吧，济南是受不住大雪的，那些小山太秀气。

——节选自老舍《济南的冬天》

材料14

纯朴的家乡村边有一条河，曲曲弯弯，河中架一弯石桥，弓样的小桥横两岸。

每天，不管是鸡鸣晓月，日丽中天，还是月华泻地，小桥都印下串串足迹，洒落串串汗珠。那是乡亲为了追求多棱的希望，兑现美好的遐想。弯弯小桥，不时荡过轻吟低唱，不时露出舒心的笑容。

因而，我稚小的心灵，曾将心声献给小桥：你是一弯银色的新月，给人间普照光辉；你是一把闪亮的镰刀，割刈着欢笑的花果；你是一根晃悠悠的扁担，挑起了彩色的明天！哦，小桥走进我的梦中。

我在漂泊他乡的岁月，心中总涌动着故乡的河水，梦中总看到弓样的小桥。当我访南疆探北国，眼帘闯进座座雄伟的长桥时，我的梦变得丰满了，增添了赤橙黄绿青蓝紫。

三十多年过去，我带着满头霜花回到故乡，第一紧要的便是去看望小桥。

啊！小桥呢？它躲起来了？河中一道长虹，浴着朝霞熠熠闪光。哦，雄浑的大桥敞开胸怀，汽车的呼啸、摩托的笛音、自行车的叮铃，合奏着进行交响乐；南来的钢筋、花布，北往的柑橙、家禽，绘出交流欢悦图……

啊！蜕变的桥，传递了家乡进步的消息，透露了家乡富裕的声音。时代的春风，美好的追求，我蓦地记起儿时唱给小桥的歌，哦，明艳艳的太阳照耀了，芳香甜蜜的花果捧来了，五彩斑斓的岁月拉开了！

我心中涌动的河水，激荡起甜美的浪花。我仰望一碧蓝天，心底轻声呼喊：家乡的桥啊，我梦中的桥！

——节选自郑莹《家乡的桥》

材料 15

三百多年前，建筑设计师莱伊恩受命设计了英国温泽市政府大厅。他运用工程力学的知识，依据自己多年的实践，巧妙地设计了只用一根柱子支撑的大厅天花板。一年以后，市政府权威人士进行工程验收时，却说只用一根柱子支撑天花板太危险，要求莱伊恩再多加几根柱子。

莱伊恩自信只要一根坚固的柱子足以保证大厅安全，他的"固执"惹恼了市政官员，险些被送上法庭。他非常苦恼，坚持自己原先的主张吧，市政官员肯定会另找人修改设计；不坚持吧，又有悖自己为人的准则，矛盾了很长一段时间，莱伊恩终于想出了一条妙计，他在大厅里增加了四根柱子，不过这些柱子并未与天花板接触，只不过是装装样子。

三百多年过去了，这个秘密始终没有被人发现。直到前两年，市政府准备修缮大厅的天花板，才发现莱伊恩当年的"弄虚作假"。消息传出后，世界各国的建筑专家和游客云集，当地政府对此也不加掩饰，在新世纪到来之际，特意将大厅作为一个旅游景点对外开放，旨在引导人们崇尚和相信科学。

作为一名建筑师，莱伊恩并不是最出色的。但作为一个人，他无疑非常伟大，这种伟大表现在他始终恪守着自己的原则，给高贵的心灵一个美丽的住所：哪怕是遭遇到最大的阻力，也要想办法抵达胜利。

——节选自游宇明《坚守你的高贵》

材料 16

自从传言有人在萨文河畔散步时无意发现了金子后，这里便常有来自四面八方的淘金者。他们都想成为富翁，于是寻遍了整个河床，还在河床上挖出很多大坑，希望借助它们找到更多的金子。的确，有一些人找到了，但另外一些人因为一无所得而只好扫兴归去。

也有不甘心落空的，便驻扎在这里，继续寻找。彼得·弗雷特就是其中一员。他在河床附近买了一块没人要的土地，一个人默默地工作。他为了找金子，已把所有的钱都押在这块土地上。他埋头苦干了几个月，直到土地全变成了坑坑洼洼，他失望了——他翻遍了整块土地，但连一丁点儿金子都没看见。

六个月后，他连买面包的钱都没有了。于是他准备离开这儿到别处去谋生。

就在他即将离去的前一个晚上，天下起了倾盆大雨，并且一下就是三天三夜。雨终于停了，彼得走出小木屋，发现眼前的土地看上去好像和以前不一样：坑坑洼洼已被大水冲刷平整，松软的土地上长出一层绿茸茸的小草。

　　"这里没找到金子，"彼得忽有所悟地说，"但这土地很肥沃，我可以用来种花，并且拿到镇上去卖给那些富人，他们一定会买些花装扮他们华丽的客厅。如果真是这样的话，那么我一定会赚许多钱，有朝一日我也会成为富人……"

　　于是他留了下来。彼得花了不少精力培育花苗，不久田地里长满了美丽娇艳的各色鲜花。

　　五年以后，彼得终于实现了他的梦想——成了一个富翁。"我是唯一一个找到真金的人！"他时常不无骄傲地告诉别人，"别人在这儿找不到金子后便远远地离开，而我的'金子'是在这块土地里，只有诚实的人用勤劳才能采集到。"

——节选自陶猛译《金子》

材料17

　　我在加拿大学习期间遇到过两次募捐，那情景至今使我难以忘怀。

　　一天，我在渥太华的街上被两个男孩子拦住去路。他们十来岁，穿得整整齐齐，每人头上戴着个做工精巧、色彩鲜艳的纸帽，上面写着"为帮助患小儿麻痹的伙伴募捐"。其中的一个，不由分说就坐在小凳上给我擦起皮鞋来，另一个则彬彬有礼地发问："小姐，您是哪国人？喜欢渥太华吗？""小姐，在你们国家有没有小孩儿患小儿麻痹？谁给他们医疗费？"一连串的问题，使我这个有生以来头一次在众目睽睽之下让别人擦鞋的异乡人，从近乎狼狈的窘态中解脱出来。我们像朋友一样聊起天来……

　　几个月之后，也是在街上。一些十字路口处或车站坐着几位老人。他们满头银发，身穿各种老式军装，上面布满了大大小小形形色色的徽章、奖章，每人手捧一大束鲜花。有水仙、石竹、玫瑰及叫不出名字的，一色雪白。匆匆过往的行人纷纷止步，把钱投进这些老人身旁的白色木箱内，然后向他们微微鞠躬，从他们手中接过一朵花。我看了一会儿，有人投一两元，有人投几百元，还有人掏出支票填好后投进木箱。那些老军人毫不注意人们捐多少钱，一直不停地向人们低声道谢。同行的朋友告诉我，这是为纪念二次大战中参战的勇士，募捐救济残废军人和烈士遗孀，每年一次；认捐的人可谓踊跃，而且秩序井然，气氛庄严。有些地方，人们还耐心地排着队。我想，这是因为他们都知道：正是这些老人们的流血牺牲换来了包括他们信仰自由在内的许许多多。

　　我两次把那微不足道的一点儿钱捧给他们，只想对他们说声"谢谢"。

——节选自青白《捐诚》

材料 18

没有一片绿叶，没有一缕炊烟，没有一粒泥土，没有一丝花香，只有水的世界，云的海洋。

一阵台风袭过，一只孤单的小鸟无家可归，落到被卷到洋里的木板上，乘流而下，姗姗而来，近了，近了！……

忽然，小鸟张开翅膀，在人们头顶盘旋了几圈儿，"噗啦"一声落到了船上。许是累了？还是发现了"新大陆"？水手撵它它不走，抓它，它乖乖地落在掌心。可爱的小鸟和善良的水手结成了朋友。

瞧，它多美丽，娇巧的小嘴，啄理着绿色的羽毛，鸭子样的扁脚，呈现出春草的鹅黄。水手们把它带到舱里，给它"搭铺"，让它在船上安家落户，每天，把分到的一塑料桶淡水匀给它喝，把从祖国带来的鲜美的鱼肉分给它吃，天长日久，小鸟和水手的感情日趋笃厚。清晨，当第一束阳光射进舷窗时，它便敞开美丽的歌喉，唱啊唱，嘤嘤有韵，宛如春水淙淙。人类给它以生命，它毫不悭吝地把自己的艺术青春奉献给了哺育它的人。可能都是这样？艺术家们的青春只会献给尊敬他们的人。

小鸟给远航生活蒙上了一层浪漫色调。返航时，人们爱不释手，恋恋不舍地想把它带到异乡。可小鸟憔悴了，给水，不喝！喂肉，不吃！油亮的羽毛失去了光泽。是啊，我们有自己的祖国，小鸟也有它的归宿，人和动物都是一样啊，哪儿也不如故乡好！

慈爱的水手们决定放开它，让它回到大海的摇篮去，回到蓝色的故乡去。离别前，这个大自然的朋友与水手们留影纪念。它站在许多人的头上，肩上，掌上，胳膊上，与喂养过它的人们，一起融进那蓝色的画面……

——节选自王文杰《可爱的小鸟》

材料 19

纽约的冬天常有大风雪，扑面的雪花不但令人难以睁开眼睛，甚至呼吸都会吸入冰冷的雪花。有时前一天晚上还是一片晴朗，第二天拉开窗帘，却已经积雪盈尺，连门都推不开了。

遇到这样的情况，公司、商店常会停止上班，学校也通过广播，宣布停课。但令人不解的是，唯有公立小学，仍然开放。只见黄色的校车，艰难地在路边接孩子，老师则一大早就口中喷着热气，铲去车子前后的积雪，小心翼翼地开车去学校。

据统计，十年来纽约的公立小学只因为超级暴风雪停过七次课。这是多么令人惊讶的事。犯得着在大人都无须上班的时候让孩子去学校吗？小学的老师也太倒霉了吧？

于是，每逢大雪而小学不停课时，都有家长打电话去骂。妙的是，每个打电话的人，反应全一样——先是怒气冲冲地责问，然后满口道歉，最后笑容满面地挂上电话。原因是，学校告诉家长：

在纽约有许多百万富翁，但也有不少贫困的家庭。后者白天开不起暖气，供不起午餐，孩子的营养全靠学校里免费的中饭，甚至可以多拿些回家当晚餐。学校停课一天，穷孩子就受一天冻，挨一天饿，所以老师们宁愿自己苦一点儿，也不能停课。

或许有家长会说：何不让富裕的孩子在家里，让贫穷的孩子去学校享受暖气和营养午餐呢？

学校的答复是：我们不愿让那些穷苦的孩子感到他们是在接受救济，因为施舍的最高原则是保持受施者的尊严。

——节选自刘墉《课不能停》

材料20

清凉的秋雨送走了一个燥热的苦夏，燥热的心总算静默下来了。在这秋虫唧唧的黑色的秋夜里，我骤然从昏睡中惊醒。远方的钟楼上，响起了悠长的钟声。又一列火车隆隆驰过⋯⋯

这一切意味着什么呢？是生命的暗示吗？

我在想，秋虫因何要昼夜而鸣？是因为它强烈的生命意识么？是因为它深谙生命的短暂，而必须高密度地显示自己的存在么？是因为它那生命的全部价值，都隐含在这微弱却令人感泣的生命绝响里么？那么人呢？仅仅因为生命比秋虫千百倍的绵长，就可以以生理需求为由，将千百个最美丽、最令人激动的黎明慷慨地遗弃么？

这是一个荒诞的联想。

唯有钟声，以其绝对接近精确的殊荣，当之无愧地充当了生命的量尺。在它那周而复始的切切欢呼里，有一种振聋发聩的提醒，然而昏睡了的那些人是不知道的，在混混沌沌之间，生命就这样一部分一部分地丧失了。

这是一个无可挽回的丧失。

有时，我们会觉得生命是一种痛苦的煎熬，当它最充分的展示黑暗、龌龊、卑鄙、虚伪一面的时候，有时我们会觉得生命是一种快乐的享受，当它展示出光明、纯洁、崇高、真诚一面的时候，生命似乎永远是在这样两极之间交错延伸的，在它延伸的每一个区段里，似乎总是喜剧与悲剧同生，苦难与幸福共存。

有时，我们会觉得生命是一种渺小的存在，当物欲、利欲在蝼蚁般的人群中横行肆虐的时候；有时，我们会觉得生命是一种伟大的结晶，当它在强暴、苦难中显示出牺牲的悲壮的时候：生命似乎永远是渺小和伟大的"混血儿"。由此我们也就没有理由产生绝对的崇拜和蔑视，再伟大的巨人也有他渺小的瞬间，再渺小的凡人也有他伟大的片刻。

——节选自欧阳斌《生命的暗示》

材料21

梅雨潭闪闪的绿色招引着我们；我们开始追捉她那离合的神光了。揪着草，攀着乱石，小心探身下去，又鞠躬过了一个石穹门，便到了汪汪一碧的潭边了。

瀑布在襟袖之间；但我的心中已没有瀑布了。我的心随潭水的绿而摇荡。那醉人的绿呀！仿佛一张极大极大的荷叶铺着，满是奇异的绿呀。我想张开两臂抱住她；但这是怎样一个妄想呀。

站在水边，望到那面，居然觉着有些远呢！这平铺着、厚积着的绿，着实可爱。她松松地皱缬着，像少妇拖着的裙幅；她轻轻的摆弄着；像跳动的初恋的处女的心；她滑滑地明亮着，像涂了"明油"一般，有鸡蛋清那样软，那样嫩，令人想着所曾触过的最嫩的皮肤；她又不杂些儿尘滓，宛然一块温润的碧玉，只清清的一色——但你却看不透她！

我曾见过北京什刹海拂地的绿杨，脱不了鹅黄的底子，似乎太淡了。我又曾见过杭州虎跑寺近旁高峻而深密的"绿壁"，丛叠着无穷的碧草与绿叶的，那又似乎太浓了。其余呢，西湖的波太明了，秦淮河的也太暗了。可爱的，我将什么来比拟你呢？我怎么比拟得出呢？大约潭是很深的，故能蕴蓄着这样奇异的绿；仿佛蔚蓝的天融了一块在里面似的，这才这般的鲜润呀。

那醉人的绿呀！我若能裁你以为带，我将赠给那轻盈的舞女；她必能临风飘举了。我若能把你以为眼，我将赠给那善歌的盲妹；她必明眸善睐了。我舍不得你，我怎舍得你呢？我用手拍着你，抚摩着你，如同一个十二三岁的小姑娘。我又掬你入口，便是吻着她了。我送你一个名字，我从此叫你"女儿绿"，好吗？

我第二次到仙岩的时候，我不禁惊诧于梅雨潭的绿了。

——节选自朱自清《绿》

材料22

我们家的后园有半亩空地，母亲说："让它荒着怪可惜的，你们那么爱吃花生，就开辟出来种花生吧。"我们姐弟几个都很高兴，买种，翻地，播种，浇水，没过几个月，居然收获了。

母亲说："今晚我们过一个收获节，请你们父亲也来尝尝我们的新花生，好不好？"我们都说好。母亲把花生做成了好几样食品，还吩咐就在后园的茅亭里过这个节。

晚上天色不太好，可是父亲也来了，实在很难得。

父亲说:"你们爱吃花生吗?"

我们争着答应:"爱!"

"谁能把花生的好处说出来?"

姐姐说:"花生的味道很美。"

哥哥说:"花生可以榨油。"

我说:"花生的价钱便宜,谁都可以买来吃,都喜欢吃。这就是它的好处。"

父亲说:"花生的好处很多,有一样最可贵。它的果实埋在地里,不像桃子、石榴、苹果那样,把鲜红嫩绿的果实高高地挂在枝头上,使人一见就生爱慕之心。你们看它矮矮地长在地上,等到成熟了,也不能立刻分辨出来它有没有果实,必须挖起来才知道。"

我们都说是,母亲也点点头。

父亲接下去说:"所以你们要像花生,它虽然不好看,可是很有用,不是外表好看而没有实用的东西。"

我说:"那么,人要做有用的人,不要做只讲体面,而对别人没有好处的人了。"

父亲说:"对。这是我对你们的希望。"

我们谈到夜深才散。花生做的食品都吃完了,父亲的话却深深地印在我的心上。

——节选自许地山《落花生》

材料 23

那年我 6 岁。离我家仅一箭之遥的小山坡旁,有一个早已被废弃的采石场,双亲从来不准我去那儿,其实那儿风景十分迷人。

一个夏季的下午,我随着一群小伙伴偷偷上那儿去了。就在我们穿越了一条孤寂的小路后,他们却把我一个人留在原地,然后奔向"更危险的地带"了。

等他们走后,我惊慌失措地发现,再也找不到要回家的那条孤寂的小道了。像只无头的苍蝇,我到处乱钻,衣裤上挂满了芒刺。太阳已经落山,而此时此刻,家里一定开始吃晚餐了,双亲正盼着我回家……想着想着,我不由得背靠着一棵树,伤心地呜呜大哭起来……

突然,不远处传来了声声柳笛。我像找到了救星,急忙循声走去。一条小道边的树桩上坐着一位吹笛人,手里还正削着什么。走近细看,他不就是被大家称为"乡巴佬儿"的卡廷吗?

"你好,小家伙儿,"卡廷说,"看天气多美,你是出来散步的吧?"

我怯生生地点点头,答道:"我要回家了。"

"请耐心等上几分钟,"卡廷说,"瞧,我正在削一支柳笛,差不多就要做好了,完工后就送给你吧!"

卡廷边削边不时把尚未成形的柳笛放在嘴里试吹一下。没过多久,一支柳笛便递到我手中。我俩在一阵阵清脆悦耳的笛音中，踏上了归途……

当时，我心中只充满感激，而今天，当我自己也成了祖父时，却突然领悟到他用心之良苦！那天当他听到我的哭声时，便判定我一定迷了路，但他并不想在孩子面前扮演"救星"的角色，于是吹响柳笛以便让我能发现他，并跟着他走出困境！卡廷先生以乡下人的淳朴，保护了一个小男孩儿强烈的自尊。

——节选自唐若水译《迷途笛音》

材料 24

朋友即将远行。

暮春时节，又邀了几位朋友在家小聚，虽然都是极熟的朋友，却是终年难得一见，偶尔电话里相遇，也无非是几句寻常话。一锅小米稀饭，一碟大头菜，一盘自家酿制的泡菜，一只巷口买回的烤鸭，简简单单，不像请客，倒像家人团聚。

其实，友情也好，爱情也好，久而久之都会转化为亲情。

说也奇怪，和新朋友会谈文学、谈哲学、谈人生道理等等，和老朋友却只话家常，柴米油盐，细细碎碎，种种琐事。很多时候，心灵的契合已经不需要太多的言语来表达。

朋友新烫了个头，不敢回家见母亲，恐怕惊骇了老人家，却欢天喜地来见我们，老朋友颇能以一种趣味性的眼光欣赏这个改变。

年少的时候，我们差不多都在为别人而活，为苦口婆心的父母活，为循循善诱的师长活，为许多观念、许多传统的约束力而活。年岁逐增，渐渐挣脱外在的限制与束缚，开始懂得为自己活，照自己的方式做一些自己喜欢的事，不在乎别人的批评意见，不在乎别人的诋毁流言，只在乎那一分随心所欲的舒坦自然。偶尔，也能够纵容自己放浪一下，并且有一种恶作剧的窃喜。

就让生命顺其自然，水到渠成吧，犹如窗前的乌桕，自生自落之间，自有一份圆融丰满的喜悦。春雨轻轻落着，没有诗，没有酒，有的只是一份相知相属的自在自得。

夜色在笑语中渐渐沉落，朋友起身告辞，没有挽留，没有送别，甚至也没有问归期。

已经过了大喜大悲的岁月，已经过了伤感流泪的年华，知道了聚散原来是这样的自然和顺理成章，懂得这点，便懂得珍惜每一次相聚的温馨，离别便也欢喜。

——节选自杏林子《朋友和其他》

材料 25

我们在田野上散步：我，我的母亲，我的妻子和儿子。

母亲本不愿出来的。她老了，身体不好，走远一点儿就觉得很累。我说，正因为如此，才应该多走走。母亲信服地点点头，便去拿外套。她现在很听我的话，就像我小时候很听她的话一样。

这南方的初春的田野，大块儿小块儿的新绿随意地铺着，有的浓，有的淡，树枝上的嫩芽儿也密了，田里的冬水也咕咕地起着水泡。这一切都使人想着一样东西——生命。

我和母亲走在前面，我的妻子和儿子走在后面。小家伙突然叫起来："前面是妈妈和儿子，后面也是妈妈和儿子。"我们都笑了。

后来发生了分歧，我的母亲要走大路，大路平顺；我的儿子要走小路，小路有意思。不过，一切都取决于我。我的母亲老了，她早已习惯听从她强壮的儿子；我的儿子还小，他还习惯听从他高大的父亲；妻子呢，在外面，她总是听我的。一霎时，我感到了责任的重大，就像领袖人物在严重关头时那样。我想找一个两全的办法，找不出；我想拆散一家人，分成两路，各得其所，终不愿意。我决定委屈儿子了，因为我伴同他的时日还长，我伴同母亲的时日已短。我说："走大路。"但是母亲摸摸孙儿的小脑瓜，变了主意："还是走小路吧。"她的眼顺小路望去：那里有金色的菜花，两行整齐的桑树，尽头一口水波粼粼的鱼塘。"我走不过去的地方，你就背着我。"母亲说。

这样，我们在阳光下，向着那菜花、桑树和鱼塘走去了。到了一处，我蹲下来，背起了我的母亲；妻子也蹲下来，背起了我们的儿子。我的母亲虽然高大，然而很瘦，自然不算重；儿子虽然很胖、毕竟幼小，自然也很轻。但我和妻子都是慢慢地，稳稳地，走得很仔细，好像我背上的同她背上的加起来，就是整个世界。

——节选自莫怀戚《散步》

材料26

地球上是否真的存在"无底洞"？按说地球是圆的，由地壳、地幔和地核三层组成，真正的"无底洞"是不应存在的，我们所看到的各种山洞、裂口、裂缝，甚至火山口也都只是地壳浅部的一种现象。然而中国一些古籍却多次提到海外有个深奥莫测的无底洞。事实上地球上确实有这样一个"无底洞"。

它位于希腊亚各斯古城的海滨。由于濒临大海，大涨潮时，汹涌的海水便会排山倒海般地涌入洞中，形成一股湍湍的急流。据测，每天流入洞内的海水量达三万多吨。奇怪的是，如此大量的海水灌入洞中，却从来没有把洞灌满。曾有人怀疑，这个"无底洞"会不会就像石灰岩地区的漏斗、竖井、落水洞一类的地形。然而从二十世纪三十年代以来，人们就做了多种努力企图寻找它的出口，却都是枉费心机。

为了揭开这个秘密，一九五八年美国地理学会派出一支考察队，他们把一种经久不变的带色染料溶解在海水中,观察染料是如何随着海水一起沉下去。接着又察看了附近海面以及岛上的各条河、湖,满怀希望地寻找这种带颜色的水,结果令人失望。难道是海水量太大把有色水稀释得太淡,以致无法发现?

至今谁也不知道为什么这里的海水会没完没了地"漏"下去,这个"无底洞"的出口又在哪里,每天大量的海水究竟都流到哪里去了?

——节选自[美]罗伯特·罗威尔《神秘的"无底洞"》

材料27

我在俄国所见到的景物再没有比托尔斯泰墓更宏伟、更感人的了。

完全按照托尔斯泰的愿望,他的坟墓成了世间最美的,给人印象最深刻的,最感人的坟墓。它只是树林中的一个小小的长方形土丘,上面开满鲜花——没有十字架,没有墓碑,没有墓志铭,连托尔斯泰这个名字也没有。

这位比谁都感到受自己的声名所累的伟人,却像偶尔被发现的流浪汉,不为人知的士兵,不留名姓地被人埋葬了。谁都可以踏进他最后的安息地,围在四周的稀疏的木栅栏是不关闭的——保护列夫·托尔斯泰得以安息的没有任何别的东西,唯有人们的敬意;而通常,人们却总是怀着好奇,去破坏伟人墓地的宁静。

这里,逼人的朴素禁锢住任何一种观赏的闲情,并且不容许你大声说话。风儿在俯临这座无名者之墓的树木之间飒飒响着,和暖的阳光在坟头嬉戏;冬天,白雪温柔地覆盖这片幽暗的土地。无论你在夏天还是冬天经过这儿,你都想象不到,这个小小的、隆起的长方形包容着当代最伟大的人物当中的一个。

然而,恰恰是不留姓名,比所有挖空心思置办的大理石和奢华装饰更扣人心弦。在今天这个特殊的日子里,成百上千到他的安息地来的人中间没有一个有勇气,哪怕仅仅从这幽暗的土丘上摘下一朵花留作纪念。人们重新感到,这个世界上再没有比这最后留下的、纪念碑式的朴素更打动人心的了。

——节选自[奥]茨威格《世间最美的坟墓》

材料28

一位访美中国女作家,在纽约遇到一位卖花的老太太。老太太穿着破旧,身体虚弱,但脸上的神情却是那样祥和兴奋。女作家挑了一朵花说:"看起来,你很高兴。"老太太面带微笑地说:"是的,一切都这么美好,我为什么不高兴呢?""对烦恼,你倒真能看得开。"女作家又说了一句。没料到,老太太的回答更令女作家大吃一惊:"耶稣在星期五被钉上十字架时,是全世界最糟糕的一天,可三天后就是复活节。所以,当我遇到不幸时,就会等待三天,这样一切就恢复正常了。"

"等待三天",多么富于哲理的话语,多么乐观的生活方式。它把烦恼和痛苦抛下，全力去收获快乐。

　　沈从文在"文革"期间，陷入了非人的境地。可他毫不在意，他在咸宁时给他的表侄、画家黄永玉写信说："这里的荷花真好，你若来……"身陷苦难却仍为荷花的盛开欣喜赞叹不已，这是一种趋于澄明的境界，一种旷达洒脱的胸襟，一种面临磨难坦荡从容的气度，一种对生活童子般的热爱和对美好事物无限向往的生命情感。

　　由此可见，影响一个人快乐的，有时并不是困境及磨难，而是一个人的心态。如果把自己浸泡在积极、乐观、向上的心态中，快乐必然会占据你的每一天。

——节选自韩如意《态度创造快乐》

材料29

　　享受幸福是需要学习的，当它即将来临的时刻需要提醒。人可以自然而然地学会感官的享乐，却无法天生地掌握幸福的韵律。灵魂的快意同器官的舒适像一对孪生兄弟，时而相傍相依，时而南辕北辙。

　　幸福是一种心灵的振颤。它像会倾听音乐的耳朵一样，需要不断地训练。

　　简而言之，幸福就是没有痛苦的时刻。它出现的频率并不像我们想象的那样少。人们常常只是在幸福的金马车已经驶过去很远，才捡起地上的金鬃毛说，原来我见过它。

　　人们喜爱回味幸福的标本，却忽略它披着露水散发清香的时刻。那时候我们往往步履匆匆，瞻前顾后不知在忙着什么。

　　世上有预报台风的，有预报蝗灾的，有预报瘟疫的，有预报地震的。没有人预报幸福。其实幸福和世界万物一样，有它的征兆。

　　幸福常常是朦胧的，很有节制地向我们喷洒甘霖。你不要总希冀轰轰烈烈的幸福，它多半只是悄悄地扑面而来。你也不要企图把水龙头拧得更大，使幸福很快地流失。你需要静静地以平和之心，体验它的真谛。

　　幸福绝大多数是朴素的。它不会像信号弹似的，在很高的天际闪烁红色的光芒。它披着本色外衣，亲切温暖地包裹起我们。

　　幸福不喜欢喧嚣浮华，它常常在暗淡中降临。贫困中相濡以沫的一块糕饼，患难中心心相印的一个眼神，父亲一次粗糙的抚摸，女友一张温馨的字条……这都是千金难买的幸福啊。像一粒粒缀在旧绸子上的红宝石，在凄凉中愈发熠熠夺目。

——节选自毕淑敏《提醒幸福》

材料30

　　在里约热内卢的一个贫民窟里，有一个男孩子，他非常喜欢足球，可是又买不起，于是就踢塑料盒，踢汽水瓶，踢从垃圾箱里拣来的椰子壳。他在胡同里踢，在能找到的任何一片空地上踢。

有一天，当他在一处干涸的水塘里猛踢一个猪膀胱时，被一位足球教练看见了。他发现这个男孩儿踢得很像是那么回事，就主动提出要送给他一个足球。小男孩儿得到足球后踢得更卖劲了。不久，他就能准确地把球踢进远处随意摆放的一个水桶里。

圣诞节到了，孩子的妈妈说："我们没有钱买圣诞礼物送给我们的恩人，就让我们为他祈祷吧。"

小男孩儿跟随妈妈祈祷完毕，向妈妈要了一把铲子便跑了出去。他来到一座别墅前的花园里，开始挖坑。

就在他快要挖好坑的时候，从别墅里走出一个人来，问小孩儿在干什么，孩子抬起满是汗珠的脸蛋儿，说："教练，圣诞节到了，我没有礼物送给您，我愿给您的圣诞树挖一个树坑。"

教练把小男孩儿从树坑里拉上来，说，我今天得到了世界上最好的礼物。明天你就到我的训练场去吧。

三年后，这位十七岁的男孩儿在第六届足球锦标赛上独进二十一球，为巴西第一次捧回了金杯。一个原来不为世人所知的名字——贝利，随之传遍世界。

——节选自刘燕敏《天才的造就》

材料31

记得我十三岁时，和母亲住在法国东南部的耐斯城。母亲没有丈夫，也没有亲戚，够清苦的，但她经常能拿出令人吃惊的东西，摆在我面前。她从来不吃肉，一再说自己是素食者。然而有一天，我发现母亲正仔细地用一小块碎面包擦那给我煎牛排用的油锅。我明白了她称自己为素食者的真正原因。

我十六岁时，母亲成了耐斯市美蒙旅馆的女经理。这时，她更忙碌了。一天，她瘫在椅子上，脸色苍白，嘴唇发灰。马上找来医生，做出诊断：她摄取了过多的胰岛素。直到这时我才知道母亲多年一直对我隐瞒的疾痛——糖尿病。

她的头歪向枕头一边，痛苦地用手抓挠胸口。床架上方，则挂着一枚我一九三二年赢得耐斯市少年乒乓球冠军的银质奖章。

啊，是对我的美好前途的憧憬支撑着她活下去，为了给她那荒唐的梦至少加一点真实的色彩，我只能继续努力，与时间竞争，直至一九三八年我被征入空军。巴黎很快失陷，我辗转调到英国皇家空军。刚到英国就接到了母亲的来信。这些信是由在瑞士的一个朋友秘密地转到伦敦，送到我手中的。

现在我要回家了，胸前佩带着醒目的绿黑两色的解放十字绶带，上面挂着五六枚我终身难忘的勋章，肩上还佩带着军官肩章。到达旅馆时，没有一个人跟我打招呼。原来，我母亲在三年半以前就已经离开人间了。

　　在她死前的几天中，她写了近二百五十封信，把这些信交给她在瑞士的朋友，请这个朋友定时寄给我。就这样，在母亲死后的三年半的时间里，我一直从她身上吸取着力量和勇气——这使我能够继续战斗到胜利那一天。

——节选自[法]加里《我的母亲独一无二》

材料32

　　生活对于任何人都非易事，我们必须有坚韧不拔的精神。最要紧的，还是我们自己要有信心。我们必须相信，我们对每一件事情都具有天赋的才能，并且，无论付出任何代价，都要把这件事完成，当事情结束的时候，你要能问心无愧地说："我已经尽我所能了。"

　　有一年的春天，我因病被迫在家里休息数周。我注视着我的女儿们所养的蚕正在结茧，这使我很感兴趣。望着这些蚕执著地、勤奋地工作，我感到我和它们非常相似。像它们一样，我总是耐心地把自己的努力集中在一个目标上。我之所以如此，或许是因为有某种力量在鞭策着我——正如蚕被鞭策着去结茧一般。

　　近五十年来，我致力于科学研究，而研究，就是对真理的探讨。我有许多美好快乐的记忆。少女时期我在巴黎大学，孤独地过着求学的岁月；在后来献身科学的整个时期，我丈夫和我专心致志，像在梦幻中一般，坐在简陋的书房里艰辛地研究，后来我们就在那里发现了镭。

　　我永远追求安静的工作和简单的家庭生活。为了实现这个理想，我竭力保持宁静的环境，以免受人事的干扰和盛名的拖累。

　　我深信，在科学方面我们有对事业而不是对财富的兴趣。我的惟一奢望是在一个自由国家中，以一个自由学者的身份从事研究工作。

　　我一直沉醉于世界的优美之中，我所热爱的科学也不断增加它崭新的远景。我认定科学本身就具有伟大的美。

——节选自[波兰]玛丽·居里《我的信念》

材料33

　　我为什么非要教书不可？是因为我喜欢当教师的时间安排表和生活节奏。七、八、九三个月给我提供了进行回顾、研究、写作的良机，并将三者有机融合，而善于回顾、研究和总结正是优秀教师素质中不可缺少的成分。

　　干这行给了我多种多样的"甘泉"去品尝，找优秀的书籍去研读，到"象牙塔"和实际世界里去发现。教学工作给我提供了继续学习的时间保证，以及多种途径、机遇和挑战。

然而，我爱这一行的真正原因，是爱我的学生。学生们在我的眼前成长、变化。当教师意味着亲历"创造"过程的发生——恰似亲手赋予一团泥土以生命，没有什么比目睹它开始呼吸更激动人心的了。

权利我也有了：我有权利去启发诱导，去激发智慧的火花，去问费心思考的问题，去赞扬回答的尝试，去推荐书籍，去指点迷津。还有什么别的权利能与之相比呢？

而且，教书还给我金钱和权利之外的东西，那就是爱心。不仅有对学生的爱，对书籍的爱，对知识的爱，还有老师才能感受到的对"特别"学生的爱。这些学生，有如冥顽不灵的泥块，由于接受了老师的炽爱才勃发了生机。

所以，我爱教书，还因为，在那些勃发生机的"特别"学生身上，我有时发现自己和他们呼吸相通，忧乐与共。

——节选自[美]彼得·基·贝得勒《我为什么当教师》

材料34

高兴，这是一种具体的、被看得到摸得着的事物所唤起的情绪。它是心理的，更是生理的。它容易来也容易去，谁也不应该对它视而不见、失之交臂，谁也不应该总是做那些使自己不高兴也使旁人不高兴的事。让我们说一件最容易做也最令人高兴的事吧，尊重你自己，也尊重别人，这是每一个人的权利，我还要说这是每一个人的义务。

快乐，这是一种富有概括性的生存状态、工作状态。它几乎是先验的，它来自生命本身的活力，来自宇宙、地球和人间的吸引，它是世界的丰富、绚丽、阔大、悠久的体现。快乐还是一种力量，是埋在地下的根脉。消灭一个人的快乐比挖掘掉一棵大树的根要难得多。

欢欣，这是一种青春的、诗意的情感。它来自面向着未来伸开双臂奔跑的冲力，它来自一种轻松而又神秘、朦胧而又隐秘的激动，它是激情即将到来的预兆，又是大雨过后比下雨还要美妙得多也久远得多的回味……

喜悦，这是一种带有形而上色彩的修养和境界。与其说它是一种情绪，不如说它是一种智慧、一种超拔、一种悲天悯人的宽容和理解，一种饱经沧桑的充实和自信，一种光明的理性，一种坚定的成熟，一种战胜了烦恼和庸俗的清明澄澈。它是一潭清水，它是一抹朝霞，它是无边的平原，它是沉默的地平线。多一点儿、再多一点儿喜悦吧，它是翅膀，也是归巢。它是一杯美酒，也是一朵永远开不败的莲花。

——节选自王蒙《喜悦》

材料 35

在湾仔，香港最热闹的地方，有一棵榕树，它是最贵的一棵树，不光在香港，在全世界，都是最贵的。

树，活的树，又不卖，何言其贵？只因它老，它粗，是香港百年沧桑的活见证，香港人不忍看着它被砍伐，或者被移走，便跟要占用这片山坡的建筑者谈条件：可以在这儿建大楼盖商厦，但一不准砍树，二不准挪树，必须把它原地精心养起来，成为香港闹市中的一景。太古大厦的建设者最后签了合同，占用这个大山坡建豪华商厦，先决条件是同意保留这棵老树。

树长在半山坡上，计划将树下面的成千上万吨山石全部掏空取走，腾出地方来盖楼。把树架在大楼上面，仿佛它原本是长在楼顶上似的。建设者就地造了一个直径十八米、深十米的大花盆，先固定好这棵老树，再在大花盆底下盖楼，光这一手就花了两千三百八十九万港币，这也堪称是最昂贵的保护措施了。

太古大厦落成之后，人们可以乘滚动扶梯一次到位，来到太古大厦的顶层。出后门，那儿是一片自然景色。一棵大树出现在人们面前，树干直径有一米半粗，树冠直径足有二十多米，独木成林，非常壮观，形成一座以它为中心的小公园，取名叫"榕圃"。树前面插着铜牌，说明原由。此情此景，如不看铜牌的说明，绝对想不到巨树根底下还有一座宏伟的现代大楼。

——节选自舒乙《香港：最贵的一棵树》

材料 36

有这样一个故事。

有人问：世界上什么东西的气力最大？回答纷纭得很，有的说"象"，有的说"狮"，有人开玩笑似的说：是"金刚"，金刚有多少气力，当然大家全不知道。

结果，这一切答案完全不对，世界上气力最大的，是植物的种子。一粒种子所可以显现出来的力，简直是超越一切。

人的头盖骨，结合得非常致密与坚固，生理学家和解剖学者用尽了一切的方法，要把它完整地分出来，都没有这种力气。后来忽然有人发明了一个方法，就是把一些植物的种子放在要剖析的头盖骨里，给它以温度与湿度，使它发芽，一发芽，这些种子便可怕的力量，将一切机械力所不能分开的骨骼，完整地分开了。植物种子的力量之大，如此如此。

这，也许特殊了一点儿，常人不容易理解，那么，你看见过笋的成长吗？你看见过被压在瓦砾和石块下面的一颗小草的生成吗？他为着向往阳光，为着达成它的生之意志，不管上面的石块如何重，石块与石块之间如何狭，它必定要曲曲折折地，但是顽强不屈地透到地面上来，它的根往土壤钻，它的芽往地面挺，这是一种不可抗拒的力，阻止它的石块，结果也被它掀翻，一粒种子的力量之大，如此如此。

没有一个人将小草叫作"大力士",但是它的力量之大,的确是世界无比。这种力,是一般人看不见的生命力。只要生命存在,这种力就要显现。上面的石块,丝毫不足以阻挡。因为它是一种"长期抗战"的力;有弹性,能屈能伸的力;有韧性,不达目的不止的力。

——节选自夏衍《野草》

材料37

有个塌鼻子的小男孩儿,因为两岁时得过脑炎,智力受损,学习起来很吃力。打个比方,别人写作文能写二三百字,他却只能写三五行。但即便这样的作文,他同样能写得很动人。

那是一次作文课,题目是《愿望》。他极其认真地想了半天,然后极认真地写,那作文极短。只有三句话:我有两个愿望,第一个是,妈妈天天笑眯眯地看着我说:"你真聪明。"第二个是,老师天天笑眯眯地看着我说:"你一点也不笨。"

于是,就是这篇作文,深深地打动了他的老师,那位妈妈式的老师不仅给了他最高分,在班上带感情地朗诵了这篇作文,还一笔一画地批道:你很聪明,你的作文写得非常感人,请放心,妈妈肯定会格外喜欢你的,老师肯定会格外喜欢你的,大家肯定会格外喜欢你的。

捧着作文本,他笑了,蹦蹦跳跳地回家了,像只喜鹊。但他并没有把作文本拿给妈妈看,他是在等待,等待着一个美好的时刻。

那个时刻终于到了,是妈妈的生日——一个阳光灿烂的星期天。那天,他起得特别早,把作文本装在一个亲手做的美丽的大信封里,等着妈妈醒来。妈妈刚刚睁眼醒来,他就笑眯眯地走到妈妈跟前说:"妈妈,今天是您的生日,我要送给您一件礼物。"

果然,看着这篇作文,妈妈甜甜地涌出了两行热泪,然后一把搂住小男孩儿,搂得很紧很紧。

是的,智力可以受损,但爱永远不会。

——节选自张玉庭《一个美丽的故事》

材料38

小学的时候,有一次我们去海边远足,妈妈没有做便饭,给了我十块钱买午餐。好像走了很久,很久,终于到海边了,大家坐下来便吃饭,荒凉的海边没有商店,我一个人跑到防风林外面去,级任老师要大家把吃剩的饭菜分给我一点儿。有两三个男生留下一点儿给我,还有一个女生,她的米饭拌了酱油,很香。我吃完的时候，她笑眯眯地看着我，短头发，脸圆圆的。

她的名字叫翁香玉。

每天放学的时候，她走的是经过我们家的一条小路，带着一位比她小的男孩儿，可能是弟弟。小路边是一条清澈见底的小溪，两旁竹阴覆盖，我总是远远地跟在后面。夏日的午后特别炎热，走到半路她会停下来，拿手帕在溪水里浸湿，为小男孩儿擦脸。我也在后面停下来，把肮脏的手帕弄湿了擦脸，再一路远远地跟着她回家。

后来我们家搬到镇上去了，过几年我也上了中学。有一天放学回家，在火车上，看见斜对面一位短头发、圆圆脸的女孩，一身素净的白衣黑裙。我想她一定不认识我了。火车很快到站了，我随着人群挤向门口，她也走近了，叫我的名字。这是她第一次和我说话。

她笑眯眯地，和我一起走过月台。以后就没有再见过她了。

这篇文章收在我出版的《少年心事》这本书里。

书出版后半年，有一天我忽然收到出版社转来的一封信，信封上是陌生的字迹，但清楚地写着我本名。

信里面说她看到了这篇文章心里非常激动，没想到在离开家乡，漂泊异地这么久之后，会看见自己仍然在一个人的记忆里，她自己也深深记得这其中的每一幕，只是没想到越过遥远的时空，竟然另一个人也深深记得。

——节选自苦伶《永远的记忆》

材料39

在繁华的巴黎大街的路旁，坐着一个衣衫褴褛、头发斑白、双目失明的老人。他不像其他乞丐那样伸手向过路行人乞讨，而是在身旁立一块木牌，上面写着："我什么也看不见！"街上过往的行人很多……看了木牌上的字都无动于衷，有的还淡淡一笑，便姗姗而去了。

这天中午，法国著名诗人让·彼浩勒也经过这里。他看看木牌上的字，问盲老人："老人家，今天上午有人给你钱吗？"

盲老人叹息着回答："我，我什么也没有得到。"说着，脸上的神情非常悲伤。

让·彼浩勒听了，拿起笔悄悄地在那行字的前面添上了"春天到了，可是"几个字，就匆匆地离开了。

晚上，让·彼浩勒又经过这里，问那个盲老人下午的情况。盲老人笑着回答说："先生，不知为什么，下午给我钱的人多极了！"让·彼浩勒听了，摸着胡子满意地笑了。

"春天到了，可是我什么也看不见！"这富有诗意的语言，产生这么大的作用，就在于它有非常浓厚的感情色彩。是的，春天是美好的，那蓝天白云，那绿树红花，那莺歌燕舞那流水人家，怎么不叫人陶醉呢？但这良辰美景，对于一个双目失明的人来说，只是一片漆黑。当人们想到这个盲老人，一生中竟连万紫千红的春天都不曾看到，怎能不对他产生同情之心呢？

——节选自小学《语文》第六册王大赫《语言的魅力》

材料40

有一次，苏东坡的朋友张鹗拿着一张宣纸来求他写一幅字，而且希望他写一点儿关于养生方面的内容。苏东坡思索了一会儿，点点头说："我得到了一个养生长寿古方，药只有四味，今天就赠给你吧。"于是，东坡的狼毫在纸上挥洒起来，上面写着："一曰无事以当贵，二曰早寝以当富，三曰安步以当车，四曰晚食以当肉。"

这哪里有药？张鹗一脸茫然地问。苏东坡笑着解释说，养生长寿的要诀，全在这四句里面。

所谓"无事以当贵"，是指人不要把功名利禄、荣辱过失考虑得太多，如能在情志上潇洒大度，随遇而安，无事以求，这比富贵更能使人终其天年。

"早寝以当富"，指吃好穿好、财货充足，并非就能使你长寿。对老年人来说，养成良好的起居习惯，尤其是早睡早起，比获得任何财富更加宝贵。

"安步以当车"，指人不要过于讲求安逸、肢体不劳，而应多以步行来替代骑马乘车，多运动才可以强健体魄，通畅气血。

"晚食以当肉"，意思是人应该用已饥方食、未饱先止代替对美味佳肴的贪吃无厌。他进一步解释，饿了以后才进食，虽然是粗茶淡饭，但其香甜可口会胜过山珍；如果饱了还要勉强吃，即使美味佳肴摆在眼前也难以下咽。

苏东坡的四味"长寿药"，实际上是强调了情志、睡眠、运动、饮食四个方面对养生长寿的重要性，这种养生观点即使在今天仍然值得借鉴。

——节选自蒲昭和《赠你四味长寿药》

材料41

人活着，最要紧的是寻觅到那片代表着生命绿色和人类希望的丛林，然后选一高高的枝头站在那里观览人生，消化痛苦，孕育歌声，愉悦世界！

这可真是一种潇洒的人生态度，这可真是一种心境爽朗的情感风貌。

站在历史的枝头微笑，可以减免许多烦恼。在那里，你可以从众生相所包含的甜酸苦辣、百味人生中寻找你自己，你境遇中的那点苦痛，也许相比之下，再也难以占据一席之地，你会较容易地获得从不悦中解脱灵魂的力量，使之不致变得灰色。

人站得高些，不但能有幸早些领略到希望的曙光，还能有幸发现生命的立体的诗篇。每一个人的人生，都是这诗篇中的一个词、一个句子或者一个标点。你可能没有成为一个美丽的词，一个引人注目的句子，一个惊叹号，但你依然是这生命的立体诗篇中的一个音节、一个停顿、一个必不可少的组成部分。这足以使你放弃前嫌，萌生为人类孕育新的歌声的兴致，为世界带来更多的诗意。

最可怕的人生见解，是把多维的生存图景看成平面。因为那平面上刻下的大多是凝固了的历史——过去的遗迹；但活着的人们，活得却是充满着新生智慧的，由不断逝去的"现在"组成的未来。人生不能像某些鱼类躺着游，人生也不能像某些兽类爬着走，而应该站着向前行，这才是人类应有的生存姿态。

——节选自[美]本杰明·拉什《站在历史的枝头微笑》

材料42

我不由得停住了脚步。

从未见过开得这样盛的藤萝，只见一片辉煌的浅紫色，像一条瀑布，从空中垂下，不见其发端，也不见其终极。只是深深浅浅的紫，仿佛在流动，在欢笑，在不停地生长。紫色的大条幅上，泛着点点银光，就像迸溅的水花。仔细看时，才知那是每一朵紫花中的最浅淡的部分，在和阳光互相挑逗。

这里除了光彩，还有淡淡的芳香。香气似乎也是浅紫色的，梦幻一般轻轻地笼罩着我。忽然记起十多年前家门外也曾有过一大株紫藤萝，它依傍一株枯槐爬得很高，但花朵从来都稀落，东一穗西一串伶仃地挂在树梢，好像在试探什么。后来索性连那稀零的花串也没有了。园中别的紫藤花架也都拆掉，改种了果树。那时的说法是，花和生活腐化有什么必然关系。我曾遗憾地想：这里再看不见藤萝花了。

过了这么多年，藤萝又开花了，而且开得这样盛，这样密，紫色的瀑布遮住了粗壮的盘虬卧龙般的枝干，不断地流着，流着，流向人的心底。

花和人都会遇到各种各样的不幸，但是生命的长河是无止境的。我抚摸了一下那小小的紫色的花舱，那里满装生命的酒酿，它张满了帆，在这闪光的花的河流上航行。它是万花中的一朵，也正是一朵朵花，组成了万花灿烂的流动的瀑布。

在这浅紫色的光辉和浅紫色的芳香中，我不觉加快了脚步。

——节选自宗璞《紫藤萝瀑布》